感谢吉林师范大学学术著作出版基金资助

本著是吉林省教育厅科学研究项目
"振兴吉林视域下数字技术赋能拔尖创新人才早期培养研究"
（JJKH20250909SK）阶段性研究成果

基于活动设计的
幼儿社会性发展

毕景刚　杨　欣　著

中国社会科学出版社

图书在版编目（CIP）数据

基于活动设计的幼儿社会性发展 / 毕景刚等著.

北京：中国社会科学出版社，2025.7. -- ISBN 978-7-5227-4820-7

Ⅰ．G611

中国国家版本馆 CIP 数据核字第 2025F5C749 号

出 版 人	季为民
责任编辑	张　林
特约编辑	张冬梅
责任校对	夏慧萍
责任印制	戴　宽

出　　版	中国社会种学出版社
社　　址	北京鼓楼西大街甲 158 号
邮　　编	100720
网　　址	http：//www.csspw.cn
发 行 部	010-84083685
门 市 部	010-84029450
经　　销	新华书店及其他书店
印　　刷	北京明恒达印务有限公司
装　　订	廊坊市广阳区广增装订厂
版　　次	2025 年 7 月第 1 版
印　　次	2025 年 7 月第 1 次印刷
开　　本	710×1000　1/16
印　　张	18.75
插　　页	2
字　　数	309 千字
定　　价	99.00 元

凡购买中国社会科学出版社图书，如有质量问题请与本社营销中心联系调换

电话：010-84083683

版权所有　侵权必究

序

  教育的根本目标是培养身心健康的人，主要包括儿童的体格发展、认知发展和社会性发展等方面。幼儿期是儿童社会性发展的重要时期，幼儿社会性发展是儿童未来发展的重要基础，这一阶段幼儿社会性发展的好坏直接关系到其未来人格发展的方向和水平。促进幼儿社会性发展已经成为学前教育的重要目标，这与"将自然人培养成为社会人"的教育目的高度契合。

  幼儿的社会性发展具有积极意义。首先，可以帮助幼儿进行同伴交往和待人友好，通过与同伴的交往，幼儿可以学习社交技巧、待人友好，并在互动中产生安全感和归属感，从而心情轻松、活泼、愉快。其次，可以促进幼儿认知能力的发展，同伴间的交流互动有助于认知能力的发展，譬如同伴一起操作玩具时的交流可以促进幼儿的理解和思考能力等。最后，有助于自我意识的发展，在与同伴的交往中，幼儿通过观察和模仿他人的行为，逐渐形成自我意识，认识到自己与他人的关系和区别。可见，社会性对幼儿的发展具有深远的影响，它不仅关系到幼儿当前的心理和行为特征，还对其未来的社会化过程和人格形成具有重要作用。因此，学前教育工作者应当重视幼儿社会性的发展，为其提供丰富的活动支持。

  幼儿园教师通过有计划地开展系列活动来促进幼儿的全面发展，这是学前幼儿教育的首要形式和主要依托，如何科学设计与实施主题活动来促进幼儿社会性发展是人们关注和思考的重点。已有研究认为，幼儿参与主题活动有助于增强自身的人际交往、团队合作意识、社会情感能力、社会规则意识、文化认同与文化包容等。基于此，我们有必要有针对性地开展教学实证研究，以实现对幼儿的目标性培养。

  研究团队在循证教育理念的指导下，主要针对幼儿的健康心理、积极行为、消极行为等领域的动商、责任心、情绪调节能力、亲社会能力等发展和社交退缩行为、"捣蛋"行为的转变等教育问题开展了实证研究。研究过程中主要采用准实验研究法和个案研究法在幼儿园真实环境中开展教学实践研究，并对研究数据进行了统计分析，进而得出了研究结论。本研究在一定程度上丰富了幼儿社会性发展的理论，也为相关教学实践提供了案例参考。

毕景刚对全书的架构进行了策划，并对主题活动的内容进行整体把握。杨欣、冯宇、李文文、裴健文、刘苗苗、吕佳添分别负责第一章至第六章的活动设计和文稿撰写工作，全书由毕景刚和杨欣统稿。

本研究是在幼儿社会性发展领域的一次尝试，由于受研究时间和个人能力等条件局限，研究中存在的问题和不足还请各位批评指正。

衷心感谢中国社会科学出版社张林老师热心帮助，感谢合作园所的老师和孩子们的积极配合，感谢单位领导与同事们的关心和支持，在此深表谢忱！

毕景刚
2025年1月于吉林师范大学田家炳教育书院

目　录

第一章　筑牢社会性发展之基：促进幼儿动商发展的活动设计 …… （1）
 第一节　动商提高的研究基础 ……………………………… （1）
 第二节　促进动商提高的体智能课程活动设计与实施 ………（10）
 第三节　教学实验结果与讨论 ………………………………（24）
 本章小结 …………………………………………………………（39）

第二章　拓宽社会性发展视野：促进幼儿责任心发展的体育游戏
   活动设计 ………………………………………………………（40）
 第一节　概念界定及理论基础 ………………………………（41）
 第二节　促进幼儿责任心发展的体育游戏活动设计与实施 …（44）
 第三节　幼儿责任心发展的体育活动实施效果及建议 ………（67）
 本章小结 …………………………………………………………（77）

第三章　保持社会性健康心理：促进幼儿情绪调节能力发展的
   活动设计 ………………………………………………………（80）
 第一节　情绪调节能力的研究基础 …………………………（80）
 第二节　促进情绪调节能力提高的活动设计与实施 …………（91）
 第三节　教学实验结果与讨论 ………………………………（103）
 本章小结 …………………………………………………………（120）

第四章　促进社会性积极行为：利用动画榜样促进大班幼儿亲
   社会行为发展研究 ……………………………………………（121）
 第一节　幼儿亲社会行为研究基础 …………………………（121）

第二节 动画榜样促进大班幼儿亲社会行为发展的实验研究 …… (133)
第三节 实验结果的统计与分析 …………………………… (148)
本章小结 ………………………………………………………… (169)

第五章 改善社会性消极行为：基于幼儿气质水平，改善幼儿社交退缩行为的活动设计 ………………………………… (170)
第一节 学前儿童自身因素对社会性发展的影响 …………… (171)
第二节 基于幼儿气质水平，改善社交退缩行为的活动
设计与实施 ……………………………………………… (195)
第三节 教学干预实验结果与讨论 …………………………… (214)
本章小结 ………………………………………………………… (219)

第六章 矫正社会性问题行为：运用自然后果法矫正幼儿"捣蛋行为" …………………………………………………………… (221)
第一节 矫正捣蛋行为的研究基础 …………………………… (221)
第二节 研究被试的筛选与分析 ……………………………… (226)
第三节 矫正方案的设计与实施 ……………………………… (233)
第四节 基于自然后果法幼儿"捣蛋行为"的矫正策略 ……… (267)
本章小结 ………………………………………………………… (273)

参考文献 ………………………………………………………… (275)

第一章

筑牢社会性发展之基：促进幼儿动商发展的活动设计

动商（Motor Quotient）简称 MQ，动商与智商、情商组合在一起，是构成人类的三大基本要素，也是人类最基本的需求和特质。动商既是人的自然属性，也是一种社会属性。动商先于智商与情商，原始时代的人类就需要通过身体动作与同伴和自然进行交流，感知与了解自然界，辨析世界上的好与坏，进而在这个世界上生存。人类通过身体运动与自然长期交流，掌握了生存技能，积累了生存经验，达到了与自然和谐相处的目的，因此，动商的提高对于人的发展有一定促进作用。体智能课程是个人和团体的融合参与，体智能课程是以丰富的体育运动为主要教学内容，以代入式的游戏为手段进行教学活动，它是以教育为导向，以培养儿童身心发展的基本能力为目标的课程。通过老师的规范引导，让孩子更加了解自己的身体潜能，学会控制自己的身体运动，锻炼自己的意志力、耐力以及对社会的认知，能够用行动表达自己的心理，促进身体健康和社会性发展。[①]

第一节 动商提高的研究基础

一 动商

（一）内涵——动商定义的研究

动商这一概念最早由王宗平教授提出。他指出了我国年轻人身体素质

[①] 程静：《体智能课程在武汉地区幼儿园推广的可行性研究》，硕士学位论文，武汉体育学院，2017 年。

有下降趋势的问题。将动商、情商和智商三者相结合，组成了人类的三大基本要素，这使动商的价值已经超出体育学科范畴，是人类一切能够用身体进行表达的活动，具有显著的普适性，有自然属性和社会属性。[①] 动商反映的是个人运动潜力的水平，具有狭义和广义之分。[②] 张红兵等人的研究认为，动商是多个维度的总和，包括运动素质、意识以及运动意志和机能等。

（二）测评——幼儿动商评测的研究

关于学前儿童动商测量的研究在国内仍处在起步阶段。张红兵等人借鉴离差智商计算方法，制定了幼儿动商测试量表并进行测试，得出了儿童动商水平的计算方法。蒋磊在原有5—6岁幼儿动商测量评价体系的结构基础之上进一步改进了测评量表。他认为，可以通过BMI指数、直臂悬垂、单脚站立、翻罐测验、格子跳以及幼儿动商心理测试、幼儿家庭动商测试、幼儿校园动商测试等项目进行测试，每个项目根据不同的权重得出最终动商水平。[③]

常金栋认为，可以将测评方法分成两种：第一种方法是以幼儿的动作为中心，根据儿童大肌肉群动作和精细标准的动作做出评价，以此估计儿童的动商水平，但动商概念以及评价标准是否仅取决于动作发展这一维度指标不得而知；第二种方法是综合儿童四项测量指标，根据计算公式，得出动商分数，以此评价儿童的动商水平。这一测量方法的创新之处是将身体机能和运动智能这两个指标也纳入幼儿动商水平的计算中。它们都根据儿童的身心发展阶段选择了恰当的测量指标和标准，这给科学研制动商测量工具奠定了基础。

（三）应用——动商应用于幼儿园教育的实践路径

通过文献资料和逻辑分析，谢雅娜得出校园篮球有利于培养孩子的动商的结论。学校应根据校园篮球运动发展和动商发展的需要，结合学校体育、体育改革和课程评价改革的要求，创新培养儿童动商的篮球教学模

[①] 单姣：《动商的普适性及其发展脉络研究》，《南京理工大学学报》（社会科学版）2016年第5期，第32—36页。

[②] 殷飞、李超伟、翟一飞：《脑科学发展对动商研究的启示》，《南京理工大学学报》（社会科学版）2018年第2期，第30—33页。

[③] 蒋磊：《5—6岁幼儿动商测评量表的初步研制》，硕士学位论文，南京体育学院，2016年。

式,加强中小学校园篮球教学文化交流,充分利用社会和家庭中教学资源,取得社会与家庭的支持,协助学校开展校园篮球活动。[1]

少儿足球是学术界普遍认可的一项提高幼儿动商的运动。陈彦泽认为,根据多元智能理论,儿童早期群体运动智能是智商和情商发展的前置因素,其发展有赖于感觉、认知等智商和情商的提高。群体运动技能的快速发展可以促进包括认知在内的其他商数的提高。[2] 教育者应以"三商"(智商、情商、动商)为指导思想,在课程体系建设中围绕足球建立交叉学科。足球是一项运动,许多身体动作,如跑、跳、摔跤等,共同参与。足球运动还能测试个人的团队意识、组织能力和灵敏性。足球课程的引入明显有助于提高儿童的动商水平。因此,在幼儿教育中,要以发展动商为核心,在体育技能训练中加强对儿童特殊能力的培养和锻炼,不断促进儿童智商与情商的发展和提高。冯广智在《足球游戏促进幼儿"三商"发展的研究》中从理论上分析了足球运动在儿童动商发展中的作用。他认为,动商的重要性要大于智商,但智商的重要性又高于情商,足球运动是能够使幼儿"三商"综合培养的课程项目。儿童足球运动的开展是幼儿教育与动商相结合的过程。[3]

(四)关系——动商与情商、智商等

了解动商与智商、情商等之间的关系,有助于对动商的深入了解。王宗平教授认为:50%的智商+30%的情商+20%的动商是人获得成功的关键。动商与情商、智商共同构成了人的三大基本要素。[4] 张红兵、王宗平认为,动商的提出是新时期的新政策,使全社会都把运动作为主流健康价值观;它是价值主流下的新概念,是对遵守自然规律认识的新发现,是理论与实践相结合的新概念。动商具有普遍性、公益性、可塑性原则。在张红兵与王宗平的研究中,他们将动商与健商、体商进行了

---

[1] 谢雅娜:《基于动商理论的校园篮球发展研究》,硕士学位论文,中北大学,2018年。
[2] 刘爽、张崇林、杜和平等:《学前儿童足球运动的动商测评体系构建研究》,《青少年体育》2019年第10期,第50—52页。
[3] 冯广智:《足球游戏促进幼儿"三商"发展的研究》,《当代体育科技》2019年第30期,第187—188页。
[4] 张红兵、李海燕、王宗平:《动商与其他智能商数学说的比较与辨析(一)——动商的常模建构探索分析》,《体育科技》2016年第5期,第63—64页。

区别与联系，认为共同点为三者都以关注健康为主线，相互联系。区别在于，在理论和实践的探索中，动商更具有具体性和形象性，且具有精练性、内涵性、易接受性和可理解性，而健商和体商的概念更为模糊，内容也相对泛化。① 体商主要指我们所常提到的体育，目前体育的内容较为广泛，健商主要指的是健康特征，如身体健康与心理健康，无论是体商还是健商都不能凸显以"运动"为核心要素。王宗平提出的"动商"，是与情商和智商相匹配的，动商教育是与德育、智育、美育相适应的教育。②

李化侠、宋乃庆和辛涛在研究中提出动商与智商、情商的关系，智商表现人的理性能力，让人更好地理解和认识事物，智商是我国现在学校教育主要培养的方面；情商反映一个人感受、理解、运用、表达、控制和调节情绪的能力，使人有效地调节自己和他人的情绪。动商主要反映人的行为能力，它能让人更好地保持自身的存在和活力，增强行动的实践能力和执行能力，智商、情商与动商共进，相互渗透促进，才能适应终身发展和社会变化。③ 张新萍和王宗平在研究中构建出三商关系模型如图1-1所示，认为建构三商一体的全人发展理论体系，能够改变重智育轻体育的教

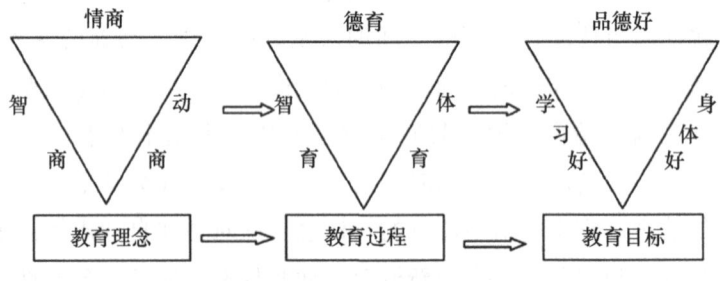

图1-1 三商关系模型

---

① 张红兵、王宗平：《动商与其他智能商数学说的比较与辨析》，《南京理工大学学报》（社会科学版）2015年第2期，第20—25页。

② 王宗平、张红兵、张怡：《动商——献给南京青奥会的一份特殊礼物》，《南京体育学院学报》（社会科学版）2014年第4期，第42—45、52页。

③ 李化侠、宋乃庆、辛涛：《从智商、情商到动商——刍议动商的内涵、价值及路径》，《课程·教材·教法》2017年第7期，第4—10页。

育观念并遏制青少年动商下降趋势。[1]

（五）影响——课程干预对幼儿动商的影响

殷晓旺通过实验表明，在传统体育游戏中，儿童倾向于与同伴合作（联合活动）和平行活动，但实验组的好胜儿童的人数却显著增加，这说明传统体育游戏不仅可以培养儿童在与同伴交流过程中的合作精神，而且可以培养孩子的主动性、独立性和进取心。[2] 王新晓通过足球教育对5—6岁幼儿进行实验干预，前后对运动素质进行测量，以立定跳远和平衡木等多项内容作为测试项目，结果显示，通过12周的运动干预后，被测幼儿的运动素质指标在实验前后存在非常显著性差异。[3] 赵伟和张莹通过实验发现，传统体育游戏在儿童久坐行为和低、中、高强度体育活动上存在显著差异，说明儿童体育游戏可以对幼儿动商的发展水平产生影响。蔡恒生通过实验发现，无论是在传统体育比赛还是足球比赛中，都有利于提高动商水平。但足球游戏实验组的增长水平速度明显高于传统体育游戏实验组。在离差动商方面，虽然传统体育游戏实验组的动商总分在实验前后有了明显的提高，但提高幅度远低于足球游戏实验组，这导致传统体育游戏实验组儿童的离差动商明显下降，而足球游戏实验组儿童的离差动商有显著提高。[4]

二 幼儿体智能课程

（一）体智能课程的内涵

幼儿体育越来越受到国家的重视，教育部发布的《3—6岁儿童学习与发展指南》和《幼儿园工作规程》中，都强调幼儿园体育的重要性，其中要求幼儿园的幼儿一天的户外活动时间一般不得低于两个小时，还提出幼儿园应因地制宜，开设适宜性的游戏活动，体育运动时间一天不低于

---

[1] 张新萍、王宗平：《建构智商、情商、动商三商一体的全人发展理论体系》，《南京理工大学学报》（社会科学版）2015年第5期，第31—36页。

[2] 殷晓旺：《基本运动能力训练对幼儿心理发展的影响》，《北京体育大学学报》2004年第2期，第52—54页。

[3] 王新晓：《足球运动对5—6岁幼儿身心发展的影响研究》，硕士学位论文，河北师范大学，2019年。

[4] 蔡恒生：《足球游戏对5—6岁幼儿动商的影响与分析》，硕士学位论文，天津体育学院，2020年。

一个小时，当季节和天气产生变化时仍要坚持运动。① 并提出在幼儿园设施方面，有条件的幼儿园要首要考虑增加幼儿的游戏和活动场地，幼儿园应根据幼儿人数及园所面积合理规划户外活动场所，配备基础的游戏器械和体育运动设施。②

我国的体智能课程教学最早起源于台湾地区，由林永哲教授开发而来。这门课程也被称为"亚太体智能课程"。董旭（2014）在研究中提出了有关体智能课程的内涵，认为体智能课程是能够促进幼儿全面提升的课程，以游戏作为课程有序开展的有效手段，以丰富多彩的情景活动作为课程内容，是专门为幼儿园儿童设计的新型体育运动课程，体智能课堂教学营造活跃的氛围，取得较好的教学效果。③ 姜宇航将儿童体智能定义为通过游戏形式的体育锻炼提高儿童身体素质的课程，并能在游戏中激发儿童的智力、情感、社交等潜能。它是一门新的幼儿园园本化课程。这种课程形式不仅可以提高幼儿对自我安全的保护能力，还能够改善幼儿对陌生社会和自然环境的适应能力。

（二）体智能课程的教学模式

高铭健指出，幼儿体智能课程的开展过程有待改进，课程创新主要是保持课程内容的多样化，调动儿童参与体育活动的积极性；同时，加强儿童体智能课程的宣传力度，增多与课程有关的活动，让孩子眼界开阔，让家长切实体验。④ 仲晓娇在《幼儿园体智能课程教学模式的优化研究》中提出，体智能课程具有玩性的教学理念、全面的教学目标、独特的教学方式、丰富多彩的教学内容。它拥有特色的器材、有趣的游戏，在实施过程中避免枯燥的训练剥夺幼儿的运动兴趣，使幼儿在玩与学中提高能力。⑤ 张帅和周平总结出体智能课程的特色，认为体智能课程具有独特的"玩

---

① 秦莉：《体智能课程进幼儿园的现状分析与对策——以江油市为例》，《佳木斯职业学院学报》2017年第11期，第256页。
② 杨斌、莫冰莉、唐吉平：《幼儿体质健康促进中幼师支持现状分析》，《城市学刊》2020年第1期，第26—32页。
③ 董旭：《台湾幼儿体智能课程特色教学模式研究》，《体育成人教育学刊》2014年第1期，第92—94页。
④ 高铭健：《幼儿体智能课程现状调查研究》，硕士学位论文，内蒙古师范大学，2018年。
⑤ 仲晓娇：《幼儿园体智能课程教学模式的优化研究》，硕士学位论文，河北师范大学，2020年。

性"课程理念、多样化的课程组织形式、高标准的师资队伍与教学和丰富多彩的课程内容。①

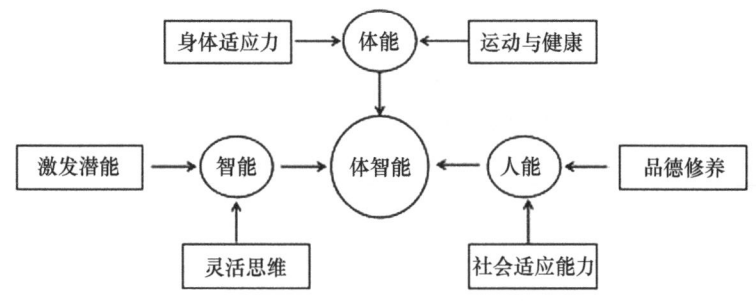

图 1-2 体智能课程理念

焦现伟、林媛媛（2020）认为，体智能突出的特点是各个领域相互渗透发展。体智能课程采用多样化的原则，将课程分为六个部分，各个部分注重幼儿不同方面的发展。六个部分分别为游戏、体智能器材、音乐律动、球类运动、户外和亲子教学，体智能六个部分的设置能充分满足儿童身体、智力和心理的需要，改变传统幼儿体育的困顿处境。② 张鑫（2018）《体智能课教学对幼儿健康体适能的影响》将体智能课程分为三个主要环节，即准备部分（五分钟）、基础部分（二十二分钟）和结束部分（三分钟）。其中，准备部分为基础部分打下了良好的基础，释放了幼儿的积极性和参与性，使幼儿能够积极参与课堂；基本部分是体智能课程的主体内容，在游戏中达到课程目的的教学效果。最后一环节是放松训练，通过播放舒缓轻松的音乐将幼儿带入预设的情境使幼儿在集中的训练后得到有效的放松。教学的每一个环节都有其主要的目的，让每一个环节紧密相连，保证整个课堂完整流畅。③

（三）体智能课程对幼儿的影响

蒲洪玲、杨丹（2017）认为，体智能课程能促进儿童身体平衡能力

---

① 张帅、周平：《亚太体智能课程特色及其对幼儿园体育教学的启示》，《幼儿教育》2017年第Z3期，第33—36页。

② 焦现伟、林媛媛：《体智能课程引入幼儿教育的理论探究》，《体育科技文献通报》2020年第2期，第42—43、68页。

③ 张鑫：《体智能课教学对幼儿健康体适能的影响》，硕士学位论文，吉首大学，2018年。

和协调素质的提高，对灵敏素质的提高效果不显著，对促进爆发力、柔韧性和上肢力量发展的作用不明显，最终提出了幼儿园应开展丰富的体智能课程。① 在张鑫的研究中，通过3个月的体智能教学，得出体智能教学对儿童身体机能的提高没有显著影响，能显著促进儿童肌力和耐力的提高，对儿童身体柔韧性的维持和发育具有重要意义。并从体智能活动设计到教师与国家体智能活动的实施策略，提出了七点建议。②

邓威（2020）在《关于体智能课程对幼儿身体素质的影响》中表示，体智能课程教学目标更注重幼儿身体运动机能，方法上重视幼儿语言和行为上的交流，教学设计对幼儿身体能力实际情况给予关注，教学评价彰显了幼儿身体素质培育特色。③ 刘君阳的研究中提到，将感统训练方法使用在体智能课程教学中，趣味十足的感统训练道具，经过专门训练和培训的男性体智能老师的引导学习，可以使孩子感统以及每项运动能力得到提升，也能激发学前幼儿运动的积极性，让幼儿在愉快的氛围中锻炼，促进儿童身体健康的发展，对改善幼儿触觉过分防御有显著的效果。④ 裴建颖（2019）通过实验研究证明，体智能课的幼儿园相比较普通体育课的幼儿园来说，灵敏速度、协调性、柔韧性、平衡感素质差距显著，实验班提高更快，体智能课更有利于幼儿健康成长。体智能对幼儿的灵敏速度素质、协调素质、柔韧素质、平衡性素质的提高非常有帮助，体智能短时间内对幼儿的下肢爆发力及上肢和腰腹力量素质的发展影响较小。⑤

现有较多学者对体智能与体智能课程展开研究，无论从概念、意义、方法和对幼儿的作用与影响上都做出了评述，体智能课程更强调幼儿主动积极地"玩"，教师创设愉悦的课堂气氛，引导幼儿愿意参与游戏，重视幼儿的主观体验性。体智能课程分为三个主要环节，分别为以情景导入的

---

① 蒲洪玲、杨丹：《"体智能"和"趣味田径"课程对幼儿身体素质影响的实验研究》，《沈阳体育学院学报》2017年第1期，第124—128页。
② 张鑫：《体智能课教学对幼儿健康体适能的影响》，硕士学位论文，吉首大学，2018年。
③ 邓威：《关于体智能课程对幼儿身体素质的影响》，《当代体育科技》2020年第21期，第199—201页。
④ 刘君阳：《基于感觉统合理论的体智能课对幼儿感觉统合能力的影响研究》，硕士学位论文，四川师范大学，2017年。
⑤ 裴建颖：《体智能课对幼儿身体素质影响的实验分析》，硕士学位论文，山西师范大学，2019年。

准备阶段；以情景游戏、户外活动以及器械游戏为主要方式的基础部分；以音乐律动为最后环节的结束部分。适宜的体智能活动，能够有效提高幼儿运动素质。

三　理论基础

（一）游戏理论

游戏理论具有复杂性和多样性的特点，其学术成果也是多种多样的。不同的学科，例如心理学、教育学、动物学和哲学，对游戏理论的重视程度不同。其中最重要的是德国教育家弗罗贝尔的游戏理论和皮亚杰的游戏理论。基于以上理论分析：游戏的特点符合儿童的天性，通过游戏可以把儿童的内在活动转化为外在的自我表达，提高儿童的独立性和自主性；游戏促进学习的相关过程，并通过认知、社会情感和知觉运动促进儿童学习的发展。因此，与传统教学模式相比，基于游戏理论的教学模式更强调幼儿的学习兴趣，更关注幼儿的认知规律和学习需求，强调游戏的核心教育价值和当代儿童的心理生理特点。

本研究主要运用教育学的视角，运用游戏理论来把握游戏的本质及其教育价值。在老师的指导下，尽量帮助幼儿学习自己感兴趣的知识，并积极思考，享受学习的乐趣。在很多情况下，游戏的过程就是从发现问题开始，尝试得出问题的解决办法，经过探索以及与同伴的合作共同完成任务的过程。在游戏理论的指导下，幼儿可以更好地进行探究学习、自主学习和合作学习。游戏理论与学前教育所提倡的教育理论方向一致，教育是一种育人活动，是人与自然、社会的统一，是促进人的幸福生活的活动。只有把这种思想和精神运用到教学中，幼儿才能享受学习的快乐，感受生活的快乐。

（二）动作发展理论

动作发展理论是指人们在生活中运动行为的发展变化以及影响动作的自身与外界环境。运动发展理论是通过发展人类感知觉以及提高人的运动素质，培养积极、乐观、创造性的心理素质。[①] 虽然个体运动特征的顺序

---

① 王军朝：《动作发展视角下3—6岁幼儿体育教学模式的研究》，硕士学位论文，吉林体育学院，2017年。

是可以预测的，但运动表现的比率是不稳定的，并不是严格按照平均生理年龄推导来的。人最关键的阶段为初级阶段，初级阶段分为儿童期和青春期早期，在这一阶段中，身体的发展程度和运动技能得以明确。儿童在这一阶段养成的基本动作技能是今后进行较难动作的铺垫。幼儿在思维逻辑方面相对欠缺，因此只有采用有针对性的教学内容进行培训，才能为幼儿的运动发展打下良好的基础。人类运动技能的提高随着年龄的增长和运动水平的提高而变化。儿童的动作发展顺序基本相同，比如先学爬，再学走路，先学走路再跑。

因此，根据人类动作发展的特点，在研究中幼儿教师掌握各年龄段幼儿运动技能发展水平的典型特征，继而在课程设计中对幼儿在选择教学内容时有更高的预设性，最大限度地提高教学效果。在教学内容的设计和安排上，考虑幼儿行为发展的顺序性以及相应年龄段的行为发展或成熟程度。①

第二节　促进动商提高的体智能课程活动设计与实施

一　教学预设

研究者基于体智能课程对幼儿动商水平的提高进行实验研究，根据本研究的内容与方式，研究者假设幼儿对体育活动具有较高兴趣，但缺少系统锻炼；体育课程教学中教师以幼儿自主活动为主，缺少系统的课程安排，体育课程安排不合理，课程效果不佳；体智能课程在幼儿园体育教学中能够逐步得以实践，但需要幼儿园方面及教师方面根据实际情况循序开展。基于以上假设，研究者选择实验研究的对象和时间、场地，并根据实际情况设计体智能课程。

二　教学对象的选择

本研究选取幼儿园里 5—6 岁幼儿为实验对象。选取前郭尔罗斯自治县一所公办幼儿园，根据随机性原则，随机选择大一班 20 名幼儿（其中

---

① 李石鹏：《东莞市小学阶段篮球教学内容体系构建的研究》，硕士学位论文，武汉体育学院，2018 年。

有9人为男孩，11人为女孩）为实验组，大三班20名幼儿（其中9人为男孩，11人为女孩）为对照组。

表1-1　　　　　　　　　幼儿基本情况统计

组别		男孩		女孩	
		人数	百分比（%）	人数	百分比（%）
实验组	5岁	3	15.0	7	35.0
	6岁	6	30.0	4	20.0
对照组	5岁	5	25.0	5	25.0
	6岁	4	20.0	6	30.0

三　教学时间、地点

教学时间：2020年10—12月，共计10周，每周两课时，根据幼儿园课程教学安排开展体智能课程与传统体育课程。

教学地点：选取幼儿园多功能教室和户外操场作为教学实验场地。课程的具体实施人均为研究者本人。

四　教学的设计

（一）体智能课程目标的确定

教学目标具有指引和评价的功能，能够指出教学活动的期望方向和预计得到的效果。它不仅是教学活动的出发点，也是教学的归宿，是评价教学效果的标准。[①]体智能课程的目标主要从体能、智能和人能三个维度来制定。体能目标：引导幼儿潜在的能力，促进体力的提高；智能目标：提高自我保护意识，培养幼儿自主性和善于思考的习惯；人能目标：感受合作的力量，提升对外界环境的适应能力。目标设置应合理、得体、层次分明，符合幼儿身心发展的特点。[②]

[①] 姚玉清：《现代教育信息化管理》，同济大学出版社，2012年版。
[②] 汪燕、李佐惠：《幼儿机构体智能课程教学模式研究》，《当代体育科技》2017年第7期，第53—55页。

表1-2　　　　　　　　　　体智能课程教学目标

	体能目标	智能目标	人能目标
总目标	1. 能够熟练进行走、跑、跳、爬、躲、平衡、抛等基本动作； 2. 独立完成常见的器械运动； 3. 提高幼儿体质健康，提升幼儿机体对环境的适应力	1. 幼儿乐于参与游戏，并敢于尝试新的游戏； 2. 幼儿能够在游戏中大胆创新新的玩法和新的技巧； 3. 掌握游戏的最有效方法，尝试在不断的运动中掌握运动技巧	1. 幼儿能够自觉遵守游戏中设定的规则，遵守游戏秩序，按照游戏规则进行游戏； 2. 有团队合作意识和集体荣誉感，积极好胜； 3. 能够接受游戏结果，胜不骄，败不馁

（二）体智能课程教学方式的选择

1. 音乐律动教学

音乐律动是幼儿跟随音乐进行的肢体有节奏的运动。幼儿倾听音乐能够增强其对音乐的感受性，锻炼其专注力。在课前用轻松愉悦的音乐律动开场，营造欢乐的课堂氛围；教师通过儿歌律动操，让幼儿锻炼全身的大肌肉，达到热身的目的；同时，对音乐的感知力是每个人的天性，通过感知节奏感强的音乐，来唤醒幼儿爱玩的天性，不仅能通过音乐律动达到热身的目的，还为下一阶段的教学环境做了良好的氛围铺垫。

2. 情境游戏教学

情境游戏是教师通过创设幼儿熟悉并感兴趣的情境，来吸引幼儿踊跃参与到游戏中，并在过程中产生愉悦的心理游戏活动。[1] 有学者的实践研究证明，情境游戏可以增强幼儿的自主控制力、独立性和意志力等品质。为幼儿创造熟悉且有趣的场景，使游戏和故事结合而变得有趣，从而吸引幼儿的注意力并增强他们的参与意识；扩展情境游戏的内容，以小组游戏为主，不仅可以通过游戏提高幼儿的运动能力，还可以提高学前幼儿社会性发展中的合作能力和互助精神。

---

[1] 车海燕：《在情境游戏中发展小班幼儿意志品质的实践研究》，《早期教育》（教科研版）2013年第6期，第26—32页。

3. 规则游戏教学

规则游戏是指按照一定规则进行的游戏活动。这里的规则是处于积极状态的规则，5—6 岁的幼儿在心理活动的意向性和思维活动的概括性得到快速提高，能够根据自己的具体生活和游戏经历，理解游戏中的任务和输赢的意义。在这一时期，游戏的设置应具有具体目的性和可控制性，儿童在游戏中具有努力的方向，这是他们掌握各种游戏规则的重要条件。在体智能游戏中，可以根据故事的要求设定规则，规则是规则游戏最基本的特征，要求幼儿在规则中完成任务；遵守规则不是过分要求，在既定规则中，幼儿自由创造新的游戏方法，鼓励孩子大胆创造。

4. 体智能器械教学

运动器械是幼儿园开展体育活动的重要材料，体智能器械是体智能课程中不可或缺的硬件基础。有研究表明，体智能器械具有多样性和专业型的特点，不同器械合理的运用，能够有效增强幼儿运动机能和动作发展水平，可以有效提高幼儿平衡性、持久性、协调性、敏捷性、灵活性和专注力等各方面的能力。体育器械不仅包括传统的运动器材如跳绳、篮球、足球、沙包等，也包含感统器械，如大龙球、彩虹伞、拱形门等，还包括教师自制器械，如教师根据教学实际需要以及幼儿年龄阶段和身心发展，自制适宜的具有教育性和实用性的运动器材。

5. 户外活动教学

户外活动是指幼儿园教师根据教学目标开展的在户外进行的活动，包括幼儿园内的户外活动和幼儿园外的户外活动。教师需根据户外活动的季节、地点、游戏材料和幼儿发展特征等多方面条件，制定适宜的活动目标，科学计划户外活动的方式和过程，在游戏进行过程中教师制定规则和维持秩序，以达到活动的最佳效果，保证教学达到预期目标，最终能够提高儿童身心发展。体智能课程常在户外进行，让幼儿在户外能够接触大自然，感受日光的沐浴与自然的变化。结合季节和天气因素，合理开展幼儿户外活动，活跃幼儿身心，增强幼儿与外界环境的适应力。[1]

---

[1] 缪依呈：《生活"蛋"资源在小班户外区角游戏中的开发与利用》，《好家长》2019 年第 34 期，第 145 页。

6. 合作性集体活动

合作性集体游戏是幼儿园体智能活动的主要方式，目的在于培养幼儿合作意识、集体荣誉感以及社会性行为的发展。目前，幼儿园大多数幼儿仍是独生子女，是家中的焦点，这导致部分幼儿常常将自我设为世界的中心位置，不能够自我约束与调控，容易受情绪支配，集体观念和团队意识淡薄。他们不仅不喜欢接受别人，而且不容易被别人接受，在未来的社会里也是这样，幼儿期是形成良好社会性行为的关键时期。因此，我们可以利用合作性集体游戏的方式开展体智能活动，最终达到促进幼儿动商发展的目的。[1]

（三）体智能课程教学内容的确定

1. 体智能课程教学内容的课时安排

表1-3　　　　　　　　　体智能课程内容

课时安排	活动名称	拓展素质
第01课时	小木箱与安全海绵垫	勇敢果断
第02课时	空气棒游戏	专注力
第03课时	大闯关	10米折返跑
第04课时	小羊过桥	走平衡木
第05课时	推送传球	坐位体前屈
第06课时	炸大灰狼	立定跳远
第07课时	穿越地平线	双脚连续跳
第08课时	愤怒的小鸟	网球掷远
第09课时	小兔子找家	障碍物往返跑
第10课时	可爱的兔子	双腿跳跃
第11课时	过街老鼠	灵敏训练
第12课时	脚步变变变	爆发力
第13课时	捉尾巴	敏捷性
第14课时	狡猾的狐狸	平衡感

---

[1] 胡巧妹：《小班体育活动中的友爱教育》，《启迪：教育教学版》2014年第11期，第61—63页。

第一章 筑牢社会性发展之基:促进幼儿动商发展的活动设计 / 15

续表

课时安排	活动名称	拓展素质
第15课时	西班牙斗牛士	距离感
第16课时	老鹰抓小鸡	敏捷性
第17课时	滑溜布游戏	灵巧性
第18课时	气球伞游戏	协调性
第19课时	海绵滚筒	持久力
第20课时	触摸球	手眼协调能力

2. 体智能课程案例

根据《3—6岁儿童发展指南》,以及前测中幼儿的体能水平制定本实验研究实验组教学内容。体智能课程授课内容如表1-4所示。

表1-4　　　　　　　　　体智能课程教案

活动名称	小兔子找家
活动对象	实验组大一班
活动时间	2020年11月23日
活动地点	户外操场
活动目标	1. 知识与技能:锻炼幼儿跑的动作,通过往返跑提高幼儿速度与反应能力; 2. 过程与方法:了解往返跑的动作要领; 3. 情感态度与价值观:鼓励幼儿积极参与游戏,增强幼儿之间的配合程度。
活动准备	课前准备: 1. 平坦的跑道上放置四组感统器械,形成障碍跑道; 2. 音响和音频。
活动过程	一、开始环节 1. 幼儿在队伍中站好,课前互动问好; 2. 播放《加油!AMIGO》,师生共同热身。 (1)用音响播放《加油!AMIGO》,教师带领幼儿在欢快的音乐中开始热身运动。 (2)通过语言引导幼儿活动各个部位:拍拍手、抬抬腿、点点头、弯弯腰、转一圈、跳一跳,引导幼儿做从头到脚的热身运动。

续表

二、基本环节 1. 情景导入：小兔子在森林里迷路了，森林里危险重重，小兔子希望小朋友们的帮助，帮助小兔子用最短的时间回家。勇敢的小朋友们，你们有勇气完成这个艰巨的任务吗？ 2. 游戏规则：幼儿手拿兔子玩偶，经过彩虹桥、软梯等"森林中的障碍"，用最快速度完成往返跑，将小兔子传给下一个小朋友，最终将小兔子放入家中（篮子中）。 3. 游戏活动：幼儿分成四组站在起点位置，穿过障碍物，抱着小兔子进行往返跑，回到起点位置后，将小兔子传递给小组下一名幼儿。 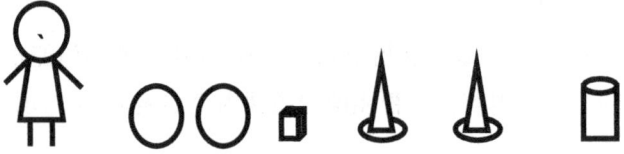 三、结束环节 1. 评选出最快完成将小兔子送回家的小组； 2. 教师对幼儿整体表现给予积极肯定与鼓励，并替小兔子对每一位幼儿表示感谢，播放音乐，在舒缓的音乐声中结束活动。

五　教学的实施

（一）教学实验

在教学第一周，应用动商水平测试量表规定的测试项目分别对实验组20名幼儿、对照组20名幼儿进行实验前测。在实验的过程中，遵守实验组和对照组每项测试的顺序和测试的时间基本一致。实验组的测试时间为工作日上午的第二节课，对照组的测量时间为次日上午的第二节课，尽量保证外界环境因素一致性。同时，测试与教学均由同一组教师承担，对照组和实验组的总学时相同，减少了环境因素和其他无关因素对实验结果的影响。将实验组和对照组的测量结果应用动商公式计算得出动商的值，将其记录。

在二十课时的教学实验结束后，对实验组与对照组幼儿进行实验后测，分别对实验组和对照组的实验对象进行再次测试，测试方法同前测。

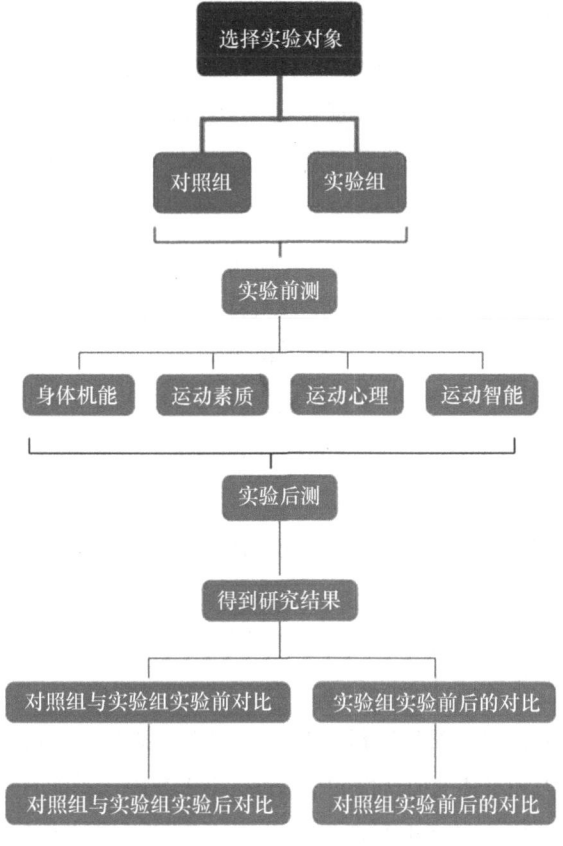

图1-3 教学实验思路

(二) 测量方法

1. 5—6岁幼儿身体机能测量

①BMI：衡量人体胖瘦及健康程度的指数。

【使用器材】体重秤；身高计。

【测试方法】被测幼儿脱下鞋子、袜子、帽子和外套等，以站立的姿势站在木质平台上。幼儿的眼睛直视前方，胸部微微抬高，腹部微微缩回，昂首挺胸，手臂自然放在双腿两侧，脚跟并拢。两只脚相距约60度，脚跟、手臂和两个肩胛角之间的几个点同时接触立柱。测量员握住滑板并轻轻向下移动，直到滑板底部与颅骨顶部接触。注意测量人员的眼睛和水平面上的滑板。BMI是体重（kg）除以身高（m）的平方。

②肺活量：肺活量是反映人类生长发育水平的重要功能指标之一。

【使用器材】电子肺活量测试仪；一次性口嘴。

【测试方法】首先检查测量的房间内通风情况，将肺活量测量仪水平摆放在适宜高度的桌面上，接通电源后，启动开始键，显示屏出现数字"0"时，意味着肺活量测量仪能够正常工作，在测量开始前，肺活量测量仪需要预热五分钟。

幼儿测试之前应检查在吹气时肺活量测量仪是否有反应，且检查是否有漏气的情况出现，幼儿学会深呼吸后屏住呼吸，然后对准吹起嘴进行吹气，避免呼吸过程中二次吸入。告诉被测幼儿不要紧张，缓解幼儿紧张情绪，告知幼儿尽最大努力，以中等速度和力量吹气是最好的。在做一到两次比平时深的呼吸动作后，让幼儿面向仪器站立，握住吹气嘴；面向肺活量计站立，尝试吹气1—2次。被测幼儿开始前深吸一口气，慢慢呼气到嘴边，直到不能再呼吸；吹气后，液晶屏上显示的最终数字是肺活量的值，单位为毫升，精确到个位数。每名受试幼儿共测试三次，每次测试间隔15秒。记录三次，取最大值作为最终结果。

2. 5—6岁儿童运动素质测量

①十字象限跳：能够观察和测量幼儿的灵敏素质，也反映出幼儿的弹跳能力、反应能力和身体的协调性和平衡性，能够反映运动能力的综合表现。

【场地器材】在平地上画两条1米长的直线（将地面分成四个象限并标记数字），秒表和哨子。

【测试方法】受试幼儿的脚靠近象限1。在听到或看到启动信号后，测试仪按A-B-C-D-A的方向依次跳格子，测试人员开始按动计时器并循环停表10次。小数点后二位不是"0"进到"1"，最终成绩取小数点后一位，计量单位为秒。

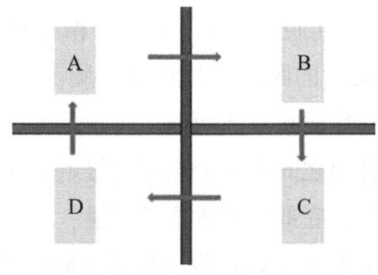

图1-4 十字象限跳

②斜身引体：能够测量出双臂的力量以及幼儿的耐力。

【使用器材】单杠；海绵垫。

【测试方法】选择合适高度的低杆，让杆面高度与幼儿前胸保持高度一致。幼儿面对单杠，自然站立，双手与肩同宽，握住单杠，双腿向前伸展，双脚由同伴压在地上，双臂与躯干成90°角，斜着下垂，然后开始做屈臂引体。当幼儿的下颚可以接触或超过水平杆时，他们伸出手臂来恢复。测试者记录受试者完成测试的次数，单位是次。

③10米软梯跑：测试幼儿反应能力与身体协调能力。

【使用器材】10米软梯。

【测试方法】面向软梯直立，膝关节微微弯曲，上身微微前倾，前脚着地，测试者发出开始指令并开始计时，被测试者听到开始指令后一步一个格快速向前跑进，要求每步一个格，脚在线内，测试者到达终点后停止计时。

④坐位体前屈：测量身体的柔韧度，肌肉的拉伸能力对预防运动的损伤起着关键效力，并且还影响人体运动的力量与速度。

【使用器材】坐位体前屈测试仪。

【测试方法】测量人员打开了电源按钮。当光标靠近导轨时，如若屏幕显示"-20.0cm"或者显示以下的数字，则证明该测量仪可以常规测试。被测幼儿坐在测试仪前面的垫子上，双腿水平向前放置；双脚并拢，脚趾稍微向外，脚底贴紧测量仪。测量人员更改游标的位置，使游标的下半部分到达幼儿的脚尖。在测试坐姿前弯时，幼儿的手放在另一只手的手掌下面，手臂笔直平行。严禁屈膝、屈髋、弯腰。用双手中指尖将光标向前推到孩子的最大能到的位置，然后把在屏幕上的数值写下来。对该测试进行两次试验，选择好的成绩为最终结果。

⑤30米跑：反映幼儿爆发力、小腿肌肉力量以及灵敏度。

【使用器材】操场跑道设置30米直线跑道；秒表。

【测试方法】被测幼儿从起点处开始，到终点结束。用最快速度跑到终点。每个人测试两次，取最好的分数为最终结果。

⑥15米倒退跑：反映幼儿身体的协调能力和灵活性。

【使用器材】操场跑道设置15米直线跑道；秒表。

【测试方法】被测幼儿从起点处开始，到终点结束。用最快速度倒退跑到终点。每个人测试两次，取最好的分数为最终结果。

⑦闭目单足立：平衡能力是人能够维持运动稳定的能力。测试采用闭眼单足站立的方法，对儿童的静态平衡进行测量，以此得到幼儿的平衡能力水平。闭目单足立主要体现幼儿平衡能力以及全身肌肉协调运动能力，考查幼儿维持和把握重心的平衡能力。

【场地器材】秒表。

【测试方法】在测试过程中，被测幼儿闭上眼睛站立，发出"开始"指示时抬起左右任何一只脚，研究人员按动秒表。如若支撑的那只脚发生挪动，或者抬起的脚碰到地面或者与支撑腿发生相碰，或支撑的腿弯曲，则为结束。如果出现上述状况，按动计时器并计为测试结束。以秒为单位，取到个位数。测量两次，以最佳成绩计算最终分数。

⑧立定跳远：反映幼儿下肢的爆发力和全身肌肉协调的能力。

【使用器材】沙坑；卷尺；直角尺。

【测试方法】在沙坑边缘处画出一条开始线，并用带颜色细绳作为标志，沙坑侧面放置2.5米长的尺作为衡量距离标准。幼儿站在起始点，摆动手臂，膝盖弯曲，用力跳跃前面沙坑，尽最大努力跳到最远。起跳时，双手向前和向上摆动。落地时，用臀部、膝盖和脚踝缓存，手臂放在身体后面。测量人员，根据幼儿跳到的位置，平行滑动直角尺，在长尺上记录下幼儿跳远成绩。跳远共测量两次，以厘米为统计单位，四舍五入，保留到整数，取两次结果的最佳值为最终结果。

⑨走平衡木：反映幼儿平衡力与专注力。

【使用设备】平衡木一副（长3米，宽10厘米，高30厘米）；平衡木每端外侧加一个长和宽各20厘米的与平衡木高度相同的平台；秒表。

【试验方法】要求被测幼儿双臂平举，保持身体平衡，从平衡木的平台出发，一步一步走向平衡木的另一端。当测试人员发出"开始"指令时，被测幼儿的双脚交替地向前移动到终点处的平台上。测试人员在被测幼儿前面发出命令的同时，测试人员按动计时器开始计时，被测幼儿抵达终点后再次按动秒表结束计时。与此同时，测试人员应在被测幼儿旁，防止出现安全意外。

⑩50米×8往返跑：用来测试幼儿运动速度，同时也是幼儿反应能力的一个标志。

【使用器材】长宽各为50米和1.22米的直线跑道；数块秒表。

【测试方法】在直线跑道上画出四条长50米、宽1.2米的跑道。以一侧作为起跑线（也作为终点线），以两侧挂一面旗为转折线，将儿童分成若干组，每组至少两人。站在起跑线后，双脚呈向前和向后的起跑姿势；测试者吹口哨后，孩子用尽全力跑向折返线。当他跑向国旗时，要用手触摸国旗，及时转向另一条折返线。在这个过程中，两端都受到测试人员的保护，以防止儿童受伤。测试人员给予幼儿"开始"指令并按下秒表开始计时，幼儿开始跑向另一端。当幼儿跑完全程到达终点线时，再次按秒表结束计时。总共测量一次，以秒为统计单位，保留到小数点后一位。

3. 5—6岁幼儿运动智能测量

①动作1 5米接沙包：测试幼儿反应能力与手眼协调能力。

【使用器材】沙包；操场空场地。

【测试方法】利用空场所。提前准备沙包一个，在操场画出5米距离的抛点与接沙包处。测试者站在接沙包处等待接沙包，扔包人朝前扔之，假如在落地前接住，则计为一分，扔沙包时，沙包要尽可能地高度适中，并不能偏斜。

②动作2 踢球射准：反映幼儿腿部力量与踢球的准确度。

【使用器材】足球；球门。

【测试方法】在球门5米处设置踢球点，幼儿站在踢球点进行踢球，以进入球门为准，每踢进一球计为1分。

③动作3 障碍纵跳触物：反映幼儿身体弹性与弹跳能力。

【使用器材】气球。

【测试方法】在离幼儿举手指尖25厘米处挂置气球，测试者用力蹬地连续纵跳手触气球，碰到气球计为一次，共跳四次。

④动作4 连续跳绳5个：反映幼儿平衡感、节奏感以及弹跳能力。

【使用器材】跳绳。

【测试方法】先调整绳子的长度达到幼儿使用合适的长度（用一只脚踩在绳子上，把手柄提到被测幼儿胸部至肚脐处为佳）。被测幼儿用双手摇动跳绳手柄，当跳绳中间部分离地面最近时，幼儿跳过跳绳，不间断地摇动手臂，每一次连续的跳过跳绳记作一次。测量两次，取最佳值。

⑤动作5 为30米搭积木。

【使用器材】积木。

【测试方法】幼儿搭建积木,能够完成较高难度搭建为优;能够完成中等难度搭建为良;能够完成搭建为中;不能完成搭建为差。

⑥动作6 下蹲举臂。

【使用器材】无。

【测试方法】被测试者双手持木杆于头顶上方,木棍和地面保持水平,缓缓下蹲。

⑦动作7 全方位爬行。

【使用器材】彩虹隧道、拱形桥。

【测试方法】设置起始点与被测试者爬行路线,幼儿从起始点出发,经过彩虹隧道与拱形桥,记录测试者爬行的姿势、爬行中的灵敏度并进行打分。

⑧动作8 前滚翻。

【使用器材】草坪空地。

【测试方法】幼儿蹲下,身体重心向前移,弯曲膝盖,低头并双腿离开地面向前滚动(如图1-5所示)。

图1-5 前滚翻

⑨动作9 技能模仿。

【使用器材】无。

【测试方法】演示者坐在椅子上,与被测幼儿面对面。演示者给予幼儿"开始"指令后开始演示动作,从简单的大动作开始进行,完成动作后再次给予幼儿指令,幼儿对动作进行模仿,演示者共演示五个动作。三个大动作和两个小动作,幼儿进行现场模仿,完成度为80%及以上为优,完成度为70%及以上为良,完成度为60%及以上为中,完成度为50%及以上为差,完成度为50%以下为错。

(三) 体智能课程教学纪实

图1-6 立定跳远练习

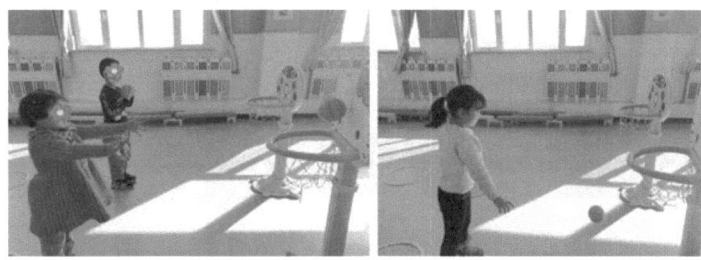

图1-7 投掷训练

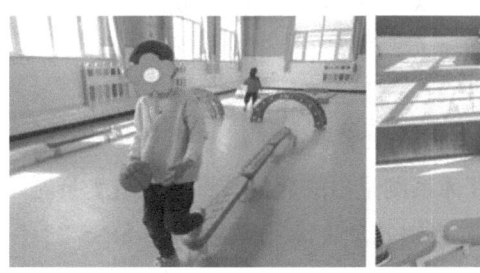

图1-8 走平衡木

图1-9 跳绳练习

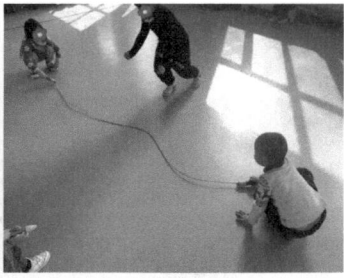

图 1-10　跳跃训练

图 1-11　集体游戏活动

第三节　教学实验结果与讨论

一　教学实验的结果

（一）实验组实验前测与对照组实验前测数据分析对比

根据动商测评量表测评体系测量出的数据，将实验组实验前测幼儿动商水平数据与对照组实验前测幼儿动商水平数据使用 SPSS 23.0 进行分析，结果如下（见表 1-5、表 1-6）：

表 1-5　　　　　　　实验组与对照组实验前测数据统计

组别	N	均值	标准差	均值的标准误
实验组	20	84.7537	6.37466	1.42542
对照组	20	84.7395	7.75748	1.73463

表1-6　　　　　　　实验组与对照组实验前测数据分析

		方差方程的 Leven 检验		均值方程t的检验					
		F	Sig	t	df	Sig（双侧）	均值差值	标准误差值	差分的95%置信区间	
									下限	上限
动商	假设方差相等	2.022	0.163	0.006	38	0.995	0.01424	2.24516	-4.53084	4.55933
	假设方差不相等			0.006	36.624	0.995	0.01424	2.24516	-4.53646	4.56494

根据表1-5与表1-6可知，实验组与对照组前测动商均值分别为84.7537和84.7395，标准差分别为6.37466和7.75748。$p = 0.163 > 0.05$，实验组与对照组前测幼儿动商水平无显著差异，实验组与对照组的对象选取符合要求。

（二）实验组实验前测与后测数据分析对比

根据动商测评量表测评体系测量出的数据，将实验组实验前测与后测数据使用SPSS23.0进行分析，结果如下（见表1-7、表1-8）：

表1-7　　　　　　　实验组实验前测与后测数据统计

组别	均值	N	标准差	均值的标准误
前测	84.7537	20	6.37466	1.42542
后测	93.4644	20	8.78344	1.96404

表1-8　　　　　　　实验组实验前测与后测数据分析

	成对差分					t	df	Sig.（双侧）
	均值	标准差	均值的标准误	差分的95%置信区间				
				下限	上限			
实验组·对照组	-8.71064	6.75798	1.51113	-11.87347	-5.54781	-5.764	19	0.000

根据表1-7与表1-8可知，实验组前测与后测幼儿动商水平均值分别为84.7537和93.4644，标准差分别为6.37466和8.78344，实验组后测幼儿动商水平均值明显高于前测。$p = 0.000 < 0.05$，由此可知，体智能教学干预后，实验组幼儿动商水平有显著性提高。

(三) 对照组实验前测与后测数据分析对比

根据动商测评量表测评体系测量出的数据,将对照组实验前测与后测幼儿动商水平数据使用 SPSS23.0 进行分析,结果如下(见表 1-9、表 1-10):

表 1-9　　　　　　　对照组实验前测与后测数据统计

组别	均值	N	标准差	均值的标准误
前测	84.7400	20	7.75647	1.73440
后测	86.3060	20	7.24340	1.61967

表 1-10　　　　　　对照组实验前测与后测数据分析

	成对差分			差分的95%置信区间		t	df	Sig.(双侧)
	均值	标准差	均值的标准误	下限	上限			
实验组·对照组	-1.56600	4.16762	0.93191	-3.51651	0.38451	-1.680	19	0.109

根据表 1-9 与表 1-10 可知,对照组前测与后测幼儿动商水平均值分别为 84.7400 和 86.3060,标准差分别为 7.75647 和 7.24340。$p = 0.109 > 0.05$,由此可知,对照组幼儿实验前测与后测,动商水平无显著变化。

(四) 实验组实验后测与对照组实验后测数据分析对比

根据动商测评量表测评体系测量出的数据,将实验组实验后测幼儿动商水平与对照组实验后测幼儿动商水平数据使用 SPSS23.0 进行分析,结果如下(见表 1-11、表 1-12):

表 1-11　　　　　实验组与对照组实验后测数据统计

组别	N	均值	标准差	均值的标准误
实验组	20	93.4644	8.78344	1.96404
对照组	20	86.3043	7.24533	1.62010

表1–12　　　　　　　实验组与对照组实验后测数据分析

		方差方程的 Leven 检验		均值方程 t 的检验					
		F	Sig	t	df	Sig（双侧）	均值差值	标准误差值	差分的95%置信区间 下限	差分的95%置信区间 上限
动商	假设方差相等	0.226	0.637	2.812	38	0.008	7.16004	2.54601	2.00591	12.31418
	假设方差不相等			2.812	36.674	0.008	7.16004	2.54601	1.99978	12.32031

根据表1–11与表1–12可知，实验组和对照组后测幼儿动商水平均值分别为93.4644和86.3043，标准差分别为8.78344和7.24533，这说明体智能教学实验的干预提高了实验对象的动商平均水平。p=0.008<0.05，由此可知，体智能课程干预对幼儿动商水平有提高效果，并且提高效果显著。

（五）实验组实验后测与对照组实验后测各项指数数据分析对比

根据动商测评量表测评体系测量出的数据，将实验组实验后测幼儿动商各个指数与对照组实验后测幼儿动商各项指数数据使用SPSS23.0进行分析，结果如下（见表1–13、表1–14）：

表1–13　　　实验组实验后测与对照组实验后测各项指数数据统计

	组别	N	均值	标准差	均值的标准误
运动素质	实验组	20	24.9000	3.43205	0.76743
	对照组	20	24.7000	2.67739	0.59868
运动智能	实验组	20	27.9000	2.04939	0.45826
	对照组	20	25.8500	2.75824	0.61676
运动心理	实验组	20	25.9000	1.61897	0.36201
	对照组	20	24.5000	1.93309	0.43225
身体机能	实验组	20	5.8500	3.01357	0.67385
	对照组	20	6.1500	1.89945	0.42473

表 1 – 14　　实验组实验后测与对照组实验后测各项指数数据分析

		方差方程的 Leven 检验		均值方程 t 的检验						
		F	Sig	t	df	Sig（双侧）	均值差值	标准误差值	差分的95%置信区间	
									下限	上限
运动素质	假设方差相等	0.275	0.603	0.205	38	0.838	0.20000	0.97333	-1.77040	2.17040
	假设方差不相等			0.205	35.876	0.838	0.20000	0.97333	-1.77424	2.17424
运动智能	假设方差相等	1.378	0.271	2.668	38	0.011	2.05000	0.76837	0.49451	3.60549
	假设方差不相等			2.668	35.078	0.011	2.05000	0.76837	0.49025	3.60975
运动心理	假设方差相等	2.834	0.248	2.483	38	0.018	1.40000	0.56382	0.25860	2.54140
	假设方差不相等			2.483	36.865	0.018	1.40000	0.56382	0.25745	2.54255
身体机能	假设方差相等	3.784	0.101	-.377	38	0.709	-.30000	0.79654	-1.91251	1.31251
	假设方差不相等			-0.377	32.039	0.709	-0.30000	0.79654	-1.92242	1.32242

根据表 1-13 与表 1-14 可知，实验组后测与对照组后测运动素质均值分别为 24.9000 与 24.7000；运动智能均值分别为 27.9000 与 25.8500；运动心理均值分别为 25.9000 与 24.5000；身体机能均值分别为 5.8500 与 6.1500，在运动素质、运动智能和运动心理三个方面，实验组后测平均水平高于对照组后测。其中，运动智能与运动心理具有显著提高，身体机能与运动素质提高不显著。

二　教学讨论

（一）体智能训练对运动智能的影响显著

本研究运动智能维度由十个动作组成，这十个动作从幼儿脑、眼、手、足和躯干等多部位观察幼儿运动智能的开发，选取 5 米接沙包、踢球射准、障碍纵跳触物、连续跳绳 5 个、30 米搭积木、下蹲举臂、全方位爬行、前滚翻、技能模仿和组合动作作为测量方式。通过游戏干预后，两组被试幼儿的运动智能各项指标都有不同程度的提高，说明有组织、有计划地进行体智能游戏有利于 5—6 岁幼儿运动智能的提高。

1. 体智能训练对幼儿平衡能力的影响

经过对照实验，体智能游戏能够在较短时间内显著提高幼儿平衡能力，本研究中平衡素质主要由走平衡木体现，体育游戏干预后，实验组和对照组走平衡木数据有显著性差异。体育游戏干预方案之中，实际上针对专门平衡能力的游戏，除了前期的单脚支撑模仿动作以外并不多，但是大量的跨越跳跃动作游戏，可以提升幼儿核心力量，也有助于平衡能力的提升。同时平衡木对于一部分幼儿来说需要克服心理上的恐惧，体育锻炼过程中老师给予的鼓励和表扬，能够帮助其克服。在《小羊过桥》与《狡猾的狐狸》活动课程中，设置了幼儿走平衡木的环节，因此，在经过体智能课程 20 课时的干预后，实验组幼儿的平衡能力有所提高。

2. 体智能训练对幼儿动作学习与记忆能力的影响

运动智能包含了幼儿的学习、模仿、记忆能力和天赋、特殊而又突出的其他能力。从差异性来看，实验组运动智能的提高较对照组更为显著。实验组中设计了《愤怒的小鸟》游戏，幼儿在游戏过程当中学会了投掷的技巧，所以在后测中 5 米接沙包的成绩进步显著。通过实验干预后，幼儿提高了学习动作、记忆动作的能力，然而对照组的传统体育游戏幼儿在幼儿园小班或在中班已经学得，没有在短时间内让幼儿学习新游戏，所以既不利于提高幼儿参与游戏的积极性和热情，也没有提供幼儿接受新事物、新游戏的过程，不利于幼儿运动智能的提高。另外，实验组设计的《小木箱与安全海绵垫》《空气棒游戏》《大闯关》《小羊过桥》《推送传球》《炸大灰狼》均需要幼儿在游戏过程中运用脑、眼、耳、足等全身肢体进行协同配合，幼儿在游戏过程中需要眼观六路、耳听八方，并且不断与队友进行配合和协助，既能够在游戏中提高幼儿的动作学习与记忆，也能够提高集体荣誉感。

（二）体智能课程对幼儿运动心理具有积极影响

本研究通过访谈了解幼儿运动心理，幼儿体能与运动心理是两个不同却密切相连的概念。本研究结果显示，实验组幼儿在体智能教学中表现出非常喜欢体智能活动，经过教学实验得出，体智能活动不仅能改善和提高 5—6 岁幼儿的身体素质和运动能力，还能够提高幼儿运动心理，包括会提升幼儿自我对体育运动的热爱与向往；改善在运动中与他人的交往能力；增强幼儿自信心的建立。

1. 对于体育与自我方面

问题 1：体育游戏比电脑（手机、电视）有意思。在实验前测中，实验组和对照组分别有 35% 和 30% 的幼儿更喜欢看手机和电视，经过为期十周的体育活动后，实验组20名幼儿更喜欢体育游戏的占据80%，对照组为65%。由此可见，适当的体智能活动能够提升幼儿对体育游戏的喜爱，避免幼儿沉迷于手机游戏和电视节目。问题2：常和父母户外运动。实验组实验前后差异不大，幼儿表示"爸爸妈妈每天都需要去上班，回家很晚，我白天要去幼儿园，所以爸爸妈妈没办法陪我出去玩"，由于研究的访谈在冬季，吉林地区气候寒冷，部分幼儿回答"冬天太冷了，我就和爸爸妈妈在家里玩"，实验前后，实验组与对照组幼儿对此问题的回答无明显差异，多数幼儿不能够常在父母的陪伴下进行户外体育活动。问题3与问题4均是对幼儿对体育运动喜爱度的调查。当被问及每次体育活动之后是否开心、会不会感觉到累时，在实验前测中有的幼儿的回答表现出积极的态度"我最喜欢在外面玩了"，"玩的时候就不累"，有的幼儿表示"运动是很累的"。实验组在后测中，有两位幼儿由认为运动很累转变为不觉得累，并认为运动是很开心的活动。

结果显示，手机和电脑对幼儿的吸引力很大，经常参加户外运动的幼儿在喜爱的活动中更倾向于喜欢体育游戏而不是手机、电脑，运动心理是动商培养的重要因素之一，父母经常带领幼儿开展户外运动，这样的幼儿会更喜欢参与户外运动并在运动中更少感觉到疲惫。

2. 对于运动与他人方面

问题5：喜欢在很多人面前运动。在实验前测中一些幼儿表示"不喜欢""在很多人面前我会觉得很害羞"，在开展体智能活动的过程中，双人竞技游戏中，将幼儿分成两组，幼儿两两单独进行比赛，让幼儿在老师与同学们面前运动，能够在一定程度上消除幼儿的胆怯心理。问题6：只和喜欢的伙伴一起运动。在这个问题的回答上，幼儿表示喜欢和熟悉的伙伴一起运动，在课程中，研究者观察到集体游戏中，自主合作环节幼儿更偏向于和固定的小伙伴合作游戏。经过几次活动，幼儿能够尝试主动邀请其他幼儿加入合作。问题7：觉得老师喜欢体育好的。在前测中，大部分幼儿表示"老师喜欢听话的孩子"，"老师最喜欢聪明的孩子"，在实验组后测中，部分幼儿认为运动好的孩子，老师也会喜欢。问题8：喜欢观看体育比赛。前测实验中大部分幼儿表示：不喜欢观看体育比赛，更偏向于看动画片和儿童剧等电视节目；在实验组后测中，一部分幼儿说"喜欢和爸爸妈妈看体育比赛"。

在运动与他人方面，幼儿会受身边大人的影响，对运动的看法有所不同，喜欢看运动比赛的家庭，幼儿会对运动比赛具有更深的了解和喜爱；但是对于老师更喜欢的孩子，多数幼儿会认为老师喜欢"听话""聪明""懂事"的小朋友，表现出教师在日常教学中更注重幼儿的智育、规则意识与行为规范的培养，对体育的重视程度不足。

3. 对于运动与自信方面

问题9：害怕在体育游戏中受伤。80%的幼儿回答不害怕受伤，"我不害怕"，"我是很坚强的，受伤贴一个创可贴就不会疼了"。在活动中，多数幼儿也能够表现出更为坚强的一面，在跳远活动时，多多小朋友不慎摔倒，他起来后没有关注自己的膝盖而是询问老师自己的跳远成绩，继续参与到集体游戏中。问题10：户外活动做得比别人好。这个问题显示幼儿的自信心，部分幼儿表示，"我觉得我做得好"，也有幼儿侧面回答"我跑步是最快的，木木（班级其他幼儿）都追不上我"。在体育活动中，幼儿也渐渐表现出更强的竞争意识和不服输的精神，敢于与能力强的小伙伴发出挑战邀请，并在活动中积极努力。问题11：有喜欢的运动项目，在实验前测中，多数幼儿认为自己最喜欢的运动是跑步，实验组后测中，幼儿的回答趋于丰富化，跳绳、踢球、格子跳等多种活动成为了幼儿喜欢的运动项目。

4. 对于运动与社会性方面

问题12：在户外活动的时候，经常有小朋友闹不愉快，幼儿的回答大多为"不会的"，"我不和小朋友吵架"，在教学过程中发现，幼儿在运动中较少与其他幼儿发生冲突，游戏比赛中，能够自觉遵守游戏规则。问题13：玩过幼儿园里的所有运动器具，在幼儿的回答中，幼儿对"所有器具"这个概念了解不足，研究者对此进行了解释"包括户外的滑梯，独轮车等等"，体智能活动中，幼儿对不同的体育器具表现出强烈的兴趣，愿意尝试和体验。问题14：喜欢每天都运动。前测中，有四名幼儿不喜欢每天都运动，"每天都运动太累了"，在课程中，研究者观察发现，幼儿在游戏中会弱化疲惫感。问题15：喜欢在体育游戏中认识新朋友。实验组幼儿在教学之后，回答喜欢的幼儿有所增加。

根据20课时对幼儿的观察，参与体智能课程的实验组幼儿从被动参与到乐于参与游戏，从觉得运动很累到愿意每天运动，幼儿在心理上对运动的理解与看法发生了一些改变。综上所述，在5—6岁儿童中，是否开展体智游戏对儿童的运动心理功能有促进作用，在教师的指导下，设计有目的、有计划的游戏安排，对提高儿童的运动心理将起到更为显著的作用。

（三）短期内体智能活动对身体机能的影响不显著

身体机能是评价人的体育活动能力的主要指标，主要由先天遗传和生长过程中的体育锻炼所决定。此外，还与年龄相关。身体机能是指人体及其器官和系统表现出的生命活动。[1]

1. 体智能活动对BMI的影响

身体机能维度由BMI和肺活量两个指标构成。BMI是衡量一个人肥胖的程度和健康状况的国际上通用的标准。通过游戏干预后，传统体育游戏实验组和体智能活动实验组在BMI指标均无显著性差异，也说明在通过20课时的实验后，幼儿身高和体重无显著性变化。身高、体重的变化影响BMI指标，5—6岁幼儿在此阶段增长比较缓慢，且受多方面因素影响，包括遗传、生活环境、饮食和运动等，游戏干预只占到其中的一小部分。从理论层面上看，身高和体重主要的受遗传因素影响，但是可以通过后天的刺激进行改变，所以如果实验时间增长，有可能会在身高、体重和BMI指标看到变化，塑造幼儿更好的身体形态。

2. 体智能活动对肺活量的影响

体智能训练对身体机能的影响不显著，这也和训练开展得时间较短有关，同时幼儿身体机能受遗传因素，家庭成长环境等不可控因素的影响。肺活量是反映幼儿心肺功能的重要指标。从生理角度分析，幼儿在活动中积极参与和拼抢过程中使体温快速升高，促进血液循环，加快呼吸频率，在这个过程中，人体不断地呼入较多氧气和呼出二氧化碳，经过长时间的循环呼吸，使呼吸系统变得发达，从而提高肺活量。通过游戏的干预，两组实验组幼儿肺活量有不同程度的升高，说明游戏干预能够在一定程度上提高幼儿的肺活量，增强幼儿心肺功能。

---

[1] 李淑升：《武术操对5—6岁幼儿身心发展影响的实验研究》，硕士学位论文，河北师范大学，2016年。

(四) 短期体智能训练对运动素质的提高不显著

运动素质维度由15米倒退跑、10米软梯跑、坐位体前屈、走平衡木和50米×8往返跑等共十项测量指标构成。与幼儿体质监测指标相比，动商测评体系中的运动素质维度测试项目更细化、更全面，能够更准确地对幼儿力量、速度、耐力、灵敏、柔韧进行测量。动商测评体系中运动素质维度用斜身引体和立定跳远分别对上、下肢的力量素质进行测量，灵敏素质则用闭目单足立、十字象限跳、十米软梯跑和走平衡木进行测量。

1. 体智能训练对幼儿速度与灵敏度的影响

研究中50米折返跑成绩在教学干预后，实验组和对照组的成绩均无明显提高，研究者分析，这是由于后测时间遇到雨天和冷空气降温的限制，场地由室外转为室内，实验组和对照组成绩均下降，实验组平均时间增多了0.7秒，对照组平均时间增多了1秒。在降温情况影响下，实验组下降程度较小，可以说明体育游戏干预对实验组速度有一定的作用。在十字象限跳测试中，实验组后测显著高于前测水平。总体而言，可以表明体育游戏运动干预对幼儿的灵敏素质具有一定作用。王雪芹等的研究也发现多元体育活动能够提升幼儿的灵敏、速度素质。根据实验前测的相关性分析，体育游戏干预方案本身就是在建立在提升幼儿速度和灵敏素质的基础上，选取的包括"炸大灰狼""大闯关"等游戏，都是建立在动态的跳跃练习往返接力的动作基础上，因此实验组幼儿的双脚连续跳能力水平能够有显著的提高，即能够促进灵敏素质的提升。本实验在实施体育游戏运动干预过程中，前两周在准备活动时会更加注重幼儿身体协调能力的发展，这是幼儿运动发展的关键因素。协调能力的提升，优化了幼儿身体的控制能力，使幼儿在学习初期能够更加完善地完成动作，从而提升体育游戏干预实施过程中幼儿的训练效果。

2. 体智能训练对幼儿柔韧性的影响

坐位体前屈体现了幼儿的柔韧素质水平，幼儿时期柔韧是发展敏感期。但体育游戏运动干预前后实验数据表明本方案对于柔韧素质并没有促进作用。这与李媛媛的研究，"通过12周体育游戏对4—5岁幼儿进行运动干预，幼儿协调、柔韧性具有明显促进作用"结果不同。原因可能是因为本方案中，对于幼儿柔韧素质方面的教学内容不够完善。对于5—6

岁幼儿而言，这是提升幼儿柔韧素质的黄金时期，所以应该在后期对本体育游戏干预方案进行修改，增加柔韧素质的练习。

3. 体智能训练对幼儿力量与耐力的影响

研究中实验组幼儿的闭目单足立经过体育游戏运动干预后，与对照组呈现显著性差异，体育游戏干预方案能够提升幼儿的下肢力量。立定跳远能够测量出幼儿的爆发力与弹跳能力。研究中，体育游戏运动干预后立定跳远两组并没有呈现显著性差异。实验组体育游戏干预方案之中，独轮车游戏是对幼儿的下肢肢体力量提升的主要游戏。同时其他游戏内容，包括蹲走和各类器械跨越游戏，大多数动作都是手脚并用，对肢体的协调能力也有提高作用。实验组的立定跳远与对照组未出现显著性差异，可能是强度未达到有效刺激强度，运动干预周期时间过短。这与童磊等人实验结果相同，通过20周运动干预幼儿的立定跳远成绩影响不大，研究者分析是因为幼儿时期对于下肢爆发力训练不属于敏感期。

三 促进幼儿动商发展的体智能活动实施策略

（一）深化动商培养，推进教育评价改革

《深化新时代教育评价改革总体方案》中提出，在学生方面，提出教育评价要促进德智体美劳的全面发展。[1] 现今对学生的评价还停留在注重智商的发展，忽视了动商在人的一生中的重要作用。关于体育的测评主要针对于运动素质和身体机能的测评，也忽视了幼儿的运动智能与运动心理。学前时期的幼儿心理发展具有连续性、定向性、不平衡性与差异性，积极健康的心理是人的一生幸福的基础，运动心理的重要性不容忽视，因此，幼儿园在进行体育活动时，应将情感态度作为活动开展的目标之一，根据幼儿心理发展特点开展适宜的活动。分别从认知与技能维度设置运动动作与技能的目标，从过程与方法维度设置运动智能与运动方法的目的以及从情感态度与价值观维度设置运动心理的活动目标。并根据活动目标对活动进行评价，阶段性的评价采用动商测评量表，科学系统地对幼儿动商水平进行评测。同时对教师建立完善的考核体系，根据教师对活动目标的

---

[1] 朱立明、宋乃庆、罗琳等：《新时代教育评价改革的思考》，《中国考试》2020年第9期，第15—19页。

完成情况，以及幼儿阶段性动商测量的结果，对教师进行评价考核。

目前，我国幼儿园体智能课程还未形成系统科学的课程体系，缺乏科学的理论指导。动商明确阐述了儿童身体素质、运动机能、运动心理及运动智能的水平基准，可为幼儿园体智能活动提供切实可行的理论基础和评价体系。动商学习课程在教师培训课程中只有很少一部分，还不够完善，学校内也缺少专门的教材以及正确合理的教学方法及内容，诸多如此的问题需要更多专业人士来研究解决。因此，要加大儿童动商教学研究队伍的建设，编写更多科学合理的专项教师学习课程和儿童学习的内容。可由体育教育专家及幼儿教育专家共同实践研究，同时编写合适的教材及视频教学材料作为各幼儿园教学课程。因此，在国家层面，应支持与促进动商发展，推动学术界对动商教育的研究，加强一线教师和学者对动商的实践应用探索。幼儿园以此为开展体育活动的依据和评价标准，不断提高学前幼儿动商水平，促进幼儿身心健康发展。

（二）创设户外环境，积极开展户外活动

据调查了解，现在城市幼儿园多存在户外场地不足的现象，城市土地资源成本较高，很多幼儿园在资金方面无法承担。这个现状是无法一时间改变的，因此幼儿园应最大限度地提高有限户外资源的使用率；利用社会、社区以及附近公园等教育资源环境。首先，幼儿园创设有利于幼儿发展的户外运动场地与空间，移除多余的装饰性建筑物和使用率过低的游戏器材，在不改变幼儿园面积的基础上扩大户外游戏场地；其次，以灵活的方式设置游戏角，因地制宜，例如，可利用走廊转角设置"格子跳"游戏区，楼外角落，悬挂篮球筐，作为投掷活动区，满足体智能课程日常教学的需要，在天花板悬挂装饰物，幼儿可做跳跃运动，触及上方物品；最后，优化户外器械使用率，一物多用，例如篮球不仅可以投掷，还可以作为闯关游戏中的障碍物。

幼儿园教师仅仅在观念上了解户外活动的重要作用是不够的，还要在日常教学中实际应用户外活动方式。首先，幼儿园方面提出规定户外活动的规章制度，并通过相应评价制度积极鼓励幼儿教师到户外开展体智能活动，从制度和评价两个方面充分调动幼儿教师开展户外体智能课程的积极性，同时建立规章制度，给予教师鼓励与指导。其次，幼儿园户外场地要设置安全，无危险的因素存在，扫除教师对安全方面的顾虑，同时也能尽量避免户外活动中的安全事故。最后,提供更多的户外游戏器材供幼儿使用。① 教师根据户外活动的季节、地点、游戏材料和幼儿发展特征等多方面条件,制定适宜的活动目标,科学计划户外活动的方式和过程,在游戏进行过程中教师制定规则和维持秩序,以达到活动的最佳效果,保证教学达到预期目标,最终能够提高儿童身心发展。体智能课程常在户外进行,让幼儿在户外能够接触大自然,感受日光的沐浴与自然的变化。结合季节和天气因素,合理开展儿童户外活动,活跃幼儿身心。

(三)配置设施器材,培养专业教师队伍

基础设施是开展幼儿体智能活动的基础和前提条件。第一,体智能课程需要有充足的场地来开展活动,活动场地宽敞、平坦,无危险的尖锐利物和障碍物,必要时安装保护措施,以幼儿安全为第一,杜绝乱放乱摆的情况。第二,设备器材满足适宜性、安全性、科学性及教育性原则,能够满足幼儿体能训练的需要。严格把控体智能器械的引进渠道,保证体智能器材的质量和安全性,提高体智能器械种类的多样性,尝试让幼儿进行创造新玩法。第三,幼儿园方面,申请设立专项资金,督促幼儿园优化体智能教室环境,鼓励幼儿园内不同科目的教师维持体智能课堂规则性并保障幼儿基本安全。

教师是教学过程中的主导力量,教师体智能培养是国家教育中一个不可或缺的重要环节,因此要重点关注各个师范高校中教师动商的培养。幼儿园中大部分教师未接受过专业的体育教育训练与学习,且尚未了解动商教育。培养专业型的体智能教师对学前体育活动的实施与开展起到举足轻重的作用。研究者不断商讨完善提高动商的教学课程,保持课程的专业性、适时性以及其科学性。不断增加新内容,保持课程丰富新颖和趣味性,让教师有能力教,让幼儿有兴趣学。第一,高校的人才培养是基础,将体智能课程融入高校人才培养方案,培养出学前阶段体智能专业型教师;第二,审查校外机构体智能教师幼儿教育教学从业资格,严格把关,提高体智能教师从业门槛,保证体智能课程科学有效的实施;第三,加强职后培训,让一线教育者掌握最新的动商教育理念及体智能教学机制,不断提高其专业水平及教学水准。

---

① 舒姣云:《幼儿园户外活动组织的研究》,硕士学位论文,华中师范大学,2014年。

（四）集体游戏为主，注重个别指导

在运动中，不仅仅要锻炼幼儿的速度、耐力、平衡力、爆发力、柔韧性和灵敏性多个方面的运动能力与运动素质，更要锻炼幼儿运动思维和积极的运动心理，加强幼儿日常的情感交流和社会性的发展。合作游戏是提高运动思维有效的方法之一。让孩子学习合作游戏，体会合作的重要性是体智能课程的重点。对于喜欢独来独往的孩子，可以独自游戏，教师慢慢鼓励和引导参与到同伴们的合作游戏中。在两种情况的比较中，让孩子感受到一个非常简单的道理：合作游戏比单独玩更有趣。为了让孩子迅速地掌握运动技能，同时，努力让幼儿从被动的合作游戏逐渐转化为主动的合作游戏，老师可以通过游戏的活动进行引导，幼儿使用多种游戏方法进行游戏。例如先开展接力棒活动，让幼儿先独立完成任务，但需要将接力棒传递给下一位幼儿。然后，再开展"大毛毛虫"游戏，几个幼儿同时在毛毛虫中，共同合作一起抵达目的地，在循序渐进的教师有目的的引导中，幼儿逐渐愿意参与集体游戏，体验到合作的力量，产生集体荣誉感。

幼儿在游戏中教师应减少干预，必要时教师给予个别指导。教师可以为幼儿提供讨论的机会，引导孩子通过自我协商解决问题，让孩子把自己的想法表达清晰，在讨论中达成共识，从而获得解决矛盾的方法。因此，在体智能活动中，在提供游戏机会的同时，也要给孩子们提供小组讨论和交流的机会，让孩子们知道在游戏中，要学会倾听规则，善于听取他人的好的建议，同时也能感知他人的困难，并及时给予帮助。当不能够达到自己预期的结果时，学会分析原因在接下来的活动中调整并改正。

（五）加强运动体验，提倡鼓励教学

陶行知先生曾说过："要解放孩子的头脑、双手、脚、空间、时间，使他们充分得到自由的生活，从自由的生活中得到真正的教育。"动商的提高是幼儿在不间断的活动与学习中提高的，幼儿要经过切实的参与，有效的训练。[①] 实践经验的意义在于教会孩子不怕困难。学前时期的孩子往往会出现畏缩的心理，当遇到困难时，他们往往会说自己没试过，做不到，不敢做，这是孩子缺乏实践的正常表现，教师针对这类幼儿，要多给

---

① 凌芸：《有动有静有趣区域中火柴棒游戏初探》，《幼儿教学研究》2013年第10期，第32—33页。

予鼓励，鼓励幼儿可以尝试解决。实践可以提高孩子的行动能力，幼儿时期多锻炼实践会让孩子有一种认知：只有行动才能达到目的，他们才会愿意在以后的阶段去实践和体验。通过实践提高孩子的抗逆力。每位成功的人都是从失败中反复磨炼出来的，体育锻炼是培养孩子不怕失败的精神。在运动游戏的活动中，教师需要鼓励孩子们不断实践，让他们有更深的体验。

幼儿时期的运动体验是对幼儿造成影响最深刻的时期，无论是儿童之间的互动还是教师对儿童体育体验的引导都有着至关重要的作用。加强幼儿实践体验，需要做到以下几点：第一，注重对幼儿实践的正确指导，在实践过程中多给予肯定，减少批评否定，营造有助于幼儿主动参加的气氛。第二，教学内容要循序渐进，重点突出，内容不要太烦琐，孩子接受能力有限，参加体育运动的精力有限，在短时间内掌握重点才能达到最佳效果。第三，不过分注重对结果的评价，让幼儿胜不骄，败不馁，欣然接受活动和比赛的结果。第四，是要充分把握不同幼儿的心理状态，对不善于活动、练习、沟通、表达的孩子多加引导，让每个孩子都能参与和提高。

（六）实现家园共育，开发幼儿发展潜质

父母对于孩子的影响是最直接也最深刻的。家长在学龄前儿童的游戏中也扮演着重要的角色。他们也是发展动商的推动者、引导者、监管者和参与者。第一，建立家园运动手册，运动手册记录幼儿在园与在家的运动情况，由家长和班级教师进行观察记录并填写，定期对幼儿的身体状况及运动情况进行交流，及时对现阶段的情况总结与反思，教师合理改进教学，家长积极配合。第二，应用微信公众号、家长微信群分享适宜在家开展的体智能游戏活动，便于家长在家带领幼儿开展游戏，家长有效高质量的陪伴对幼儿是十分珍贵的。第三，创立幼儿园短视频账号，通过短视频等现今潮流的方式进行体能专业知识的分享，便于家园配合与合作。家长应充分认识体育运动对孩子的关键影响，孩子一切能力的养成都是建立在健康的身体与快乐的心情上，家长积极配合和支持幼儿园开展的体育活动，能够给予幼儿更多的运动游戏陪伴时间，包括参加幼儿园举办的亲子运动会等活动。

同时，家长应为幼儿的动商发展提供良好的环境基础。身体机能受营养因素、先天遗传、后天锻炼多因素影响。幼儿时期是增强身体机能的关键时期，合理适当的、循序渐进的、坚持不懈的体智能训练能够有效提高幼儿的身体机能水平。家长为幼儿的动商发展提供良好的环境基础有以下几种方法：第一，最基础的增强体质的办法，就是保证幼儿摄入合理的、足够的营养需要，避免出现营养不良等情况；第二，带幼儿定期开展适当的身体锻炼以增强体质；第三，给予幼儿科学的照顾，避免环境及外在因素影响幼儿体质；第四，对于体质比较差的幼儿，到正规医院检查身体，根据医嘱对幼儿进行科学有效的体质提高，使得幼儿运动潜能得到最大发展。

本章小结

本章通过阅读相关文献资料，整理分析动商教育以及体智能课程的相关研究，在实验的基础上了解体智能课程对于5—6岁儿童动商水平发展的情况。动商是幼儿全面发展中至关重要的因素，是社会性发展的基石，通过实验证明了体智能课程能够显著提高幼儿动商水平，幼儿园值得开设相关的体智能教学活动。系统的体智能课程需要经过严谨的设计，制定符合幼儿发展的目标，选择具有可行性的教学内容，择取幼儿积极参与的活动方式。这不仅需要国家和幼儿园前期的资金与设备投入，还需要培养具有专业知识的体智能教师。

动商的发展对于幼儿具有重要的价值：第一，动商的发展是人健康的基石，是智商与情商的基础和保障；第二，动商的培养有助于幼儿的全面发展，成为体魄与才智并重的人才；第三，幼儿的健康成长是一个民族的希望，动商的发展有助于提升全民族的基本素质。经过实验研究，能够得出结论：体智能课程能够有效提高幼儿动商水平。在运动心理、运动智能两个方面效果显著。最终得出提高幼儿动商的体智能课程实施策略：深化动商培养，推进教育评价改革；创设户外环境，积极开展户外活动；配置设施器材，培养专业教师队伍；集体游戏为主，注重个别指导；加强运动体验，提倡鼓励教学；实现家园共育，开发幼儿发展潜质。

第二章

拓宽社会性发展视野：促进幼儿责任心发展的体育游戏活动设计

《幼儿园教育指导纲要（试行）》中针对幼儿园体育游戏活动做出过如下规定：以多种有趣的体育活动，培养幼儿积极参与体育锻炼的积极性，并提高其对环境的适应能力。幼儿园一日活动最重要的就是游戏活动，而体育游戏活动作为幼儿最喜欢的游戏活动，它的活动设计方案与内容更加重要。培养幼儿责任心的关键时期是中班时期，因此，从幼儿责任心出发，开展的体育游戏活动的设计与实施，能够对幼儿社会性发展起到重要的作用。幼儿责任心与幼儿的社会性的发展是密不可分的，社会性发展（Social Development）是孩子学会与他人建立联系并与他们互动的过程。儿童在和成人、同龄人的互动过程中，社会性逐渐发展，他们的人格也呈现出社会适应的特征。提高幼儿责任心这种亲社会行为可以促进幼儿同伴关系和亲子关系、师生关系的发展，例如合作、相互尊重和人际敏感度，引导他们解决问题、发展解决问题的认知技能对于解决社会冲突和获得同伴认可至关重要。幼儿责任心的发展帮助他们发展强大的情绪功能，表现出亲社会行为需要的良好的情绪调节能力。

本研究将教育及心理的相关理论作为理论支撑，为幼儿园体育游戏活动的设计提供思路。研究基于幼儿责任心发展的六大维度为依托，根据体育游戏的六大类型（走跑类、跳跃类、平衡类、体育器械类、钻爬类、投掷类）进行一系列活动的设计。研究发现，经过体育游戏活动后，实验组的幼儿发展水平显著优于对照组。同时通过笔者对幼儿的观察以及对教师的访谈记录等进行梳理分析，最后得出结论：通过体育游戏活动，可以有效促进幼儿的责任心发展,体育活动的实施效果具有差异性,同时体育游戏活动有利于发展幼儿社会性。

第一节 概念界定及理论基础

一 核心概念界定

(一) 幼儿责任心的含义

现阶段理论研究针对儿童责任心的相关研究主要是从儿童的认知、情绪和行为三个方面展开,例如,王健敏(1996)针对责任概念提出了非常明确的定义,他指出"幼儿责任心指的是幼儿能够对自身所承担责任的清晰认识基础上做出责任行为。"[1] 蔡敏力(2011)将责任定义为"一种意识上的、情感上的和心理上的倾向,个人应完成他所处位置所需要的社会任务,以及那些仍然需要掌握的角色任务和所应当承认的后果。"[2] 与之同时,专家就幼儿责任心的定义,重点研究了涉及的方面,给出了如下定义:幼儿自身在任务、承诺、自我等六个方面应该表现出对于承担责任的清晰认识,并且在活动中感受上述承担的责任行为。

(二) 幼儿责任心培养的含义

基于文献综述的结果可以看出,专家们在研究培养儿童责任感方面付出了巨大的努力,也取得了丰硕的成果。栗怡(2012)试图通过讲故事和阅读图画书来培养孩子的责任感。[3] 刘国华、张积家(1997)尝试将培养儿童的责任感在集体性的游戏教学中的运用情境表演等方法。[4] 丁晓梅(2010)曾试图利用品质好的孩子负责儿童模仿和学习的榜样和示范,以促进儿童责任心的发展。

(三) 体育游戏

幼儿体育游戏作为幼儿游戏活动中的其中一种,其主要任务是促进幼

---

[1] 王健敏:《儿童社会性三维结构形成实验研究报告》,《心理发展与教育》1996 年第 2 期,第 12—18 页。

[2] 蔡敏力:《幼儿责任心培育的主题活动设计》,硕士学位论文,中南大学,2011 年。

[3] 栗怡:《"故事中心课程"促进幼儿责任心发展的研究》,硕士学位论文,西南大学,2012 年。

[4] 刘国华、张积家:《论责任心及其培养》,《烟台师范学院学报(哲学社会科学版)》1997 年第 3 期,第 67—72 页。

儿基本运动功能和身体素质的成长，从而帮助幼儿实现身心健康的全面发展。刘馨在《学前儿童体育》中提到体育游戏能够促进幼儿身体动作的发展，是体育活动的一种重要形式，幼儿身体和基本技能的发展都包括在内，并且经常需要具备一定的娱乐性和竞赛性的特点。[①] 郝晓岑等人在其论著中将幼儿体育游戏的定义概括为：幼儿利用走、跑、跳等身体基本动作，按照一定的规则参与并完成的具有竞争性、娱乐性和教育性的体育活动形式，在开展幼儿体育活动中融入体育游戏，可以适当增加教学的趣味性，同时也能够提高幼儿参与体育活动的热情和主动性。[②] 国内幼儿园开展的各个教育环节都可以融入体育游戏，比如，可以在集体教学过程中采用适当的体育游戏活动激发幼儿的学习热情；在区角活动中还可以设立针对性的体育游戏环节；在走廊的区域打造以跳房子等为代表的益智类体育游戏区域，创造良好的走廊体育文化。老师还可以针对户外环节设计相应的体育游戏，以实现锻炼幼儿运动能力的目的。上述体育游戏的开展对于幼儿身心两方面的发育都具有非常积极的作用。

综合上面的研究进展可以看出，虽然研究人员对于如何定义体育游戏的问题还没有达成共识，但是，研究表明，幼儿身体功能、情绪管理等方面都会受到体育游戏的积极影响。本书研究工作中将体育游戏定位为：以促进幼儿基本运动功能发育、提高其社会性发展为目的所采取的游戏活动。

二　理论基础

（一）体验式学习理论

体验式学习理论源于20世纪二三十年代美国的"经验学习"，其理论的代表性人物包括卢梭、皮亚杰、蔡元培等人。其中一部分学者认为体验式学习是一种学习过程，体验式学习是将已经具有的经验或行为，通过观察与实作的方式进行学习，再次地实际投入学习体验当中，不断思考是否曾有类似的经验，整个体验式学习过程强调的是身临其境的学习体验。

[①] 刘馨主编：《学前儿童体育》，北京师范大学出版社2014年版。
[②] 郝晓岑、王婷：《幼儿体育概念辨析》，《首都体育学院学报》2017年第2期，第61—68页。

也有一部分研究人员将体验式学习作为教育教学的一种重要形式，同时将其视为一种活动结果。综合上述研究进展可以发现，体验式学习普遍重视对于幼儿参与度的要求，并且，体验式学习是一种教学与学习相互结合的方式，同时强调应该给予幼儿主动探索的机会。[①] 如果想要发挥这种方式的最大价值，那么就需要教师能够建立真实有效的教学环境和教学场景，帮助幼儿在真实的应用场景下获得最佳的体验效果，进一步提升幼儿的学习兴趣，为其能够开展后续学习和发展提供重要的前提保证。在促进幼儿责任心发展的体育游戏活动设计与实施中，教师通过创设情境进行导入，使幼儿在情境中促进责任心的发展。将这种体验式学习思想理论充分体现在针对活动目标的制定过程中，同时还应该利用体验式学习思想的基本理论指导活动内容的设计、活动计划的实施等各个环节，从而为幼儿责任心发展提供积极的促进作用。[②]

（二）皮亚杰儿童心理发展理论

儿童发展心理学（Psychology of Child Development）是构成心理学科的一部分。对人类个体在儿童时期的心理发展进行研究和分析，进一步对儿童成长阶段的基本发育规律进行分析和研究，包括从心理层面探究不同的发育阶段儿童的心理特点。[③] 现阶段理论研究界针对儿童心理学的表现形成了非常多元化的理论体系，例如，皮亚杰在其论著中归纳了五种基本发展理论，分别是：以英国罗素（B. Russell）为代表性人物的只强调外因，而不重视发展的早期观点；以卡尔·彪勒为代表性人物的只强调内因，而不重视发展的观点；以格式塔学派为代表的强调内因和外因之间存在相互影响，但是也不重视发展的观点；以联想心理学派为代表的对外因和发展秉持相同重视态度的观点；以桑代克的尝试错误学说为代表的既重视内因，又重视发展的观点。[④] 皮亚杰的理论和上述五种观点之间存在明

[①] 黄朋：《基于 STEM 的幼儿园科学领域活动设计与实施的行动研究》，硕士学位论文，西南大学，2019 年。

[②] 邱学青：《学前儿童游戏》，江苏教育出版社 2008 年版。

[③] 洪三球：《从皮亚杰认知发展与创造性思维能力的培养》，硕士学位论文，苏州大学，2011 年。

[④] 陈强：《青少年的心理年龄特征和学校德育的纵向衔接》，《绍兴文理学院学报》2006 年第 2 期，第 31—35 页。

显的差异，他既认可内因和外因之间的相互作用，同时又强调这种作用会导致心理出现质的改变。[1] 皮亚杰强调心理发展是一个持续性的过程，而这个过程又会受到诸多因素的共同影响，进而表现出显著的阶段性特点。当出现一个新的心理水平时，意味着有多个影响因素发生了作用，并且逐渐产生联系而形成一个整体效应。基于前人研究成果可以发现，幼儿责任心成长的关键时期是中班，在中班年龄阶段是责任心发展最为迅速的时期。在中班的关键期实施体育游戏活动，有利于幼儿后续心理的发展，符合皮亚杰认为儿童心理发展具有阶段性，儿童心理发展过程是一个连续的发展过程。[2] 通过皮亚杰的儿童心理发展理论，将相关理论带入活动目标的制定、活动内容的设计、活动计划的制定等活动过程中，在活动设计中强调内因外因的相互作用，通过体育游戏环节的设置让幼儿在游戏中得到发展，提高幼儿责任心水平。

第二节 促进幼儿责任心发展的体育游戏活动设计与实施

一 活动方案设计的前期准备

（一）研究对象的选择

研究对象选自吉林省辽源市 D 幼儿园，该园所为省级示范园，幼儿园占地面积为 6355 平方米，同时 D 园包含 11 个班级，分别为托班 2 个、小班 3 个、中班 3 个、大班 3 个。教学活动以吉林省省编主题课程为主，阅读、蒙氏特色为辅的课程体系。通过对幼儿园的实地考察，笔者以吉林省 D 幼儿园中班幼儿为研究对象，随机抽取两个班级作为实验组与对照组。

（二）研究工具

问卷采用《幼儿责任心发展调查表》（庞丽娟，2000）进行调查，其问卷分度为 0.86，内部一致性系数为 0.94。该问卷主要包含六个维度，问卷由教师进行填写，问卷为 Likert 五点量表，从"很少这样"到"总

---

[1] 陈琦、刘儒德主编：《当代教育心理学》，北京师范大学出版社2007年版。
[2] 卢斌：《儿童发展观的历史透视》，《基础教育研究》2000年第13期，第20—25页。

是这样",问卷共 20 题。(见附录一)

(三) 研究假设

幼儿能在体育游戏活动的开展中促进责任心的发展。

(四) 被试选择

本研究以吉林省 D 幼儿园为例,随机从中班选取两个班级为样本,随机分配一个为实验组,另一个为对照组。

表 2-1

	男童	女童	合计	平均年龄
实验组	17	17	34	四岁零 4 个月
对照组	17	17	34	四岁零 6 个月

二 体育游戏活动设计内容的选择

(一) 活动目标的设定

表 2-2

维度	目标
自我责任心	尝试学会保护自己,学会自己的事情自己做,对自己的行为负责。
他人责任心	在做事之前应该学会照顾他人感受,多站在对方角度思考问题,乐于助人,为他人负责。
集体责任心	有集体意识,明确自身是集体中的一员,明确自身行为,为集体负责。
任务责任心	对于他人分配给自己的任务,按时、认真完成,为任务负责。
承诺责任心	答应了别人的事情,应该按时、认真完成,说到做到,为承诺负责。
过失责任心	做错事之后,应该勇于承担责任,做到知错就改,为过失负责。

(二) 活动内容的选择

实验组幼儿责任心的实际状况会对其选择的体育游戏活动产生直接影响,因此通过目标幼儿的行为展开更加深入的调查与研究,根据姜勇、庞丽娟 (2000) 提出的幼儿责任心六个维度的基本理论,本研究设计了涵盖户外体育游戏六个基本类型的活动方案,如下文所示。

详细情况可参照表2-3。

表2-3

体育游戏种类	活动设计名称
走跑类	揪尾巴
跳跃类	海绵棒跳跃赛
钻爬类	蚂蚁运粮
平衡类	好玩的平衡
投掷类	打怪兽
体育器械类	快乐登山

（三）活动内容具体设计

1. 预研究

（1）预研究的活动设计

考虑到活动设计本身具有非常显著的动态性特点，再加上设计人员缺乏足够的实践经验，因此，为了尽可能降低由于教师活动能力的差异对活动效果造成的干扰，我们在开展正式实验之前进行了一次预实验。其中，采用自主选择的方式收集了由8名幼儿（平均年龄4周岁，标准差0.2，4名男童，4名女童）参与到预实验中，实验的目的主要是对这一年龄段幼儿的基本心理状态和责任心发展情况进行前期摸底，同时对后期正式实验中使用的教具是否能够引起幼儿的兴趣进行验证。[①]

通过对已有文献与研究的整理及对幼儿责任心的深入探讨，在预研究活动中笔者根据体育活动的类型及活动目标设计了以下内容框架：

幼儿在中班的年龄阶段正是发展感知运动能力的重要时间段，有利于促进幼儿身体发展的全面性，有利于不断激发幼儿的潜力。体育游戏作为幼儿游戏活动的重要形式，能够通过多种多样的体育游戏来满足幼儿身体发展的需要，促进幼儿动作的发展。体育游戏可以通过六种基本活动类型，分别为：走跑类、投掷类、钻爬类、跳跃类、体育器械类、平衡类，来进行设计与实施。根据幼儿责任心发展量表，幼儿责任心发展的六个维

---

① 刘方英：《4—5岁幼儿执行功能的促进研究》，硕士学位论文，四川师范大学，2019年。

度:"集体责任心""任务责任心""他人责任心""自我责任心""过失责任心"和幼儿园体育游戏设计的各项类型。研究设计的体育活动包括:揪尾巴、海绵棒跳跃赛、蚂蚁运粮、好玩的平衡、打怪兽、快乐登山等六个活动。

活动设计方案一

活动种类：走跑类

活动名称：《揪尾巴》

活动地点：体能活动室

活动内容：

一、导入活动

幼儿跟随音乐《加油呀》活动身体。

二、活动过程

1. 教师出示布条，引发幼儿的兴趣，鼓励幼儿探索布条的新玩法。
2. 小组合作，进行布条的新玩法。
3. 教师示范布条的新玩法——揪尾巴，并讲解规则。

三、抓住"大灰狼"

1. 教师设置情境，引导幼儿进行揪尾巴游戏。

师：森林里住着一只大灰狼

2. 教师扮演大灰狼，幼儿分小组揪住"大灰狼"的尾巴。
3. 幼儿分角色进行揪尾巴比赛，一人扮演大灰狼将布条放在后腰上，一人扮演白兔用脚去踩大灰狼的尾巴，用时最短者获胜。
4. 教师小结：游戏中要注意安全，与同伴合作才能够战胜"大灰狼"。

四、结束活动，将布条归位。

活动设计方案二

活动种类：跳跃类

活动名称：《海绵棒跳跃赛》

活动地点：体能活动室

活动内容：

一、导入活动

律动导入《小矮人与大巨人》，活动身体。

二、游戏活动

1. 教师出示道具，激发幼儿探索的兴趣。

师：小朋友见到过它吗？在哪里见到过？它能用来做什么？

2. 教师为幼儿分发海绵棒，引导幼儿探讨多样玩法。

3. 教师示范新玩法，并详细讲解规则。

4. 将幼儿分为4组，8人一组，进行合作跳跃比赛。

5. 将物品放到指定位置。

三、结束活动

教师小结：对幼儿参与的主动性进行肯定，夸赞幼儿小组游戏时的合作意识。

活动设计方案三

活动种类：钻爬类

活动名称：《蚂蚁运粮》

活动地点：体能活动室

活动内容：

一、导入活动

教师出示谜语，引出蚂蚁，激发幼儿的兴趣。

二、活动过程

1. 引导幼儿说出蚂蚁的特征，指导幼儿模仿蚂蚁的动作。

2. 教师设置情境，展开游戏

师：蚂蚁妈妈要去给蚂蚁宝宝运送食物，但是现在蚂蚁遇到了困难——障碍物，小朋友能帮助蚂蚁妈妈吗？

3. 教师进行游戏活动的示范，并为幼儿进行规则的讲解。

4. 分组接力比赛，帮助蚂蚁运粮。

将幼儿分成4组，每组8—9人进行接力运粮，比一比哪一个组用时最短。

5. 两人合作，跨越障碍运粮。

三、活动结束

教师总结活动，鼓励幼儿在失败时不放弃，赞赏幼儿的合作精神。

活动设计方案四

活动种类：平衡类

活动名称：《好玩的平衡》

活动地点：体能活动室

活动内容：

一、导入活动

律动导入——《跷跷板》，活动幼儿身体。

二、活动过程

1. 教师出示平衡木，引导幼儿探讨平衡木的多种玩法。

2. 幼儿分组自由利用平衡木游戏。

3. 教师讲解示范规则，进行跨越障碍物比赛。

引导幼儿进行分组比赛，通过双腿跳跨越短平衡木，接着利用平衡过小桥（长平衡板），用时短者获胜。

4. 设置情境，引导幼儿过平衡木取食物。

师：小兔子笑笑住在河的对岸，如果它想得到食物就必须得过这些障碍物，你们能帮助笑笑取到食物吗？

三、结束活动

教师小结：鼓励幼儿探索过平衡木的新方法，提醒幼儿注意安全。

活动设计方案五

活动种类：投掷类

活动名称：《打怪兽》

活动地点：体能活动室

活动过程：

一、导入活动

教师引领幼儿通过音乐律动活动身体，开展前期热身活动。

二、投掷练习活动

1. 教师将沙包放置在箱子上，引导幼儿说出沙包玩法。

2. 分发沙包，让幼儿自由扔沙包。

3. 教师讲解并示范正确扔沙包的方法，幼儿分组进行投掷比赛。

师：这次我们是不是扔得比第一次远了啊？说明正确的方法是有用的。

教师：沙包肩上扛，双脚前后站，身体侧过来，向后靠一靠，用力往前扔（示范动作）。

4. 教师小结：及时总结幼儿出现的问题并及时纠正，帮助幼儿及时改正。

三、打败"小怪兽"游戏

1. 教师设置情境：前面的草地上发现一群小怪兽，小朋友能勇敢地把他们打败吗？

2. 教师讲解打败"怪兽"的方法，讲清楚规则。

3. 教师引导幼儿进行自由分组，并进行小组竞赛。

四、结束运动

跟随音乐一起放松身体，将物品归位。

活动设计方案六

活动种类：体育器械类

活动名称：《快乐登山》

活动地点：体能活动室

活动过程：

一、导入活动

老师带领幼儿跟随音乐《奇迹再现》活动身体，进行活动的导入。

二、活动内容

1. 带领幼儿到游戏场地，自主探索平衡木的新玩法。

2. 教师请幼儿展示平衡木的玩法，引导同伴交流并欣赏。

如：在平衡木上直走跨越障碍；双手撑在木板上，匍匐前进；与幼儿合作完成。

3. 教师示范并讲解新的玩法，幼儿进行动作练习。

4. 教师小结：鼓励幼儿遇到困难不退缩的精神，讲解自我保护的方法。

三、亲子合作

教师引导幼儿与家长合作，通过平衡木，到达山顶。

四、放松活动

教师小结：肯定本次亲子活动的开展，引导幼儿主动将器材归位。

（2）活动效果

该活动框架中涉及体育游戏的六大种类，以及幼儿责任心发展的六个维度："集体责任心""任务责任心""他人责任心""自我责任心""过失责任心"以及幼儿园体育游戏设计活动六个基本类型。预研究结束后研究者发现，首先，在体育游戏过程中，幼儿喜欢走跑类、投掷类、跳跃类的活动。其次，六大体育游戏类型涉及幼儿责任心发展六大维度的游戏主要是：跳跃类、投掷类、体育器械类。这几个游戏目标主要是幼儿对于"任务责任心""集体责任心""他人责任心""自我责任心"四大维度水平的提高，其中"承诺责任心""过失责任心"在活动过程中也有所体现。对于投掷类、体育器械类等有难度的游戏活动，幼儿的参与度也较高，活动积极性较高。

（3）关于活动呈现的反思

在预研究中，研究者发现，在体育器械类游戏活动《快乐登山》中，游戏难度对于幼儿较大，游戏设计中有三个挑战，即挑战难度、挑战稳定度、挑战高度。在挑战高度的过程中，有2名幼儿由于难度过高产生了消极的现象。研究者分析，这是由于《快乐登山》游戏中，挑战难度较大并且项目较多，在高难度的挑战及过程烦琐下，一部分幼儿的完成度不高。因此，对于《快乐登山》的活动设计，需要将挑战项目缩减至一个，将难度调整至接近幼儿年龄的发展水平。

（4）关于游戏设置的反思

预实验中使用的几种游戏形式普遍能够激发幼儿的兴趣，其中效果最好的是跳跃类的游戏：《海绵棒跳跃赛》，用海绵棒进行自由探索玩法时，幼儿之间互相嬉戏，在活动中保持愉悦的情绪。但研究者在活动过程中发现，游戏的环节与环节的连接之间，有些环节的转换需要更加灵活，否则会导致幼儿集中专注力的中断，并增加了幼儿消极等待的时间。除此之外，幼儿在活动中还会有许多的突发状况，这在研究者的预设中是没有计划的。

（5）预实验的启发

首先是内容选择方面，要选择既能够有利于活动目标、社会责任心发展的六个维度，又能够激发幼儿的兴趣。在游戏活动的选择上，要注重游戏的趣味性及丰富性。在游戏规则的制定上一定要浅显易懂，符合幼儿的年龄特点。

其次是游戏活动实施方面，需要充分调动幼儿的积极性，提高幼儿参与游戏环节的积极性，并且在具体游戏设计过程中还可以将角色扮演法等融入游戏中，将幼儿带入到情景中去。在活动的整体设计上，需要给幼儿留出自由时间，给予幼儿充足的时间。

2. 正式研究的活动设计

结合预研究中的经验和反思，预研究结束后研究者发现，第一，在体育游戏过程中，幼儿喜欢走跑类、投掷类、跳跃类的活动。第二，六大体育游戏类型涉及幼儿责任心发展六大维度的游戏主要是：跳跃类、投掷类、体育器械类。这几个游戏目标主要是幼儿对于"任务责任心""集体责任心""他人责任心""自我责任心"四大维度水平的提高，其中"承诺责任心""过失责任心"在活动过程中也有所体现。因此，研究者设置了如下的活动设计框架：

以跳跃类、投掷类、体育器械类为主要体育游戏设计类型，通过三轮活动进行，每轮活动时长均为2周。每周2次，每次30分钟，时长8周。

表2-4

类型	主要维度目标	活动内容
跳跃类	任务责任心、集体责任心 他人责任心、自我责任心	《海绵棒跳跃赛》 《单腿跳》 《调皮的松鼠》

续表

类型	主要维度目标	活动内容
投掷类	任务责任心、承诺责任心 他人责任心、自我责任心	《打怪兽》 《灭虫小能手》 《抛接最佳搭档》
体育器械类	任务责任心、承诺责任心 自我责任心、过失责任心	《快乐登山》 《好玩的轮胎》 《小猪宝宝快快跑》

三 体育游戏活动设计内容的设计与实施

（一）"跳跃类"体育游戏活动的实践与反思

1. 活动的缘起及设计

G老师是担任D幼儿园的体能老师，在与G老师的谈话过程中可以发现，S班幼儿普遍对于游戏比较感兴趣，并且能够表现出优秀的发展能力。从幼儿责任心发展的六大维度出发，跳跃类的游戏活动能够促进幼儿实现"任务责任心""集体责任心""他人责任心""自我责任心"等维度目标。导致上述现象的主要原因一方面来自男老师的积极引导，另一方面在活动的设计方面也更加贴近这一年龄段幼儿的身心状态。所以，研究人员利用跳跃类的体育游戏形式来促进幼儿责任心的发展。

2. 开展教学活动

本活动分别在10月11日上午、10月15日上午、10月19日下午三个不同的时间段开展，同时，在G老师的带领下，幼儿将前往活动场所，L老师则进行资料的准备工作，整个教学活动的时间安排以正常教学活动的开展顺序为参考。

活动一：《海绵棒跳跃赛》

表2-5　　　　　　　　　《海绵棒跳跃赛》

活动设计	活动内容
目标	1. 发展幼儿跳跃能力和身体的灵敏性，培养幼儿运动兴趣； 2. 幼儿能自主结队进行游戏，学会与他人协作，提高团结协作能力； 3. 幼儿懂得游戏成功与否与自己的参与有着重要关系。

续表

活动设计	活动内容
准备	若干条海绵棒、4个拱门、音乐录像带等。
过程	一、导入活动 律动导入《小矮人与大巨人》，活动身体。 二、游戏活动 1. 教师出示道具，激发幼儿探索的兴趣。 师：小朋友知道它是什么吗？在哪里见到过？它能用来做什么？ 2. 教师为幼儿分发海绵棒，引导幼儿探讨多样玩法。 3. 教师示范新玩法，并详细讲解规则。 4. 将幼儿分为4组，8人一组，进行合作跳跃比赛。 5. 将物品归放到指定位置。 三、结束活动 教师小结：肯定幼儿参与的积极性，表扬幼儿小组游戏时的合作意识。
扩展	教师简单总结，表扬孩子团队合作精神，赞许幼儿的责任心。
活动纪实	

活动二：《单腿跳》

表2–6　　　　　　　　　　《单腿跳》

活动过程	活动内容
目标	1. 通过游戏活动让幼儿学会单腿跳、双腿跳及开合跳等运动技能； 2. 在游戏过程中，培养幼儿能够在同伴合作中有合作意识和不怕困难的精神。
准备	场地上摆好塑料圈。

活动过程	活动内容
过程	一、热身环节 转、转、转。幼儿听指示让身体的各个部位转起来，肩膀、手腕、屁股、膝盖、脚尖转起来。根据老师的铃鼓声，鼓声快、转得快，鼓声慢、转得慢，鼓声停、动作停。 二、游戏环节 1. 练习原地的单脚跳。鼓励幼儿尝试多种跳跃方法。请单脚跳动作规范的小朋友给大家示范，观察动作要领。 2. 练习行进的单脚跳。 3. 游戏：单脚跳障碍。 将幼儿8人一组分成若干组，每组10个塑料圈。当教师的口哨声响起，幼儿就需要通过单腿跳及开合跳等方式跨越障碍，返回起点，传递给下一位小朋友。 三、放松活动 教师跟随音乐带领幼儿活动身体，将物品归位。
拓展	教师总结：遇到困难要团结协作，遇到困难不退缩，勇于承担。
活动纪实	

活动三：《调皮的松鼠》

表 2-7　　　　　　　　　　《调皮的松鼠》

活动设计	活动内容
目标	1. 练习多种跳的方法：单脚跳、双脚跳； 2. 锻炼下肢力量和动作的协调能力。

续表

活动设计	活动内容
准备	多米诺木块，长、短木条若干，椅子两把。
过程	一、热身环节 教师带领幼儿跟随音乐《跳跳糖》进入游戏活动。 二、游戏环节 1. 出示多米诺木块，引导幼儿探索更多的玩法。 2. 教师对跳法进行示范，幼儿进行自由的练习。 3. 教师讲解规则，引导幼儿自由分组进行游戏。 4. 教师模仿袋鼠进行情境设置。 师：袋鼠妈妈想要过河，才能拿到属于自己的礼物。 请幼儿模仿袋鼠，跳过障碍物，赢取礼物。 5. 分组比赛，游戏开始。 活动环节：先单脚跳过障碍，再通过开合跳度过障碍（木板），最后碰到终点返回，与下一位小朋友接力，直到全组人员接力结束。 三、活动结束 教师对游戏进行小结。
拓展	教师总结：活动过程中依靠自己的力量无法完成，相互帮助才能帮助小松鼠过河。
活动纪实	

3. 活动反思

（1）幼儿活动中取得的成果

①幼儿参与积极性较高

幼儿在参与活动的全过程几乎都表现出较积极的兴趣状态，并且对于体育游戏的参与热情较高，愿意跟随老师的要求指令开展活动。在需要幼儿与同伴合作的游戏中，幼儿的参与度也较高，从老师的角度观察可以发现，幼儿在参与体育游戏活动中更愿意尝试不同的挑战，也愿意利用讨论、交流等形式去解决问题，这些都说明幼儿具有较好的学习能力和学习品质。

②责任心不断提高

随着跑跳类活动的有序进行，幼儿在楼梯、走廊、大型玩具场所跑跳的频率有所下降。尤其是上下楼梯时，幼儿蹦跳的次数在减少，幼儿的自我保护意识在不断增强，幼儿的"自我责任心"不断发展。在"他人责任心"方面，部分幼儿的行为也在不断改变，当小朋友生病时，幼儿由原来的很少主动询问到现在能主动观察同伴，给予关心。在"任务责任心"方面，有些幼儿能看见明显的变化，在日常教学活动中，大多数幼儿都能将自己的任务完成，有很大的进步。

（2）存在的问题

①教师的指导效率不高

在活动过程中，老师没有针对性地为幼儿设计和构建与问题相关的应用场景，导致幼儿在自主摸索阶段浪费了太多时间。另外，在合作活动环节教师的引导语不够精确，幼儿对活动的设计意图不明确，教师应该进一步采用更为精确的引导用语，帮助幼儿在体育活动的全过程保持高质量、高效率的参与效果。

②教师对个体重视度不够

在第一轮的活动实施过程中，研究者注意到，有两名幼儿相对内向，不爱与同伴交流。游戏的参与度不高，在整个游戏活动中几乎没有与同伴和老师进行交流。尤其是在需要同伴合作的环节，幼儿与同伴几乎没有沟通，在活动中也遇到了一些问题。但在整个活动中，教师对该幼儿的关注不够，没有帮助引导幼儿积极参与到活动中来。

（二）"投掷类"体育游戏活动的实践与反思

1. 活动的缘起及设计

在预活动设计中，S班幼儿对投掷类活动具有较高的兴趣，从幼儿责任心发展的六大维度出发，跳跃类活动能够促进幼儿实现"任务责任心""集体责任心""他人责任心""自我责任心"等维度目标。基于此，研究者便设计了投掷类体育游戏活动来促进幼儿责任心的发展。

2. 开展教学活动

本活动进行的时间是11月1日上午、11月5日下午、11月10日下午，G老师把幼儿带入实践室中，L老师和研究者共同准备活动所需要的各项材料。本活动的展开顺序基本依照教学活动设计教案进行。

活动一:《打怪兽》

表2-8 《打怪兽》

活动设计	活动内容
目标	1. 练习单手肩上投掷,巩固跑、走平衡木等基本技能; 2. 通过游戏能够促进幼儿动作的发展,提高幼儿的协调性; 3. 通过游戏过程培养幼儿养成体育锻炼习惯,提高对体育活动的喜爱。
准备	怪兽图片4张;平衡木4块;呼啦圈4个;哨子;沙包一人一个,场地规划。
过程	一、导入活动 教师带领幼儿跟随音乐节奏活动身体,进行热身活动。 二、投掷练习活动 1. 出示沙包,引导幼儿说出沙包的多种玩法。 2. 分发沙包,让幼儿自由扔沙包。 3. 教师讲解并进行示范正确扔沙包的方法,幼儿分组进行投掷比赛。 师:这次我们是不是扔得比第一次远了啊? 师:沙包肩上扛,双脚前后站,身体侧过来,向后靠一靠,用力往前扔(示范动作)。 4. 教师小结:及时总结幼儿出现的问题并及时纠正,帮助幼儿及时改正。 三、打败"小怪兽"游戏 1. 教师设置情境:前面的草地上发现一群小怪兽,小朋友能勇敢地把他们打败吗? 2. 教师向幼儿讲解打败"怪兽"的方法,并与幼儿一起进行规则的演示。 3. 引导幼儿进行自由分组,开展小组竞赛。 四、结束运动 跟随音乐一起放松身体,将物品归位。
拓展	教师小结:表扬积极参与活动,在竞争中体验成功的乐趣。
活动纪实	

活动二：《灭虫小能手》

表 2-9　　　　　　　　　　　《灭虫小能手》

活动设计	活动内容
目标	1. 帮助幼儿学会投掷活动，并掌握投掷活动的技巧。 2. 通过体育游戏，提高幼儿对投掷活动的兴趣，使幼儿能够享受成功的乐趣。 3. 使幼儿能够真正体验到人多力量大这一理念，幼儿之间应该相互合作。通过游戏中的小组合作及小组竞赛，加强幼儿的合作意识，能够在遇到困难、遇到挫折时，勇敢地去面对。 4. 通过体育游戏活动的参与过程，使幼儿能够对体育活动产生兴趣，能够爱上体育活动，养成热爱运动、注意身体健康的好习惯。
准备	沙包，篮球网若干。
过程	一、开始部分 教师带领幼儿跟随音乐的节奏进行放松活动。 二、基本部分 1. 师：小朋友，你们都是灭虫的小能手，告诉老师你们是如何消灭害虫的？老师只有沙包这一样东西，你们能利用沙包消灭害虫吗？ 2. 教师小结。 3. 寻找能消灭害虫的各种方式。 4. 邀请孩子探讨消灭害虫的方法。 5. 投掷活动要领：右脚在后，左脚在前，身体上后倾，腿稍微弯曲。右手紧握沙包，手举过肩头。 数三个数，右脚用力将沙包投向远处。 玩法：孩子跟随教师的动作，空手练习投掷活动，指导孩子手拿沙包投向网格。 小结：对能正确使用沙包投过绳网的孩子进行表扬。 6. 游戏：消灭害虫。 （1）玩法：孩子们迅速穿越树林，跨过石头到达小河边，用沙包投向害虫。 （2）规则：孩子在投掷沙包后，迅速返回，紧接着第二位孩子出发。 （3）通过两次游戏，教师对消灭害虫的能手进行表扬。 三、结束活动 1. 在游戏结束后，教师带领学生做放松运动。 2. 抬走消灭掉的害虫，游戏结束。
拓展	对活动过程进行总结、游戏结束后小朋友自觉归放玩具进行表扬。

续表

活动设计	活动内容
活动纪实	

活动三:《抛接最佳搭档》

表2-10　　　　　　　　　　《抛接最佳搭档》

活动设计	活动内容
目标	1. 练习抛接,发展手眼协调能力及快速反应能力; 2. 对两人玩抛接的方式进行探索,享受游戏带来的快乐。
准备	1. 材料:飞盘、纸球人手一个。 2. 场地:场地上画相距3—4米的两道线。
过程	一、导入活动 热身操《大家一起喜羊羊》 播放音乐,幼儿做相应动作。 二、游戏环节 1. 介绍今日活动内容"抛接练习"。 散点站立,每人选择一个飞盘或纸球,自由练习自抛自接。重点:垂直向上抛,眼睛看着飞盘或纸球落下的位置,适当挪动调整身体位置接球。 2. 合作抛接"最佳搭档"。 自由结合两人一组,合用一个抛接物,相对站在相距3米的线上。 (1)你抛我接尝试练习。 重难点:抛的人对准同伴的方向,力度适中。接的人手眼协调,根据球的速度与方向调节自己的位置、接球的时间。比赛:每对合作伙伴1分钟时间抛接,对成功接球的次数进行记录。选择最合适的搭档,使幼儿能够了解游戏时相互合作的重要性。 (2)挑战"两人同时抛接",尝试自由练习、比赛。 三、放松运动,搭档相互按摩。

续表

活动设计	活动内容
拓展	总结活动的完成需要伙伴之间的合作，一个人的力量无法完成，注重团结协作的力量。
活动纪实	

3. 活动反思

（1）幼儿的发展

①幼儿责任心水平明显提高

经过第二轮投掷类的体育游戏活动实施，对两个阶段游戏中幼儿的责任心发展状况进行对比，进一步得知，通过参与第二个阶段的游戏后，幼儿的责任心明显增强，尤其是"任务"意识、"自我"以及"承诺"三个方面的表现，然而在"过失""集体"和"他人"三个方面没有明显进步。

第二个阶段的干预中，针对第一阶段中存在的主要问题设计了相应的解决方案，在实际活动中，第一阶段存在的主要问题得以解决，但是在第二阶段中又产生了新问题。

②教师活动组织能力不断提升

首先，教师要主动创造问题情景，通过游戏活动提高幼儿对活动的关注度，提高其专注时间，使幼儿积极地参与并完成任务。其次，在上次活动中，对于不主动与他人交流的幼儿，教师没有及时引导，对个别不积极参与的幼儿的关注度不高，在本次活动中教师对个别不主动的幼儿进行了引导和鼓励，该幼儿在本次活动中完成了任务。最后，教师能够仔细观察游戏过程，能够在必要的时间点介入并引导幼儿，能够帮助幼儿解决问题，并在合适的时间作出指导。

（2）出现的问题

①教师干预过多

教师在游戏中的干预频率和时间点一直是游戏干预的焦点问题。需要考虑如何干预、什么时候介入、以什么样的方式等,不同的游戏需要不同的干预策略,实际的游戏活动中,经常会出现秩序混乱的时候。本身幼儿责任心的培养就是责任意识的不断内化,如果游戏秩序差,游戏就难以顺利进行,性子急的孩子会主动维护秩序。如果教师过早介入干预,可能无法将教育效果最大化。

②幼儿游戏的专注度不高

由于中班的幼儿半个小时就要喝水或如厕,在游戏中,教师也要考虑到这一特点,按照幼儿日常管理时限参与游戏。然而我们通过对幼儿的实际游戏时间发现得知,幼儿参与游戏的时间大多数小于半小时。比如,在《打怪兽》游戏中,部分幼儿首次扔沙包就失误了,随后直接退出,需要在旁边等待,等待时间越长,幼儿参与游戏的兴趣就越低,使得游戏的"过失责任心"教育效果大大降低。

(三)"体育器械类"游戏活动的实践与反思

1. 活动的缘起及设计

在与D园S班D老师的谈话过程中可以发现,S班幼儿普遍对体育器械类游戏兴趣最高。从幼儿责任心发展的六大维度出发,活动能够促进幼儿实现"任务责任心""集体责任心""他人责任心""自我责任心"等维度目标。所以,研究人员设计了体育器械类的体育游戏来促进幼儿责任心的发展。

2. 开展教学活动

本活动分别在11月11日上午、15日上午和18日下午开展,G老师把班上的幼儿带到户外,L老师等提前安排好活动场地,提前准备好活动材料,幼儿到达活动场地后,按照教学设计依次开展活动。

活动一:《快乐登山》

表2-11　　　　　　　　《快乐登山》

活动设计	活动内容
目标	1. 幼儿在探索和实践活动中,探索平衡木的多种玩法,培养孩子的创新能力; 2. 通过游戏活动的难度设置,激发幼儿不畏困难的良好品质; 3. 提升亲子之间的关系,培养幼儿的社会性; 4. 双手支撑,双脚在平衡木两侧向前左右行进跳的技能。

续表

活动设计	活动内容
准备	大型平衡木，音乐。
过程	一、准备运动 教师带领幼儿跟随音乐进行韵律操活动（快乐运动）。 二、动作练习 1. 带领幼儿到游戏场地，自主探索平衡木的新玩法。 2. 教师请幼儿展示平衡木的玩法，引导同伴交流并欣赏。 如：在平衡木上直走跨越障碍；双手撑在木板上，匍匐前进；与幼儿合作完成。 3. 教师示范并讲解新的玩法，幼儿进行动作练习。 4. 教师小结：鼓励幼儿遇到困难不退缩的精神，讲解自我保护的方法。
拓展	总结活动，加深亲子间的情感连接。
活动纪实	

活动二:《好玩的轮胎》

表 2-12　　　　　　　　　《好玩的轮胎》

活动设计	活动过程
目标	1. 对平衡和钻爬的基本技能进行多次练习，加强幼儿的上肢活动、力量； 2. 使幼儿对玩轮胎和体育活动的主动性不断提高，提高幼儿的创新能力。
准备	轮胎若干；音乐

活动设计	活动过程
过程	一、准备活动 教师引导幼儿跟随音乐的节奏进行热身活动。 二、活动过程 师：孩子们，你们曾经玩过轮胎游戏吗？轮胎游戏特别好玩，你们可以自己探索一下轮胎有哪些好玩的地方，现在每一位孩子拿一个轮胎。 1. 教师和幼儿共同对轮胎的不同玩法进行探索。 2. 对轮胎的各种新玩法进行体验。 （1）用轮胎摆桥师：今天俺老孙必须带孩子返回花果山，但是我们必须穿过小桥，爬过山洞，穿过大山才能临近花果山。 （2）过山洞："孩子们穿过了小桥，接下来要跨越山洞，只有相互帮助才能穿过山洞，需要把轮胎当作山洞，一个孩子把轮胎竖起来，手扶轮胎，男孩子需要穿过山洞"。 （3）搬运轮胎师。 （4）翻越练习师。 三、活动结束
拓展	总结活动过程，鼓励幼儿遇到困难时不退缩、勇敢面对。
活动纪实	

活动三：《小猪宝宝快快走》

表2-13　　　　　　　　《小猪宝宝快快走》

活动设计	活动过程
目标	1. 活动中引导幼儿能够探索球的多种玩法； 2. 促进幼儿身体动作能力的提高，锻炼幼儿的协调能力； 3. 在活动过程中，孩子能够体会到体育活动的乐趣，促进幼儿合作精神不断提高。

续表

活动设计	活动过程
准备	纸球、绳子、呼啦圈若干等。
过程	一、热身运动 幼儿跟随口令，开展热身活动。 二、基本部分 （一）导入部分 宝贝们，那边有些偷懒的小猪玩累了不愿回家，我们来帮帮猪妈妈，想办法把它们请回去吧。 （二）游戏活动 1. 教师将游戏道具摆放到指定位置。 2. 教师讲解游戏道具，引导幼儿探索更多的玩法。 3. 教师向幼儿展示活动规则。 如：游戏过程中手不能触碰小圈；可以自己想办法最快将小猪赶回家。 4. 引导幼儿自由分组，进行小组比赛。 两组接力竞赛，《赶小猪》用时最短者获胜。 5. 幼儿两两合作，完成赶小猪。 一名小朋友蒙住眼睛手持小棍，另一名幼儿用语言进行指挥。 三、放松活动
拓展	总结游戏活动，对于游戏情景帮助小猪回家进行延伸，培养幼儿的同理心。
活动纪实	

3. 活动反思

（1）幼儿的发展

①幼儿责任心水平显著提高

活动结束之后，研究者与 G 老师进行了深度的访谈。本次活动主要目的是了解并能使用体育器械，小朋友们非常主动，尤其是搭建轮胎的过程中，在挑战中勇敢前行，有些小朋友甚至尝试了十几次。并且在搭建过程中幼儿能够加强与伙伴之间的交流与沟通，相互帮助，促进幼儿团队合作意识的不断提高，促进幼儿提高其社会性和抗挫折能力。

②活动设计水平的提高

在前两轮的活动中出现了一些问题，本轮活动吸取了之前的经验教训，进一步完善了活动流程和注意事项，修改了活动难度，在活动中充分关注每一个幼儿，本次活动更符合幼儿的年龄特征及培养目标。此外，本轮活动以体育器材为活动材料，让幼儿通过具有吸引力的活动道具，激发了幼儿极大的兴趣，更好地参与进来。虽然在活动中还有些许不足的地方，如还应该设计在环节与环节之间的连接，整个流程的连接需要设计得更为精细。但从整体来看，本次活动基本达到了预期目标，幼儿对游戏的投入度和关注度很高，活动结束之后依然兴致勃勃。

总而言之，这三轮活动对幼儿责任心发展水平有一定的促进作用。此外，更加关键的是，将幼儿责任心发展的六大维度融入体育游戏活动中，幼儿学会在合作中完成任务，在遇到困难时不放弃，在比赛过程中有对任务的责任心等方面的社会品质，这为幼儿后期的学习奠定了良好的基础。

（2）出现的问题

①活动延伸单一化

加入了前两次的游戏干预活动后，幼儿能够充分了解活动的各个环节，游戏秩序合理，幼儿能够遵守游戏规则。然而，在活动中，还有一些幼儿兴趣低，对于这部分幼儿，教师及时进行了引导，并改善了游戏内容和游戏环节，不断更换幼儿的分组，但仍然存在个别幼儿参与度低的情况。针对这一问题，教师进行了探讨，在他们看来，该项游戏中延伸活动存在单一性的特点，都是音乐律动，不能真正实现游戏的教育作用。

②幼儿移情不足

经过两个阶段的游戏干预之后发现，个别幼儿仍然存在责任心不足的情况。合作教师表示，一部分幼儿会在游戏中表现出强烈的责任心，但是离开游戏进入教室之后，幼儿的责任心又随之下降。教师们针对这一情况进行了交流讨论，大家一致认为该活动没有考虑到移情意识的培养，假如幼儿没有充足的移情能力，就不能遵守相应的游戏规则，也不能发挥自身潜力。

第三节　幼儿责任心发展的体育活动实施效果及建议

一　活动实施后对幼儿发展的影响

（一）幼儿责任心发展水平提高

本次的活动设计研究通过问卷调查的形式搜集数据，采用的问卷是《幼儿责任心发展调查问卷》（庞丽娟，2000），问卷分度数值为0.86，内部一致性是0.94。主要包括六个维度的内容，以Likert五点量表选择的形式填写问卷，问卷包含20个问题。本次研究对D幼儿园中班随机抽取两个班，男、女生各12名，实验组的教师和对照组的教师分别填写问卷，为了降低数据误差，本次研究中首先对班级教师的情况进行了了解，在此基础上制定了打分标准。对问卷进行数据回收，然后再通过SPSS25.0软件进行分析，分析结果如下：

1. 实验组和对照组前测的比较

表2-14　　　　实验组与对照组前测的d值正态性检验

a柯尔莫戈洛夫-斯米诺夫			夏皮洛-威尔克		
统计	自由度	显著性	统计	自由度	显著性
0.131	34	0.2	0.967	34	0.683

通过表2-14我们可以得知，实验组 $p = 0.2 > 0.05$，与之相应的对照组的 $p = 0.683 > 0.05$，这两组的前测值都是正态分布模型，表明样本具有可比性，可以通过T检验来比较组间差异。

表2-15　　　　实验组和对照组前测的配对样本检验

组别	N	M	SD	T
实验组	34	62.65	6.88	0.089
对照组	34	62.85	6.34	

d的正态Q-Q图

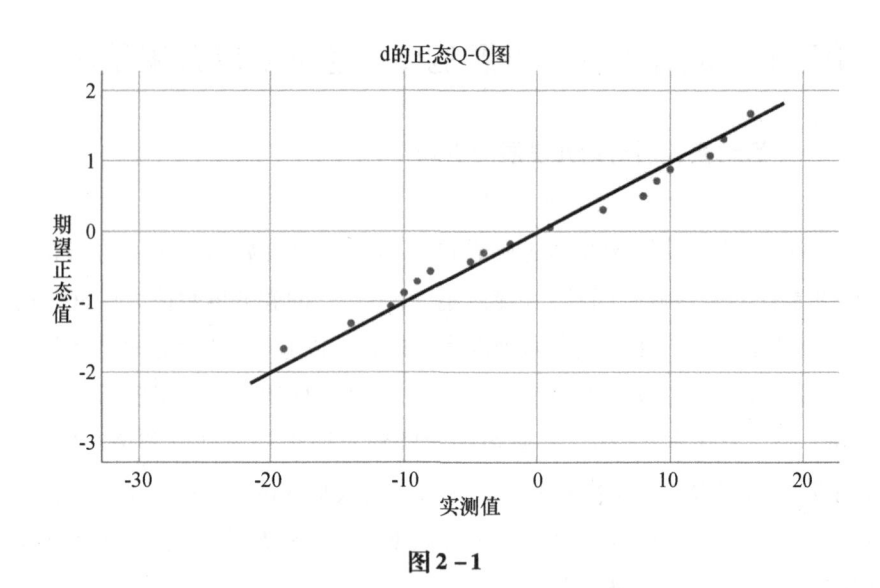

图2-1

从表2-15中所得的结果可以看出，实验组与对照组的均值分别为62.65和62.85，MD = 0.2，t = 0.089，df = 19，p = 0.93 > 0.05。所以，置信度为95%时，两组的前测均值相当，这表明，在实验前，两组发展水平相当，没有显著性差异。

2. 对照组前后测比较

表2-16　　　　　　　对照组前后测 d 值正态性检验

a 柯尔莫戈洛夫 - 斯米诺夫			夏皮洛 - 威尔克		
统计	自由度	显著性	统计	自由度	显著性
0.146	34	0.200*	0.957	34	0.477

从表2-16中可以得知，实验组的前测 p = 0.2 > 0.05。相应对照组的前测 p = 0.477 > 0.05，都满足正态分布，表明样本具有可比性，可以通过 T 检验来比较组间差异。

第二章 拓宽社会性发展视野：促进幼儿责任心发展的体育游戏活动设计

d 的正态 Q-Q 图

图 2-2

表 2-17　　　　　　对照组前后测的配对样本检验

组别	N	M	SD	T
前测	34	62.85	6.343	-0.284
后测	34	63.40	4.65	

从表 2-17 中可以看出，对照组前后测的均值分别为 62.85 和 63.40，虽然后测的均值高于前测均值，然而 MD = -0.55，T = -0.284，df = 19，p = 0.78 > 0.05，所以在 95% 的置信度下对照组前后测均值没有显著性差异。

3. 实验组前后测比较

表 2-18　　　　　　实验组前后测 d 值正态性检验

a 柯尔莫戈洛夫 - 斯米诺夫			夏皮洛 - 威尔克		
统计	自由度	显著性	统计	自由度	显著性
0.085	34	0.200*	0.972	34	0.789

从表 2-18 中可以得知，实验组的前测 p = 0.2 > 0.05，相应对照组的前测 p = 0.789 > 0.05，满足正态分布，表明样本具有可比性，可以通

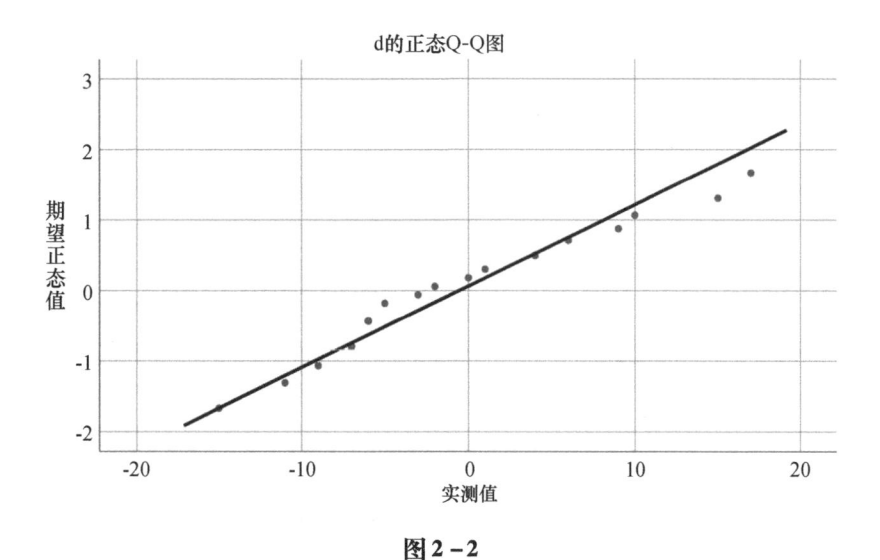

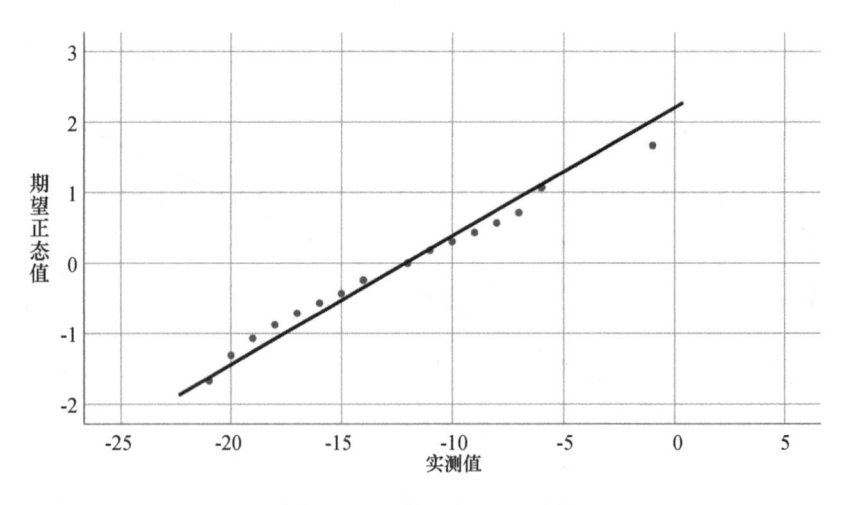

图 2-3 d 的正态 Q-Q 图

过 T 检验来比较组间差异。

表 2-19　　　　　　　实验组前后测的配对样本检验

组别	N	M	SD	T
前测	34	62.65	6.88	-9.86
后测	34	74.75	7.15	

从表 2-19 中可以看出，实验组在前后测的均值分别为 62.65 和 74.75，MD = -12.1，T = -9.86，df = 19，p = 0.00 < 0.01，因此，当置信度为 95% 时，实验组的前后测数据具有显著性差异，后测均值明显大于前测均值，这表明，在责任心的发展方面，本次体育游戏起到了促进责任心发展的作用。

4. 实验组与对照组后测比较

表 2-20　　　　　　实验组与对照组后测 d 值正态性检验

a 柯尔莫戈洛夫-斯米诺夫			夏皮洛-威尔克		
统计	自由度	显著性	统计	自由度	显著性
0.096	34	0.200*	0.962	34	0.588

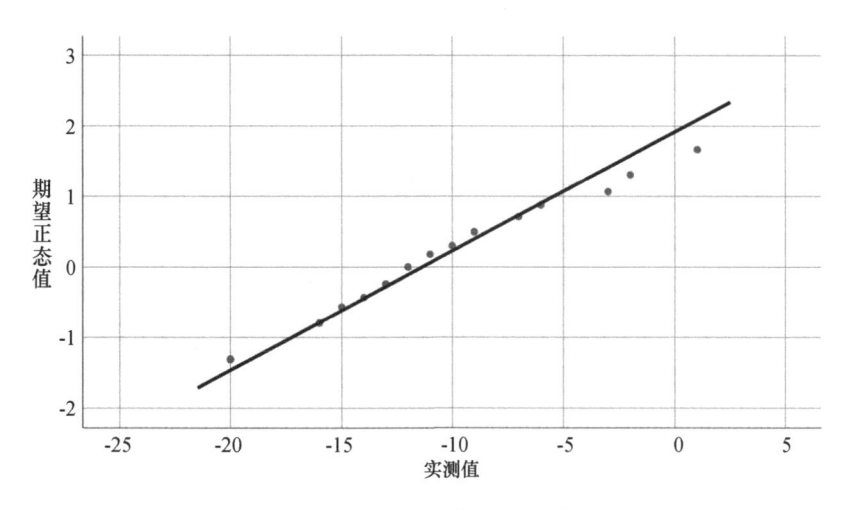

第二章 拓宽社会性发展视野:促进幼儿责任心发展的体育游戏活动设计 / 71

图 2-4 d 的正态 Q-Q 图

从表 2-20 中可以得知,实验组的前测 p=0.2>0.05,相应对照组的前测 p=0.58>0.05,满足正态分布,表明样本具有可比性,可以通过 T 检验来比较组间差异。

表 2-21　　　　　　　实验组与对照组后测的配对样本检验

组别	N	M	SD	T
对照组	34	63.40	4.65	-8.583
实验组	34	74.75	7.15	

从表 2-21 中可以看出,对照组与实验组后测的均值分别为 63.40 和 74.75,MD=-11.35,T=-8.583,df=19,p=0.00<0.01,因此,当置信度为 95% 时,两组的后测均值具有显著性差异,实验组后测均值明显大于对照组后测均值,这表明,在责任心发展方面,本次体育游戏发挥了促进作用。

(二) 教师的转变

1. 加深教师对幼儿责任心的理解与认识

在整个研究过程中,合作教师对幼儿责任心发展有了更系统的认识和更深入的理解。在活动开展之前,从合作教师所准备的课程教案以及教师的学习笔记容易看出,合作教师没有良好的培养责任心的意识。在责任心的培养中，教师大多是依靠自己的教学经验，教师本身不具备良好的理论基础，缺乏理论引导，导致教学思路受限，无法设计系统的培养方案。经过本次研究，这些问题得以改善，合作的教师对于责任心培养有更深刻的认识，培养意识也有所增强，思路更加明朗。在本次研究中，合作教师充分学习并掌握了与责任心相关的知识和责任心培养的理论基础，对于如何通过活动培养幼儿的责任心，教师已经有比较明确的思路，通过学习笔记就可以看出教师思维上的转变。在本次研究之前，教师也知道培养责任心的重要性，但是对于责任心如何培养，教师并不清楚，对于责任心有多少个维度，教师更是一无所知。通过本次研究和学习，明确了责任心包含的六个维度，此后，教师会根据六个维度设计不同的活动，而活动的针对性明显提高。通过整理和研读责任心培养相关的体育游戏，教师能够发现教育所呈现的可能性，并且能够将更有趣、更深刻的游戏和故事融入课程教学和户外游戏中，在激发幼儿游戏兴趣的同时，让幼儿在游戏中发展自己的责任心。由此看来，本次研究具有一定的实践意义。

另外，在本研究中可以看出，合作教师对于合作研究活动的态度有所转变。研究活动开始时，主要是研究者负责组织协商各类活动，合作教师主要负责配合研究者的活动，随着研究活动的深入，合作教师也会提出自己的看法，并对环节中的活动策略提出意见和建议。从一开始的配合到后来的独立思考，教师建立了属于自己的培养策略和培养方法。

2. 促进教师教学能力的提高

体育活动需要有明确的活动目标，要明确活动要求，教师要根据幼儿在活动中的现实情况制定相应的教学内容，并能够选择恰当的教学策略，能够灵活使用教学方法，设计出科学合理的活动方案。在体育游戏中，教师要先设计好活动方案和实施过程，在实施的过程中还需要及时调整。G老师对本次研究的三轮活动进行了总结，得到了以下活动经验：

（1）活动设计不断丰富

根据体育游戏活动目标的设定，在体育活动和游戏中选择了有代表性的体育游戏活动，因此设计了三种游戏，并制定了游戏环节。在制定游戏环节的过程中，需要重点考虑游戏主体的身心发展特点及其责任心的发展程度，有效整合各类教育资源，充分利用优质物质材料，通过整合物质材料、了解幼儿的游戏特征，设计出丰富有趣、层层递进、难易适中的游戏活动。设计游戏的不同环节时，首先需要考虑趣味性，如果游戏运动内容过于单一，幼儿的兴趣不高。所以，在第二和第三阶段中，选择了情景创设以及角色扮演的方法进行导入，以此激发幼儿参与游戏的兴趣。在进行游戏的过程中，需要注重游戏形式的多样性，不能一直重复同一个游戏，教师可以通过换游戏、换分组组织比赛、进行角色扮演等多种方式调动幼儿的积极性。另外，游戏的各个环节应该根据幼儿的真实发展水平来设计，游戏的难度略高于真实发展水平，以此激励幼儿挑战自我、克服困难，同时，让幼儿学会在面对挑战时保护自己，学会与他人合作。游戏流程应该先易后难，给幼儿留下足够的缓冲时间，让幼儿逐渐适应游戏难度并勇于闯关。

在整个游戏中，教师是组织者，也是引导者，需要确保研究活动顺利展开。教师所设计的组织方式、游戏实施方式以及教师本身的教学方式偏好都会影响责任心培养的效果。想要确保教师能设计出科学合理的游戏过程，就要确保教师掌握足够的理论知识，并能够将理论知识应用于实践。对此，教师要加强学习，锻炼自己的言语表达能力，通过适当的言行为幼儿创造良好的学习环境。

（2）活动内容形式多样化

活动内容的选择确定不够规范，由于幼儿园师幼比例较大，幼儿园体育活动的课程设置过于注重安全因素，教师较少组织幼儿户外活动。教师的认识不到位，方法不科学，导致体育活动内容形式单一。活动实施前教师更注重体能课，而忽视了户外体育游戏活动，到户外体育游戏时间仅仅停留于只玩大型玩具。内容设置对幼儿的保护过多，培养幼儿自我保护能力还有些欠缺，比如在攀登轮胎时，对胆小的孩子更多的是需要教师在旁边牵着走过去，幼儿在体育活动中的锻炼不够，孩子的自我责任心、任务责任心、他人责任心等都不能得到很好的锻炼和发展。通过三轮体育游戏活动的设计与实施，教师能从多角度认识幼儿体育活动的价值，提高重视程度。认真学习和解读《指南》和《纲要》关于幼儿健康方面的有关目标、内容和要求的重要阐述，加上在活动中对幼儿责任心发展的理解，教师了解到体育活动对于幼儿责任心等品质培养的重要意义。通过责任心发展的六大维度目标，反思各项体育活动中我们的理念或教育方法的偏差，择取幼儿都喜欢的活动方式，丰富孩子的体育游戏活动。

二 运用体育游戏发展幼儿责任心的建议

（一）加强幼儿园对体育活动开展的投入

在幼儿园期间提高幼儿责任心最重要的方式是集中教学活动，是体育活动设计中促进幼儿责任心发展的重要途径。在教学的过程中，教师可以设计教学活动，通过将教学内容游戏化，使幼儿能够自愿地加入教学活动过程中，提高幼儿的主动性，提高幼儿参与活动的兴趣，使幼儿形成初步的责任意识。要从细节做起，培养幼儿良好的行为习惯，让幼儿养成独立做事的良好习惯。对于幼儿而言，责任感是一个非常陌生的词语，那么教师就可以通过生活中的小事加强幼儿的责任感。例如，布置家庭任务，让幼儿回家帮助父母做一些力所能及的事情，如擦桌子、扫地等，在幼儿的心里埋下责任的种子，并不断浇灌，让其发芽成长。同时，要教育幼儿自己的事情自己做，要具备责任意识，平时要自己穿衣服、自己刷牙洗脸、自己洗衣服、自己收拾碗筷等，久而久之，这种良好的责任意识就培养起来了。注重幼儿教育影响的一致性，综合利用家庭、学校和社会的力量，重视家园、幼儿园和社区之间的合作与交流，充分整合各种力量。

体育游戏活动的设计与实施过程中，体育活动的环境创设尤为重要。只有创设适应的体育活动环境，才能将教育目标贯彻落实。幼儿园应该不断完善有关体育活动的室内室外环境，完善体育活动所需的设施。其一，幼儿园要寻求政府或者是社会组织的力量，共同解决幼儿园资金不足的问题，帮助幼儿园改善体育活动的各项硬件设施条件。其二，教师要为幼儿营造良好的体育环境，通过丰富的体育活动内容、体育活动形式来提高幼儿的兴趣，同时以新颖、趣味的体育活动气氛让幼儿能够主动参与到体育活动中去。此外，在活动器材的选择上，教师要尽可能选择一些简单、容易获取的器材，或者是自己动手与幼儿一起制作器材，不仅能够培养幼儿的动手能力，而且能够解决器材短缺的问题。幼儿园应当综合考虑自身的特色，创设符合自身特色的体育环境，这样才能起到应有的效果。

在培养幼儿美德的过程中，可以让幼儿给老年人讲故事，唱歌给老年人听，或者是帮助老年人做一些力所能及的事情，这样培养幼儿尊老的美德。幼儿园在开展教育活动时，要充分利用家庭、社会等教育资源，通过将活动的场地延伸到社会，提高幼儿的社会责任意识。比如，在开展尊老的活动中，教师可以指导幼儿园为老人提供服务，培养幼儿的责任意识。再比如，通过开展爱护环境的主题活动，在教师的带领下，幼儿一起去户外将垃圾收集并丢弃在垃圾回收站，通过行动帮助幼儿养成爱干净的良好卫生习惯，使幼儿能够形成社会责任感。

（二）体育活动的实施手段要多样化

通过研究可知，体育游戏活动能够帮助幼儿提高责任心。中班是幼儿责任心发展的关键期，处在自我中心阶段的幼儿，以自我为中心缺乏共情能力。教师应抓住这个时期，在教学活动中，让幼儿参与进来，尊重幼儿的主体地位。以往教学的过程中，教师都是以说教为主，让幼儿跟着教师的思想去做事情，忽略了幼儿的反应，没有让幼儿真正理解其中的缘由。改变教学方式，为幼儿营造了轻松的氛围，游戏具有新颖性、趣味性的特点，能够丰富幼儿的知识框架。在开展各项教育活动的环节中，教师要发挥自身的榜样作用，带领幼儿作出正确的行为。不断改变幼儿的行为方式，要教育幼儿时刻站在他人的角度思考问题，关心他人，提高自身的责任感。在活动中，教师要带领幼儿一起做游戏，以丰富的游戏让幼儿主动参与到活动中来，通过上述方式，提高幼儿的责任意识。

教师是幼儿的主要榜样，教师的态度、教育方式、教育观念、综合素质水平等，都会在潜移默化中影响幼儿的成长，帮助幼儿树立强大的责任心，促进幼儿的全面发展，而体育游戏中教师创设的情境，能让幼儿从内心真正认同、接纳。体育游戏活动不仅可以发展幼儿的动作、体能，其中还包括促进幼儿社会性发展的教育价值。然而，大多数教师对于幼儿责任心发展及体育活动设计理论知识相对缺乏。因此，提高教师的专业水平，丰富教师的理论与实践能力，对活动设计与实施有重要的作用。教师有意识地创设各种情境，向幼儿提问，培养幼儿共情、合作、抗挫折能力，从而达到教育目标。

（三）家园共育，发挥榜样示范作用

有研究表明，在幼儿园阶段家庭教育对幼儿的影响最为重大，家庭教育对幼儿一生的发展产生的影响也是长期性的。2002年王丽新指出，在众多类型的家庭中，民主型家庭对于培养幼儿的责任感是非常有效的。2002年李洪曾指出，父母的年龄和学历是影响幼儿责任意识养成的两个关键因素，从研究数据来看，母亲的年龄和学历对幼儿责任意识的影响要高于父亲。2007年刘闯指出，父母的教养方式对于幼儿的成长是非常关键的，民主型父母所采取的教养方式对于幼儿责任感的养成是非常有利的，而放任型、溺爱型、专制型的教养方式则对幼儿责任感的养成起到阻碍作用。从此可以看出，教养方式对于幼儿责任心的影响是较为深远的，对于幼儿身心的成长也有着巨大的影响。

然而，培养幼儿的责任意识并不是短时间内就可以达成的，这需要幼儿园和家庭的配合。《3—6岁儿童学习与发展指南》《幼儿园教育指导纲要》中提到，让幼儿在幼儿园所学习的事务能够在家庭中得到延续，也就是说，家长能够对幼儿所学的知识进行巩固，通过家庭与幼儿园的协同合作，不断帮助幼儿树立责任意识，培养幼儿的责任感。同时体育游戏活动的开展离不开家长的肯定与支持，家园共育才能达到活动设计的教育效果，真正地促进幼儿的发展。幼儿对于义务、责任、担任等这些词语暂时是陌生的，但不是遥不可及的。在家庭教育中，家长要加强对幼儿责任意识的培养，让幼儿在家庭中享受应有的待遇的同时，也需要付出相应的劳动。给予幼儿发表自己看法的机会，让幼儿表达自己的想法，让幼儿自主思考，明确自身在家庭中的地位，以及自身在家庭中应当承担的责任。同时，家长不能一味以金钱作为唯一的激励方式，这样只能不断培养幼儿金钱至上的意识，而是需要通过口头鼓励、礼物、外出游玩等方式，来给予激励。例如，当孩子主动做一些力所能及的家务时，家长可以给予口头赞美。家长要毫不吝啬地赞美幼儿，让幼儿有坚持做事的动力，这样才能树立幼儿的责任意识，承担起自己的责任，这才是正确的家庭教育方式。

同时，家庭教育最重要的就是发挥榜样的示范作用。模仿是幼儿不自觉的行为，是促进幼儿成长的主要途径。在教育的过程中，要合理利用幼儿这种爱模仿的天性，教师和家长都要以自身作为榜样，利用自身良好的行为，为幼儿的发展树立榜样，不断地影响幼儿的发展。与此同时，家长要给予正确的引导，让幼儿能够辨别是非对错，引导幼儿能够正确辨别语言、语气、情感等，这样才能正常与他人交际。作为教师，要不断严格要求自己，做到言出必行，给幼儿呈现一个积极向上的姿态。同时，家长也要扮演好家庭教育的角色，要为幼儿做好示范，在生活中要乐于帮助他人、关心他人、爱护他人等，帮助幼儿树立责任意识。在教师和家长潜移默化的影响下，培养幼儿的责任感。家庭教育是培养幼儿责任感的重要组成部分，家长千万不能忽略，应当利用好家庭教育，促进幼儿身心健康发展。家长要每天为幼儿灌输正确的理念，将道德标准、社会规范等告诉给幼儿，尊重家庭教育中幼儿的主体地位，要调动幼儿的主观能动性，能够表达自己的想法，这样才能让家长明确幼儿的真正需求，以正确的教育方式开展家庭教育。

本章小结

在研究者与合作教师的合作中，本次研究取得了一定的成果。本研究以幼儿责任感为核心，从幼儿园所组织的体育活动中培养幼儿责任感所存在的问题进行研究，制定了促进幼儿责任心发展的"跑跳类""投掷类""体育器械类"活动。

首先，幼儿责任心发展对幼儿社会性有促进作用。通过对活动实施结果的数据分析，得到通过体育游戏活动的设计与实施，对于促进中班幼儿责任心的发展，具有显著成效。幼儿责任心发展水平包括六个维度的发展，其中包括自我责任心发展、集体责任心发展、承诺责任心发展、他人责任心发展、任务责任心发展和过失责任心发展。通过活动的实施、反思与改进之后，实验组幼儿的责任心发展水平有明显的提升。幼儿对班级及身边的事务的关心明显提升，在区域活动结束时能将物品、玩具放回原位，孩子们通过观察和模仿其他人的行为进行学习。体育游戏活动有助于促进儿童的积极行为，帮助他们结交好朋友，儿童友谊的质量会对他们的社交成功产生重大影响。通过体育游戏活动的设计与实施，能够在一定程度上提高幼儿的责任心，从而促进幼儿的社会性发展，激发了幼儿的合作与沟通能力，促进幼儿身体发展的同时责任心发展水平也有了一定的提高，同时深化了合作教师对体育活动发展幼儿能力的理解和认识，证明了体育游戏活动是促进幼儿责任心发展有效方式。体育游戏活动之后，幼儿在一日生活的具体行为表现，说明幼儿的责任心水平不断地提高，幼儿的社会化不断发展。

其次,体育活动实施效果具有差异性。根据实验的数据分析,实验组的大部分幼儿在经过一段时间活动的开展,都取得了比较大的进步,总体上实验组的幼儿责任心发展水平有显著的提高。但是在后测的过程中分析发现,有3名幼儿的发展没有明显进步。并对教师进行访谈,通过对幼儿性格、家庭情况、年龄等个性化的特点进行了解。通过与该班级三名教师进行交流与探讨,总结幼儿发展水平没有明显提高的原因如下:第一点,班级幼儿的性格有较大的差异,雯雯的性格内向,不愿意与人交流,在体育游戏活动过程中需要同伴合作时,她经常拒绝合作,通常是在老师的帮助下完成任务。这种在活动过程中参与度不高的幼儿,会影响其责任心发展水平。第二点,家庭环境的差异,家庭结构类型的不同,同样影响幼儿责任心的发展。阳阳是一个单亲家庭的孩子,由爷爷奶奶抚养,隔代抚养产生的教育问题不断暴露出来。隔代的溺爱、父母在陪伴上的缺失,使幼儿产生攻击性行为。根据班级教师的描述,阳阳在班级里打人、咬人的行为时有发生,同伴因此疏远阳阳,造成恶性循环。阳阳的责任心发展低,不仅需要体育活动进行培养,绘本、亲子活动等培养方案需要同步进行,同时,要随时与幼儿家长保持沟通与联系。这些幼儿的个体差异性也造成了活动效果具有差异性,每个幼儿都是独立的个体,尊重幼儿的差异,寻求更多的活动设计方案。

最后,体育游戏的设计应注重延伸与拓展。体育活动的设计往往更注重对幼儿身体能力的发展,而本次研究是在幼儿责任发展的视域下进行的。幼儿责任心发展有六个维度,为体育游戏活动的设计与实施提供了新的视角及参考。体育游戏活动为幼儿最喜爱的活动之一,以游戏为载体的形式让幼儿参与其中。教师可以通过幼儿的语言行动了解其发展,并对出现的问题,如:幼儿单独在角落玩耍、在活动中与同伴打闹、破坏其他幼儿的道具等,及时发现并将问题解决。而中班幼儿的发展还处于自我中心阶段,需要教师发挥引导作用,帮助幼儿解决在活动中出现的困难。在开展体育活动环节中,要注意转变教学方式,为幼儿营造轻松愉快的氛围。在活动开展过程中教师作为幼儿的重要榜样,为幼儿树立榜样作用,以趣味的教学活动氛围,激发幼儿的兴趣。同时在体育游戏活动的实施过程中教师应创设情境,让幼儿在潜移默化中将自己从自我中心带入角色中,使幼儿从内心真正地接受与认同，从而促进幼儿的内在发展，提高幼儿的责任心水平。体育活动结束时，对于体育器材的归放与整理，教师应进行拓展与延伸，从细节的慢慢渗透中，幼儿的责任心发展水平也在不断提高，体育活动的设计与实施也更加科学化。

第三章

保持社会性健康心理：促进幼儿情绪调节能力发展的活动设计

情绪调节能力是指个体能够正确识别理解情绪并在处理情绪问题时能采取恰当的方式进行表达和调节的能力。积极的情绪能促进认知、拓展思维、消除消极情绪体验并帮助幼儿灵活应对个体人际交往以及周围的环境变化。幼儿时期是发展情绪调节能力的重要时期，幼儿情绪调节能力的提升，关系着幼儿的身心健康、社会交往以及亲社会行为的发展。小班幼儿正处于离开家庭环境步入幼儿园这个陌生环境的分离焦虑时期，此时情绪波动大，会出现各种各样的情绪及人际交往等有关社会性发展的问题。绘本教学以情绪绘本为载体，将语言讲述作为绘本教学的主要活动，情景表演、绘画等多种形式的活动作为延伸，教师根据相应的情绪教育目标，带领幼儿梳理绘本内容，建立幼儿与主人公情感上的共鸣，从而帮助幼儿学会调节自身情绪问题，恰当处理人际关系。因此，对小班幼儿实施情绪教育可以帮助幼儿正确地识别与理解自身情绪，提升调节情绪的水平，促进其身心健康成长和社会性发展。

第一节 情绪调节能力的研究基础

一 情绪调节能力

（一）情绪调节能力的本质研究

早在 20 世纪 80 年代，心理学领域就对情绪调节能力展开了研究，经过三十多年的发展，其影响已经扩展到了幼儿和成人等领域，成为目前的研究焦点。关于情绪调节能力的本质，研究者从各自的角度进行了阐述，笔者通过整理，列举了以下具有代表性的观点。

孟昭兰（2005）认为情绪调节能力是动态的过程，是个体为了适应外部环境和建立良好人际关系从而对自身的情绪认知和行为方式进行监测和调控的能力。[①] 巫文胜、郭斯萍、郭薇（2007）认为，情绪调节能力是个体为了满足自身需要、促进自身成长对情绪体验和行为表现进行一定控制的能力。[②] 刘启刚（2008）认为，情绪调节能力是个体在遵循社会环境准则的基础上，通过对自身情绪进行认知和监测，采取合理的方式去调整情绪的过程。[③] 徐园（2014）认为，情绪调节能力是指个体以对自身情绪的认知为前提，根据当时所处的环境，自身对情绪所作的反应程度和持续时间进行一定的调节。[④] 白玉婷（2021）认为，情绪调节能力是指个体在出现情绪问题时，将当时的外部环境与自身的情绪相联系并建立两者之间的联结，之后选择合适的策略去解决情绪问题，最终做出适宜情绪反应的行为。[⑤]

（二）幼儿情绪调节能力重要性研究

俞国良（2006）认为，情绪调节能力可以帮助个体正确地认识自己，个体的社会性发展和健康心理的养成都与个体的情绪调节能力密切相关。[⑥] 韩磊、窦菲菲和朱帅帅（2016）论述了情绪调节能力与被欺凌的关系，情绪调节能力越低，被欺凌的频率就越高。另外，情绪调节能力水平低下的幼儿经常产生焦虑等负面情绪，容易形成反社会或孤僻型人格。[⑦] 张倩（2017）研究发现，情绪调节能力水平低的幼儿在处理社会交往等问题上有一定的困难，面对不同的人或事往往无法控制自己的情绪，从而

[①] 孟昭兰：《情绪心理学》，北京大学出版社2005年版，第205页。

[②] 巫文胜、郭斯萍、郭薇：《青少年发展过程中的情绪调节能力》，《江西教育科研》2007年第5期，第22—24页。

[③] 刘启刚：《情绪调节的研究方法与测量手段述评》，《心理研究》2008年第2期，第42—46页。

[④] 徐园：《初中生情绪调节自我效能感的实证研究》，硕士学位论文，江西师范大学，2014年。

[⑤] 白玉婷：《大班幼儿情绪调节能力培养的实践研究》，硕士学位论文，成都大学，2021年。

[⑥] 俞国良：《情绪调节理论：心理健康角度的考察》，《心理科学进展》2006年第3期，第375—381页。

[⑦] 韩磊、窦菲菲、朱帅帅、薛雯雯、高峰强：《羞怯与攻击的关系：受欺负和自我控制的中介作用》，《中国临床心理学杂志》2016年第1期，第81—83、115页。

造成他人对其产生抵触心理，体验不到交往乐趣，形成社会退缩行为。[1] 刘苏瑶（2021）认为情绪调节有助于帮助个体减少负面情绪，减少冲突。[2]

（三）幼儿情绪调节能力的结构和类型研究

陈光（2007）在提升幼儿情绪调节水平的研究中，将幼儿对情绪的认知、表达、调节及同理心四方面作为其设计教学计划的依据。[3] 卢玲（2011）在深入研究情绪智力理论的基础上，认为情绪调节能力包括对情绪的识别与理解、表达、调控和运用四个维度。[4] 秦元东、陈芳（2013）认为，情绪调节能力是个体对自身情绪进行调整和抑制的过程，包括对情绪的识别、理解、表达、调控和运用五部分。[5] 杨洋（2017）将情绪调节能力总结为对情绪的识别、理解、表达、调节和运用五个维度。[6] 郎敏（2019）从情绪调节和情绪不稳定两方面展开了研究，情绪调节包括幼儿对情绪的认知及表现，情绪不稳定包括幼儿的情绪变化和负面情绪出现的频率。[7]

（四）幼儿情绪调节能力发展的影响因素研究

万晶晶和周宗奎（2002）提出父母对男孩女孩的教养方式是不同的，对于女孩的负面情绪，父母通常都会细心安慰；而对于男孩出现的情绪反应，父母一般都会相对严厉，对他们处理情绪问题的能力要求较高。[8] 李燕燕和桑标（2006）认为，民主型的家庭氛围和温和的教养方式可以促进幼儿情绪调节能力的发展。[9] 潘苗苗和苏彦捷（2007）指出，幼儿在处

---

[1] 张倩：《父母心理控制、幼儿情绪调节与社交退缩的关系》，硕士学位论文，山东师范大学，2017年。

[2] 刘苏瑶：《情绪调节对人际宽恕的影响》，硕士学位论文，上海师范大学，2021年。

[3] 陈光：《中班幼儿情绪调节的干预研究》，硕士学位论文，北京师范大学，2007年。

[4] 卢玲：《促进4—5岁幼儿情绪调节能力发展的实践研究》，硕士学位论文，西南大学，2011年。

[5] 秦元东、陈芳：《如何有效实施幼儿园主题性区域活动》，中国轻工业出版社2013年版，第106页。

[6] 杨洋：《以情绪主题绘本为载体促进大班幼儿情绪调节能力发展的行动研究》，硕士学位论文，陕西师范大学，2017年。

[7] 郎敏：《4—6岁幼儿家庭亲密度对其同伴关系的影响：情绪调节能力的中介作用》，硕士学位论文，陕西师范大学，2019年。

[8] 万晶晶、周宗奎：《国外儿童同伴关系研究进展》，《心理发展与教育》2002年第3期，第91—95页。

[9] 李燕燕、桑标：《母亲教养方式与儿童心理理论发展的关系》，《中国心理卫生杂志》2006年第1期，第5—9页。

理情绪问题时所采取的策略不同会影响其同伴关系的发展，通常采取攻击行为的幼儿会不受幼儿喜爱，不被幼儿接纳。[1] 陆芳和陈国鹏（2009）研究发现，处于3—7岁的幼儿选择积极还是消极的情绪调节策略受其自身气质类型的影响。[2] 徐西良（2012）研究发现，幼儿的年龄特征、气质类型、认知水平、同伴关系和家庭教养方式都对幼儿情绪调节能力有影响。[3] 刘爱珍（2013）研究发现，家庭氛围和谐的幼儿在进行人际交往时，其情绪调节水平更高。[4] 李晓巍、杨青青和邹泓（2017）的研究表明，幼儿在处理情绪问题时的行为方式往往有父母的影子。[5] 刘航、刘秀丽和郭莹莹（2019）强调父母与幼儿的交流与互动，没有沟通的亲子关系必然会阻碍幼儿形成稳定的情绪状态，错过情绪调节水平提升的关键时期。[6]

（五）幼儿情绪调节能力的评定研究

陆芳（2004）采用自编的《学龄期儿童情绪调节发展状况问卷》来检测幼儿的情绪调节能力。[7] 刘婷（2010）选取观察记录表这一形式，通过对幼儿情绪行为的及时记录来考察幼儿的情绪调节能力发展。[8] 卢玲（2011）采用修编的《幼儿情绪调节发展状况调查问卷》和《幼儿情绪调节策略使用情况调查问卷》对幼儿情绪调节能力进行检测。[9] 白玉婷（2021）选用了

---

[1] 潘苗苗、苏彦捷：《幼儿情绪理解、情绪调节与其同伴接纳的关系》，《心理发展与教育》2007年第2期，第6—13页。

[2] 陆芳、陈国鹏：《幼儿情绪调节策略与气质的相关研究》，《心理科学》2009年第2期，第417—419页。

[3] 徐西良：《儿童情绪调节能力的研究综述》，《社会心理科学》2012年第5期，第33—37、58页。

[4] 刘爱珍：《父母情绪表达和编班方式对学前儿童社会适应性的影响》，硕士学位论文，首都师范大学，2013年。

[5] 李晓巍、杨青青、邹泓：《父母对幼儿消极情绪的反应方式与幼儿情绪调节能力的关系》，《心理发展与教育》2017年第4期，第385—393页。

[6] 刘航、刘秀丽、郭莹莹：《家庭环境对儿童情绪调节的影响：因素、机制与启示》，《东北师大学报》（哲学社会科学版）2019年第3期，第148—155页。

[7] 陆芳、陈国鹏：《学龄前儿童情绪调节策略的发展研究》，《心理科学》2007年第5期，第1202—1204、1195页。

[8] 刘婷：《情绪主题绘本促进幼儿情绪能力发展的行动研究》，硕士学位论文，西南大学，2010年。

[9] 卢玲：《促进4—5岁幼儿情绪调节能力发展的实践研究》，硕士学位论文，西南大学，2011年。

国外学者编制的《情绪调节核验表》对幼儿情绪调节能力进行考查。[1]

(六) 幼儿情绪调节能力的培养研究

赖小林、宋欣欣和丁振源(2005)强调"活动中心"的课程理论,他们主张儿童在活动中能更好地获得情感体验,促进情绪认知发展,并通过研究证实了这一观点。[2] 张芳(2014)以绘本为依托,提高了幼儿对情绪的认知和自身的调节能力。[3] 金芳(2014)以游戏为载体对幼儿健全人格整体进行了培养,促进了幼儿情绪适应的发展。[4] 姜羽飞(2015)在研究中探讨了舞蹈对幼儿情绪管理的积极作用。[5] 薄思雨(2018)认为,教师可以采用一定的方法对幼儿的情绪调节能力进行训练,如认知训练、转移注意力等方法。[6] 但菲、徐颖聪和张擘(2019)强调绘本阅读过程中幼儿对绘本角色的理解,教师可以利用角色表演等形式帮助幼儿理解故事情节,与故事主人公产生共鸣、产生移情体验,从而促进其情绪调节能力的发展。[7] 王露(2020)以绘本中的情绪线索为纽带,采用正式的情绪教育活动来培养幼儿的情绪调节能力。[8]

(七) 幼儿情绪调节策略研究

陆芳和陈国鹏(2007)把3—5岁学龄前阶段儿童的情绪调节策略分为:认知重建、问题解决、替代活动、自我安慰、被动应付、发泄等六种。其中大部分幼儿都更倾向于选择用别的事情来替代当前事情以达到情

---

[1] 白玉婷:《大班幼儿情绪调节能力培养的实践研究》,硕士学位论文,成都大学,2021年。

[2] 赖小林、宋欣欣、丁振源:《"做中学"科学教育对幼儿情绪能力发展的影响》,《心理科学》2005年第6期,第1483—1486页。

[3] 张芳:《以情绪主题绘本为载体开展小班幼儿情绪教育的行动研究》,硕士学位论文,广西师范大学,2014年。

[4] 金芳:《3—6岁幼儿健全人格发展的教育促进研究》,硕士学位论文,辽宁师范大学,2014年。

[5] 姜羽飞:《论儿童舞蹈教育对儿童情绪管理的积极作用》,《上海教育》2015年第18期,第94—95页。

[6] 薄思雨:《儿童情绪调节述评及培养策略》,《中小学心理健康教育》2018年第36期,第65—67页。

[7] 但菲、徐颖聪、张擘:《基于幼儿情绪调节的对话式阅读提示策略的运用》,《幼儿教育》2019年第15期,第3—6页。

[8] 王露:《绘本教学促进大班幼儿情绪调节能力发展的实验研究》,硕士学位论文,天津师范大学,2020年。

绪调节的目的。① 幼儿在面临情绪问题时，会根据现有的情境和自己的需要去选择不同的情绪调节策略，其选择形式并不是固定不变的。卢玲（2011）在陆芳等人的研究基础上将情绪调节策略分为八种：认知重建、问题解决、寻求支持、替代活动、自我安慰、被动应付、情绪发泄、攻击行为。② 常川（2013）将情绪调节策略定义为个体有针对性地对自己的行为作出一定的调节，以达到情绪的平衡状态。③ 梁美玉（2015）认为，幼儿在选择情绪调节策略时受其身心发展规律的影响，没有特定的选择原则。④ 杨芳娇（2018）认为，个体在情绪调节过程中，自身所采用的具体策略就是情绪调节策略。⑤ 徐野（2021）认为，情绪调节策略是个体为了对自身情绪作出调整所采用的行为方式和手段。⑥

上述学者论述了幼儿情绪调节策略的本质、分类以及情绪调节策略的运用与幼儿年龄、气质类型等多方面因素有关。情绪调节策略与情绪调节能力之间有着密切的联系，并在一定程度上能够反映出幼儿情绪的调节水平，为笔者之后对幼儿情绪调节水平进行评定提供了一定的参考。

二 绘本教学

（一）绘本的教育价值研究

康长运（2002）认为，绘本教学能带给幼儿积极快乐的情绪体验，通过与故事角色产生共鸣，来引发自身情绪的改变。⑦ 王蕾（2008）认

---

① 陆芳、陈国鹏：《学龄前儿童情绪调节策略的发展研究》，《心理科学》2007年第5期，第1202—1204、1195页。
② 卢玲：《促进4—5岁幼儿情绪调节能力发展的实践研究》，硕士学位论文，西南大学，2011年。
③ 常川：《家庭情绪表达对学龄前儿童情绪调节策略和社会适应行为的影响》，硕士学位论文，河北大学，2013年。
④ 梁美玉：《4—7岁儿童情绪调节策略特点及其与父母反应方式的关系研究》，硕士学位论文，沈阳师范大学，2015年。
⑤ 杨方娇：《父母教养方式与幼儿情绪调节策略的关系研究》，硕士学位论文，华中师范大学，2018年。
⑥ 徐野：《3—6岁幼儿情绪调节策略现状调查研究》，硕士学位论文，沈阳师范大学，2021年。
⑦ 康长运：《想像力与幼儿图画故事书的阅读》，《学前教育研究》2002年第3期，第13—17页。

为，绘本阅读的过程也是幼儿获取经验、抒发自己情感的过程，幼儿的表达水平和知识经验在这一时期得到了提升。① 张佳（2012）指出，绘本中精美的插画可以激发幼儿感受美、鉴赏美的能力；教学过程中教师所提出的小问题，可以锻炼幼儿对关键信息及细节的感知与提取能力。② 卢清（2013）认为，通过绘本教学可以帮助幼儿获得各种形式的情感体验，从而在一定程度上减少负面情绪的产生。③ 吴志勤（2014）认为，绘本是由故事和与之相联系的插画组成的，幼儿通过阅读故事，感知图画，建立两者之间的联系，能够提高其直觉思维水平。④ 李春光（2015）认为，绘本本身所具有的趣味性能够极大激发儿童的求知欲和好奇心，从而促使幼儿带着积极情绪去阅读图书，体验其中的乐趣，维持幼儿健康的情绪状态。⑤ 章巍巍（2016）研究发现，绘本里的精美图画能够激发儿童对美的感受，培养审美情趣。⑥

（二）绘本教学的核心元素研究

松居直（2017）认为，图画与文字二者之间应建立有意义的联系，这样才能称之为合格的绘本。⑦ 刘燕飞（2019）认为，开展绘本教学的前提条件是绘本本身应具有关联性和趣味性。另外，绘本教学并不是单一的阅读活动，教师可以结合幼儿的年龄特点，采取游戏的形式去进行多样化教学，创设自由轻松的教学环境，最大限度地发挥幼儿参与绘本阅读的积极性与自主性，促进幼儿全面发展。⑧

（三）绘本教学的设计与实施研究

刘江艳（2015）认为，绘本教学应满足以下要求：制定合适的教学

---

① 王蕾：《图画书与学前儿童语言教育》，《学前教育研究》2008 年第 7 期，第 52—54 页。
② 张佳：《儿童绘本阅读推广工作初探》，《图书馆工作与研究》2012 年第 8 期，第 116—118 页。
③ 卢清：《幼儿园教育理论与实践》，西南交通大学出版社 2013 年版，第 56 页。
④ 吴志勤：《绘本对幼儿教育价值的实践探索》，《文学教育（中）》2014 年第 4 期，第 152 页。
⑤ 李春光：《试论"绘本"对幼儿发展的价值》，《当代教育理论与实践》2015 年第 8 期，第 37—42 页。
⑥ 章巍巍：《绘本对学前儿童审美发展的作用研究》，硕士学位论文，中央美术学院，2016 年。
⑦ 松居直：《我的图画书论》，新疆青少年出版社 2017 年版，第 269 页。
⑧ 刘燕飞：《基于绘本游戏幼儿负面情绪的干预研究》，硕士学位论文，辽宁师范大学，2019 年。

目标、选取适合幼儿身心发展规律的绘本和严谨的教学流程。[1] 朱希（2015）强调，选择绘本时首先应考虑的是幼儿的身心发展规律和现有发展水平。[2] 陈冠灵（2016）认为，绘本的选择应在考虑园所发展方向的基础上将是否符合儿童认知经验作为重要参考。[3] 徐唯（2017）认为，在绘本教学过程中，应巧妙利用教学开始、过程和结束三个阶段，最大限度发挥它们的作用。[4] 庄海霞（2017）将绘本教学分为以下步骤：主题导入、教师讲述、幼儿观察、角色扮演和活动延伸。[5] 马晓红（2019）以时间和内容为依据，划分了绘本教学中游戏的类型。按时间：绘本教学开始、中间和结束；按内容：绘本内容本身、绘本内容延伸和绘本内容基础上的创造。[6] 彭翔（2021）认为绘本教学要从集体教学活动走向日常的班级活动，将绘本教学融于区域活动中，注意区角材料的投放等问题。[7]

（四）绘本教学对幼儿的适用性研究

蔡佳佳（2018）强调了游戏在绘本教学中的重要性。另外，她还认为，幼儿在阅读绘本的过程中能够积累更多的知识与经验，在幼儿认识客观世界时从一知半解到融会贯通的道路上发挥着不可小觑的作用。[8] 林星英（2018）提出，在幼儿的成长过程中，会遇到许多是非善恶的问题需要他们处理，成人一般习惯采用口头语言的方式来教导幼儿，但幼儿自身所具有的身心发展特点就决定了这一方式对幼儿产生的效果是微乎其微的，有时甚至适得其反。而绘本教学利用有趣的故事和幼儿喜爱的活动形式来教导幼儿，一

---

[1] 刘江艳：《幼儿园绘本教学的价值与实施策略》，《学前教育研究》2015年第7期，第70—72页。

[2] 朱希：《幼儿园绘本教学的指导策略之研究》，《贵州教育》2015年第24期，第16—18页。

[3] 陈冠灵：《幼儿绘本阅读活动教学策略》，《福建基础教育研究》2016年第12期，第120—122页。

[4] 徐唯：《谈谈幼儿阅读活动的游戏化策略》，《学周刊》2017年第7期，第201—202页。

[5] 庄海霞：《从小班阅读〈我是小袋袋〉谈幼儿园绘本教学策略》，《科普童话》2017年第44期，第114页。

[6] 马晓红：《"课程创生"视域下的绘本游戏及其指导策略》，《陕西学前师范学院学报》2019年第5期，第31—34页。

[7] 彭翔：《幼儿园绘本游戏化活动的组织策略》，《成都师范学院学报》2021年第8期，第89—94页。

[8] 蔡佳佳：《绘本游戏阅读活动开展的意义及其指导策略》，《陕西学前师范学院学报》2018年第2期，第20—23页。

方面符合他们当前的认知水平,另一方面又能促使他们进行移情,更好地获得认知体验。① 马晓红（2019）认为,选择的绘本应建立在儿童已有经验的基础上,避免超出儿童现有的发展水平。② 吴晓晖（2019）提出,幼儿在进行角色表演时,通过自己对角色的认知与理解,结合自己内心的情感将角色表演出来,这一过程是幼儿表达自己情绪情感和身心放松的过程。另外,游戏的形式可以最大化地发挥幼儿的主动性,增强幼儿的活动体验。③ 佘美红（2020）认为,好的课程应建立在适合幼儿年龄发展特点的基础上,并通过与多种活动形式和外来资源相结合,为儿童打造一个极具创造性和完美融洽的活动氛围,充分发挥幼儿的主体地位,实现真正意义上的多方面教学。④

（五）绘本教学促进幼儿情绪调节能力的研究

康长运（2002）认为,在绘本教学中加入游戏等其他形式的活动可以促使幼儿在阅读绘本时自觉建立与故事主人公之间的情感联系,体验故事主人公的情绪情感,与之产生共鸣,引发自身认知和行为方式的改变。⑤ 种聪（2014）认为,在幼儿园课程中结合游戏等活动方式开设绘本阅读课程,能够有效帮助幼儿认识与理解自己的情绪,锻炼其表达情绪的水平,积累调节情绪的相关经验,保证自身的情绪稳定。⑥ 张华玲、闻静（2018）指出,对幼儿进行绘本教学之后,其情绪调节水平会有显著的提升,幼儿对情绪进行识别理解及调节运用等方面都有显著的发展。⑦ 席居哲、周文颖、左志宏（2018）认为,幼儿的身心发展规律及发展水平与

---

① 林星英：《依托游戏 快乐阅读——小班绘本教学游戏化探究》,《科学咨询（教育科研）》2018年第3期,第127—128页。

② 马晓红：《"课程创生"视域下的绘本游戏及其指导策略》,《陕西学前师范学院学报》2019年第5期,第31—34页。

③ 吴晓晖：《童言稚语乐动趣演——课程游戏化背景下绘本表演的萌发》,《读与写（教育刊）》2019年第11期,第231页。

④ 佘美红：《浅谈课程游戏化背景下绘本与区域游戏的有效融合》,《名师在线》2020年第7期,第89—90页。

⑤ 康长运：《图画故事书与学前儿童的发展》,《北京师范大学学报》（人文社会科学版）2002年第4期,第20—27页。

⑥ 种聪：《绘本阅读辅导课程对幼儿情绪能力影响的实验研究》,《中外企业家》2014年第3期,第123—124、126页。

⑦ 张华玲、闻静：《绘本教学对幼儿情绪调节能力的影响》,《陕西学前师范学院学报》2018年第9期,第1—5页。

绘本教学的形式相适应，并且相比其他的教学形式来说绘本教学具有更大的优势。尤其是在绘本教学穿插游戏活动时，会更加刺激幼儿的多种感官，引发幼儿的积极体验，使教学效果事半功倍。[①] 郝馨瑶、朱晓红（2020）研究发现，利用绘本对幼儿进行教学之后，幼儿能够很好地认知自己的情绪，调节情绪问题的水平也有一定提升。[②] 文彦茹、陈悦灵和王军利（2021）的研究表明，绘本教学活动对幼儿处理情绪问题、调节负面情绪有明显效果。[③] 由此可见，绘本教学可以通过帮助幼儿稳定情绪来提高其人际交往能力，使幼儿在与人相处的过程中获得积极的情绪体验；另外，绘本教学还可以让幼儿在活动过程中逐步学会对情绪进行认知与理解，积累相关的知识经验，为幼儿在以后处理情绪问题时奠定基础。

因此，从关于绘本教学的研究来看，主要集中在绘本的教育价值、绘本教学的核心元素、绘本教学如何开展及与幼儿情绪调节的适切性等方面，这为笔者开展绘本教学的相关工作提供了借鉴和参考。但目前国内外对于绘本教学的应用实践研究仍有待完善，如国内外对幼儿进行绘本教学的实证研究较少、教学对象单一等，这为本研究提供了一定的操作空间。

三 理论基础

（一）情绪智力理论

"情绪智力理论"源于美国，是心理学家Salovey和Mayer在1990年共同提出的，他们认为，情绪智力由情绪的识别与表达、情绪的管理以及对情绪的运用三方面组成。而情绪管理又包括个体对自身以及他人在出现情绪问题时所采取的一系列行为方式，即调节情绪的能力。[④] Goleman（1995）在其理论基础上提出了情绪智力的"五因素理论"，即个体对自

[①] 席居哲、周文颖、左志宏：《融合游戏与绘本 发展情绪社会性——游戏式绘本指导阅读促进儿情绪社会性发展的实证研究》，《首都师范大学学报》（社会科学版）2018年第4期，第167—174页。

[②] 郝馨瑶、朱晓红：《情绪主题绘本阅读活动促进幼儿情绪调节能力发展的研究》，《教育观察》2020年第24期，第33—35、82页。

[③] 文彦茹、陈悦灵、王军利：《运用主题式绘本活动促进乡镇儿童情绪能力的发展》，《教育观察》2021年第36期，第24—26页。

[④] 刘婷：《情绪主题绘本促进幼儿情绪能力发展的行动研究》，硕士学位论文，西南大学，2010年。

己情绪的认识、适当的情绪管理、自我激励、对他人情绪问题的认识以及对良好人际关系的处理。[1]

笔者对前人的情绪理论进行了整理，发现他们都认为，在个体的成长过程中，情绪能力是个体适应社会以及处理自身发展问题必不可少的关键因素，作为教育者也有必要采取特定的教学策略去发展个体对情绪的调节能力。

（二）阅读治疗理论

"阅读治疗"最早出现在古希腊，起初是指医生帮助患者有针对性地阅读图书或资料来处理自身的情绪问题，后来人们将"阅读治疗"作了区分：治疗性阅读和预防发展性阅读。其中后者在教育领域得到了广泛的应用，主要是指个体在阅读图书的过程中两者相互作用从而影响个体的认知与行为，进而促进自身的成长与发展。[2]

王万清（1999）认为，阅读治疗包括：投入、认同、投射、净化、领悟和应用六个过程。[3] 宫梅玲、王连云和亓高生等人（2005）将100名学生作为治疗对象并将其划分为实验组和对照组，经过对两组学生前后测数据的处理与分析，发现阅读治疗确实对学生的心理健康发展有促进作用。[4]

综上，阅读治疗能够有效促进个体在情绪能力方面的发展。本研究将采用绘本教学的方式，以情绪主题绘本为纽带，在教师和幼儿之间建立连接，教师带领幼儿阅读绘本内容，梳理情绪线索，引导幼儿理解故事内容，与之产生共鸣，从而加深幼儿对自身情绪的理解，合理表达与调控自身情绪并促进自身情绪调节能力的发展。

（三）课程创生理论

"课程创生"一词源于西方学者对课程实施的研究，Snyder（1992）将自己对课程实施过程的理念总结为三点：忠实观、相互调适观和创生观。此后，人们将"创生"一词用来表示对课程实施的取向。[5]《幼儿园教育指

---

[1] 孔维民：《情感心理学新论》，吉林人民出版社2007年版，第38—39页。

[2] 刘燕飞：《基于绘本游戏幼儿负面情绪的干预研究》，硕士学位论文，辽宁师范大学，2019年。

[3] 王万清：《读书治疗》，心理出版社1999年版，第67—70页。

[4] 宫梅玲、王连云、亓高生等：《大学生心理问题阅读治疗前后SCL评定分析》，《泰山医学院报》2005年第2期，第126—128页。

[5] Snyder, J., Bolin, F. & Zumwalt, K. (1992). Curriculum Implementation. in Jackson, P. W. (ed.). Handbook of Research on Curriculum. New York: Macmillan Pub. Co. 1992: 418-427.

导纲要（试行）》中明确指出："教育活动的组织与实施过程是教师创造性地开展工作的过程；教师要根据本《纲要》，从本地、本园的条件出发，结合本班儿童的实际情况，制定切实可行的工作计划并灵活地执行；教育活动的目标要以《幼儿园工作规程》和本《纲要》所提出的各领域目标为指导，结合本班儿童的发展水平、经验和需要来确定。"[1] 翟艳、杨晓萍（2004）认为，要想更好地实施课程创生这一理念，教师应转变对自身角色的认知观念：打破原有的重视智力发展的观念，将促进幼儿德智体美全面发展作为教育目标；与幼儿建立民主平等的师生关系，转变教师高高在上的想法；根据幼儿的实际发展水平开展与创造教学活动，不再为了教学而教学；幼儿是发展中的人，教师也应树立终身学习的理念，与时俱进。[2]

本研究所采用的绘本教学是绘本阅读和游戏、区域活动相结合的一种教学形式，它不局限于单纯的绘本阅读，与其他方式相结合的形式更符合幼儿身心发展规律和兴趣，能够根据当前形式灵活地进行调整，符合这一理论的观点。

第二节　促进情绪调节能力提高的活动设计与实施

一　教学预设

研究者基于绘本教学对幼儿情绪调节能力的提高进行实验研究，根据本研究的内容与方式，研究者假设幼儿对绘本具有较高兴趣，但缺乏合理引导；绘本教学中教师以绘本阅读为主，缺少与生活实际的融合，课程效果不佳；绘本教学在幼儿情绪调节能力培养中能够逐步得以实践，但需要幼儿园方面及教师方面根据实际情况循序开展。基于以上假设，研究者选择实验研究的对象和时间、场地，从情绪识别与理解、情绪表达、情绪调控和情绪运用四个维度对幼儿实施绘本教学活动，使幼儿在绘本教学过程中，能够进一步增加对绘本故事中人物角色的情绪表现和相关言语行为的认同感和代入感，从而掌握一些情绪调节的策略和方法，提高自身的情绪调节能力。

---

[1] 教育部基础教育司编写：《〈幼儿园教育纲要（试行）〉解读》，江苏教育出版社2002年版，第30页。

[2] 翟艳、杨晓萍：《从课程创生取向看教师角色的重塑》，《儿童教育》2004年第11期。

二 教学对象的选择

在被试选取前，对被试基本情况进行了了解，包括班级幼儿基本情况、教师基本情况（见表3-1）及班级一日活动（见表3-2），尽力避免其他无关因素对教学产生的影响。研究最终选取了山东省某市一所公办园的两个小班作为被试，分为实验组和对照组（见表3-3）。

表3-1　　　　　　　　实验组和对照组教师基本情况

	姓名	性别	年龄	学历
实验组	冷老师	女	30	本科
	王老师	女	32	本科
对照组	李老师	女	32	本科
	杜老师	女	29	本科

表3-2　　　　　　　　　班级一日活动安排

时间	内容
7：30—7：50	教师入园（检查班级环境，消毒通风）
7：50—8：30	幼儿入园（晨间活动：好书阅读、欢乐游戏、科学常识、律动表演）
8：30—8：50	集体教学活动
9：00—9：20	加餐
9：20—10：20	户外体育活动（包括早操）
10：20—11：20	室内自主游戏活动
11：20—14：50	午餐、午休、起床整理、加餐
14：50—16：00	户外自主游戏
16：00—16：10	离园活动
16：10—17：00	教师活动（教师卫生清洁、例会、教研培训）

表3-3　　　　　　　　　被试幼儿人数统计

	男	女	总人数
实验组	17	13	30
对照组	15	15	30
总人数	32	28	60

在研究开始前,教师没有采用绘本教学的活动形式专门对被试幼儿进行情绪教育。另外两组幼儿发展水平相当,平均年龄为三岁半,在一日活动安排上没有明显差异,教师基本情况一致。

三 教学时间、教学地点

教学时间:2022年9—12月,共计九周,每周两课时,根据幼儿园课程教学安排开展绘本课程。

教学地点:选取幼儿园教室为教学实验场地。课程的具体实施人均为研究者本人。

四 教学设计

(一)目标的制定

教学活动的设计和实施是围绕目标展开的,因此,活动设计的第一步就是确立正确且恰当的目标。本次教学活动是为了提升幼儿的情绪调节发展水平而提出的,因此,提高幼儿的情绪调节能力是本次活动的主要目标。另外,根据布鲁姆的三维目标,每次活动的教学目标都围绕以下三个层次展开:认知目标——识别与理解相应的情绪;技能目标——合理表达和调控自身情绪;情感目标——建立同理心,进行情绪运用。

(二)绘本的选择依据

Gillespie 和 Conner(1975)认为,对儿童身心发展有促进作用的绘本应满足以下要求:配备能够激发儿童兴趣的插图;故事内容应具备一定的现实性、情境性和趣味性;故事内容应通俗易懂,符合儿童现有的发展水平;故事情节跌宕起伏,能够抓住孩子的注意焦点,促使幼儿与故事主人公产生共鸣。[1]

培利也对绘本应具备的条件进行了总结:遵循幼儿的身心发展规律,故事语言通俗易懂,便于被幼儿理解;与故事内容相对应的图画要突出重点,符合故事主题,结构合理并注重美感;故事情节生动有趣、跌宕起伏,充分激发幼儿的阅读兴趣;故事内容应贴近幼儿实际生活,为幼儿做

---

[1] 转引自刘婷《情绪主题绘本促进幼儿情绪能力发展的行动研究》,硕士学位论文,西南大学,2010年。

移情体验奠定基础。①

陈伦超在其作品《怎样选择最适合幼儿的绘本》中提到，所选择的绘本必须以儿童已有的认知经验为基础，与现实情境相关联。②

笔者结合以上绘本选择的标准，总结并制定了本研究绘本选择的依据：(1) 遵循小班幼儿身心发展规律；(2) 故事与现实情境相关联且极具趣味性；(3) 故事内容具备一种或多种情绪要素；(4) 所选绘本能够对幼儿进行情绪教学。首先，笔者联合园长和教学主任以及 10 名幼儿园的一线教师，根据幼儿的身心发展规律和园所现有资源中挑选了最受幼儿喜爱的 16 本绘本（见附录三）。其次，将以上依据作为评分标准（见附录四），对 16 本绘本依次打分，前九名即本次教学的材料，见表 3-4。

表 3-4　　　　　　　　　情绪主题绘本介绍

序号	绘本名称与作者	内容简介
1	《我好害怕》 [美] 斯贝蔓	作者以小熊为主人公，分别叙述了小熊在什么情境下会感到害怕，害怕是一种什么感觉以及感到害怕时小熊是怎么做的。以小熊代幼儿，帮助成人了解怎样发现并引导幼儿的害怕情绪。
2	《我好难过》 [美] 斯贝蔓	主人公是小天竺鼠，小天竺鼠发现自己有时会很难过，于是小天竺鼠想努力克服这种情绪，通过和朋友一起聊天、荡秋千、画画之后，小天竺鼠发现自己没有那么难过了，自己的心情也慢慢好了起来。
3	《我好生气》 [美] 斯贝蔓	主人公小兔子最近发生了一些事情让它感到很生气：它玩得很开心的时候有别人却让它停下来；它兴高采烈地准备出门游泳时却突然下起了大雨……当这些令人生气的事情摆在小兔子面前时，小兔子不再只是气呼呼，而是努力想办法让自己冷静下来。终于，小兔子想出来了好多办法，它知道如何不生气啦！

---

① 王露：《绘本教学促进大班幼儿情绪调节能力发展的实验研究》，硕士学位论文，天津师范大学，2020 年。

② 陈伦超：《怎样选择最适合幼儿的绘本》，《中国教育报》2012 年 7 月 8 日。

续表

序号	绘本名称与作者	内容简介
4	《小老鼠和大老虎》 [日] 庆子·凯萨兹	小老鼠和大老虎是人人都羡慕的好朋友。它们每天一起睡觉、一起吃饭、一起玩游戏，日子快乐极了！可是，最近小老鼠很不开心，因为它发现：每次玩游戏时坏人总是自己当，吃蛋糕时自己也是吃小的那一块……小老鼠非常郁闷，但又不知道该说什么。有一天，小老鼠搭的城堡被大老虎踹飞了，小老鼠非常生气并自己跑远了。这时的大老虎终于认识到了自己的错误，它找小老鼠道歉并承诺再也不会这么干了，两人终于又和好啦！
5	《我好嫉妒》 [美] 斯贝蔓	小熊最近感到自己出现了一些奇怪的情绪，当妈妈偏心妹妹时、别人得到表扬自己却没有时……这些情况小熊都会有这种感觉。在妈妈的帮助下，小熊发现这是嫉妒的一种情绪，是每个人都会出现的。于是它开始想办法去克服这种情绪，在经过多次尝试之后，小熊成功了！嫉妒的感觉不见了，它又变得开心起来。
6	《大灰狼咕噜——羞耻的秘密》 [日] 木村裕一	咕噜有一个不想让大家知道的秘密——自己的妈妈是黄鼠狼。他觉得这是一件非常丢脸的事，如果被人发现了肯定会嘲笑他的。于是咕噜每天都和妈妈吵架，躲着妈妈。可是意外发生了，妈妈为了保护和别人打架的咕噜去世了。咕噜此时终于知道妈妈的爱，并再也不觉得自己的妈妈是黄鼠狼是个羞耻的秘密了。
7	《小绿狼》 [法] 勒内·葛舒	哈瓦尔是一只很独特的狼，因为它的皮毛是绿色的，与其它的大灰狼格格不入，朋友们都排挤它。它伤心地想把自己的毛变成灰色，可是都失败了。可是，他忽然觉得自己的毛好像也没那么难看，甚至觉得自己独一无二。于是，它重回森林做回了自己并赢得了同伴的尊重。
8	《我会关心别人》 [美] 斯贝蔓	小熊是一个非常善良的宝宝，在自己难过时，有人安慰它，它会很开心，于是它学会了在别人伤心时，去主动安慰别人；它不喜欢别人嘲笑自己，所以它也不会嘲笑别人。小熊的同理心在书中得到了极大的体现，引导幼儿学会关心他人，建立同理心。
9	《我想念你》 [美] 斯贝蔓	小天竺鼠一开始在爸爸妈妈要离开自己时很伤心，不想和家人分开。后来它明白了爸爸妈妈离开了还会再回来，分别只是暂时的，就再也不会偷偷难过了。

(三) 绘本教学方案

实验组：在不影响其他教学活动的前提下添加绘本教学及延伸活动的时间，实施时间为每周的周三，共九周，一周两次——分为基本活动（绘本教学）和延伸活动（绘画、角色表演、故事分享、区域活动等）。其中绘本教学活动以语言领域为主，延伸活动则涉及科学及艺术等五大领域的内容，如游戏、情景表演等。另外，在活动过程中，注重发挥班级区角的教育影响，打造幼儿交流讨论情绪情感的平台，多渠道为幼儿情绪调节水平的提升输送力量。

对照组：按照园所原有的一日活动计划正常开展教学活动，只在图书区投放情绪类书籍，不对幼儿进行专门的绘本教学。

每一本绘本都包含了不同的情绪情感，能够带给幼儿不同的情绪体验，收获多种情绪认知。通过绘本教学，促使幼儿移情于绘本主人公，学习别人在面对情绪问题时的处理方式，进而内化为自己的经验，提升自身的水平。绘本所包含的情绪教育线索以及教育目标见表3-5。

表3-5　　　　　　　　绘本教学活动教育大纲

绘本名称	绘本中情绪调节能力线索	情绪调节能力教育目标
《我好害怕》	情绪识别与理解："害怕"（一种冷冷的、紧紧的感觉）。 情绪表达：哭，想逃跑；想躲起来或者想要人抱抱。 情绪调控：（1）寻求支持：告诉别人或妈妈为什么害怕；（2）替代活动：找舒服的地方看自己喜欢的书；（3）问题解决：抱着自己的小毛毯或者小布偶靠在妈妈怀里。 情绪运用：离凶巴巴的小狗远一些，不爬得太高等；看看床底下有什么或者摸摸友善的小狗；知道妈妈离开后还会再回来。	1. 理解绘本内容，能够正确识别害怕的情绪并用语言或绘画表达自己的情绪。 2. 思考为什么会出现这种情绪，是由什么引起的。 3. 学会使用调节害怕情绪的策略。

第三章 保持社会性健康心理:促进幼儿情绪调节能力发展的活动设计 / 97

续表

绘本名称	绘本中情绪调节能力线索	情绪调节能力教育目标
《我好难过》	1. 情绪识别与理解:"难过"（一种灰灰的、累累的感觉）。 2. 情绪表达:哭或者告诉别人我很难过。 3. 情绪调控:替代活动,和别人说说让自己难过的事,去公园荡秋千,和别人一起玩。 4. 情绪运用:别人难过的时候我要告诉他别难过。	1. 能够觉察到自己或别人现在很难过,并把它说出来。 2. 寻找故事主人公为什么难过并思考自己什么情况下也会难过。 3. 学着缓解自己的伤心情绪。
《我好生气》	1. 情绪识别与理解:"生气",是一种例如小兔子搭积木比我好;新鞋子被踩了一脚;在好朋友面前摔跤感到很丢人;玩具被抢走等的感觉。 2. 情绪表达:大哭大闹;踩脚或者摔东西;打别的小朋友。 3. 情绪调控:替代活动:做费力气的事情如跑步、跳跳;找安静的地方看书画画;深呼吸。 4. 情绪运用:知道有些事情并不值得自己生气,生气没什么,转移注意力说出自己的感觉就好了。	1. 知道自己或别人在生气并用一定的词语表达这种情绪。 2. 能描述生气的感受。 3. 学会让自己平静下来、逐渐不生气的方法。
《小老鼠和大老虎》	1. 情绪识别与理解:生气,愤怒（觉得自己要爆炸了）;害怕（心扑通扑通跳）。 2. 情绪表达:小老鼠大声说出自己不想和大老虎玩。 3. 情绪调控:(1)攻击行为:大老虎不开心就破坏小老鼠的城堡;(2)被动应付:小老鼠躲起来;(3)问题解决:大老虎找老鼠道歉;(4)认知重建:大老虎知道自己的错误并认为自己应该作出改变;(5)自我安慰:害怕大老虎的报复,对大老虎喊叫说不怕它。 4. 情绪运用:小老鼠和大老虎都学会了换位思考,互帮互助。	1. 找出小老鼠和大老虎一共产生了哪些情绪并用词汇表示出来。 2. 说出自己日常生活中关于不合时宜的正向情绪和愤怒情绪的情景并说出调节策略。 3. 初步懂得友谊必须建立在真诚、平等的基础上。

续表

绘本名称	绘本中情绪调节能力线索	情绪调节能力教育目标
《我好嫉妒》	1. 情绪识别与理解："嫉妒"（觉得妈妈或者好朋友喜欢别人了，只想让他们喜欢自己；别人有自己没有的东西时；所有人都关注别人没人关注自己）。 2. 情绪表达：告诉别人我很嫉妒。 3. 情绪调控：替代活动，干别的事情缓解，比如搭积木、画画或者看书。 4. 情绪运用：当别人得到好东西时为他们感到高兴；不再关注别人得到什么，去想自己有什么。	1. 明白自己产生嫉妒情绪的状态并大胆表达。 2. 了解自己或别人为什么会有这种情绪。 3. 学会排解这种情绪。
《大灰狼咕噜——羞耻的秘密》	情绪识别与理解："羞耻"（不想被别人知道自己的秘密，怕被别人嘲笑）。 情绪表达：不和自己的妈妈说话，甩开妈妈的手；告诉妈妈自己不需要她。 情绪调控：替代活动，不找自己的伙伴玩，去另一个地方找别的伙伴玩。 情绪运用：告诉所有人自己的妈妈是黄鼠狼，不觉得它很羞耻。	1. 知道黄鼠狼产生了什么情绪并说出它为什么会产生这种情绪。 2. 学会正确表达自己的情绪。 3. 尝试克服自己的羞耻心并掌握一定的方法。
《小绿狼》	1. 情绪识别与理解：失望，沮丧（心情很低落）；自豪（觉得自己厉害）。 2. 情绪表达：小绿狼——告诉灰狼们自己想和他们玩；灰狼——嘲笑并拒绝小绿狼的请求。 3. 情绪调控：（1）问题解决：把自己的毛染成灰色；（2）寻求支持：请求仙女帮助自己变颜色；（3）认知重建：觉得自己的毛也好看，没什么好自卑的。 4. 情绪运用：认为每个人都有优点，不随便嘲笑别人。	1. 理解小绿狼在故事中出现的几种情绪并说明。 2. 讨论小绿狼解决问题用了哪些办法。 3. 建立自信心，并说说生活中遇到的类似问题，提出解决策略。

续表

绘本名称	绘本中情绪调节能力线索	情绪调节能力教育目标
《我会关心别人》	1. 情绪识别与理解："同理心",例如：当我受伤、难过或者伤心的时候别人关心我我会感到好过些。 2. 情绪表达：告诉别人自己很难过。 3. 情绪调控：（1）自我安慰：不取笑别人,赞美别人；（2）问题解决：主动和别人分享；努力帮助别人。 4. 情绪运用：在别人需要帮助时能主动站出来。	1. 能够发现别人出现的消极情绪。 2. 选择用合理的方式帮助别人调节情绪。 3. 能与别人进行共情,换位思考理解他人。
《我想念你》	情绪识别与理解："思念",和爸爸妈妈分开时见不到他们会有思念的感觉。 情绪表达：告诉爸爸妈妈不想和他们分开。 情绪调控：（1）寻求支持：寻求别人帮助并和他们一起玩；（2）问题解决：找安静的地方看书、抱着自己的小玩偶或画画等。 情绪运用：知道每个人都有自己要做的事,过不了多久还会再见面的。	1. 认识"思念"的情绪,知道这种情绪是可以解决的。 2. 会用合理的方式来抒发这种情绪。 3. 掌握克服思念情绪的方法。

五 教学的实施

本次绘本教学实验共计九周,一周进行一个绘本,分为基本活动和延伸活动。以下是实验组绘本教学实施过程的案例之一：

活动案例一：《我好害怕》

活动开展时间：2022 年 9 月 21 日

活动时长：基本活动——20 分钟；延伸活动——30 分钟

教学场所：基本活动——教室；延伸活动——游戏区

基本活动（上午 8∶30—8∶50）：

1. 图片导入,引出活动主题

你们看谁来了？（出示小熊图片,如图 3-1 所示）小熊的表情是怎样的？让我们来看看它为什么会这样吧！

图 3-1　小熊图片

2. 教师分段讲述绘本，师幼共同讨论

（1）小熊为什么害怕？什么事情会让他感到害怕？引导幼儿自主讨论并大胆表述。

幼：小熊怕黑；小熊自己一个人的时候会害怕；小熊的爸爸妈妈不在它身边时它会害怕……

（2）"害怕"是一种什么感觉呢？（幼：冷冷的、紧紧的）

（3）让幼儿说说让自己害怕的事情，鼓励幼儿大胆发言。

幼1：我害怕怪兽，因为怪兽会把我抓走。

幼2：我害怕大灰狼，因为大灰狼的嘴很大，它会来咬我。

幼3：我害怕黑夜，因为太黑了我什么也看不见，也看不见妈妈，会有怪物在我身边的。

幼4：我害怕打雷和闪电，声音太大了我很害怕。

师：害怕的时候你心里是什么感觉呢？（幼：不舒服、心怦怦跳、想哭等）我们来做做自己感到害怕时的样子吧（如图3-2所示）。

图 3-2　教师和幼儿做害怕的样子

第三章　保持社会性健康心理:促进幼儿情绪调节能力发展的活动设计　/　101

教师总结:原来我们每个小朋友都有自己害怕的东西,害怕时我们会全身颤抖、缩成一团;还会闭上眼睛、抱紧自己等。

3. 教师完整讲述绘本,进一步理解绘本故事内容

师:那小熊感觉到害怕时它是怎么做的?（出示绘本图片,如图3-3、图3-4所示）

幼:让妈妈抱抱、看自己最喜欢的书、找个舒服的地方待着……

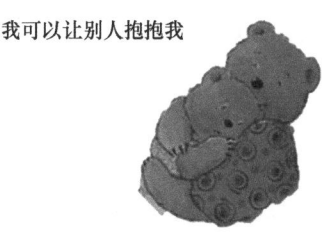

我可以让别人抱抱我

我还可以找一个舒适的地方看看小人书

图3-3　　　　　　　　　　图3-4

4. 师幼讨论克服害怕心理的办法

我们怎样才能让自己不害怕呢?

幼1:大灰狼和怪兽是藏在动画片里的,它们并不会跑出来,所以我不用害怕。

幼2:遇到害怕的小动物时我们可以逃跑、躲起来、找妈妈……

幼3:听到可怕的声音比如打雷或者是爆炸,我们可以捂住耳朵、放音乐、让妈妈抱。

幼4:在天黑时我们可以和妈妈一起看看天上有没有星星、月亮,看看黑夜里的东西和白天有没有不一样,分散我们害怕的注意力。

教师总结:每个人都有害怕的东西,大人也会有。当我们感到害怕的时候,我们可以做一些事情来让我们忘掉害怕,比如找自己喜欢的玩具玩或者找爸爸妈妈陪伴等,这样害怕的感觉就会变少。慢慢地你就会发现,有些事情并不可怕!（观看《我不害怕》视频）

5. 幼儿到绘画区域把自己害怕的东西画下来,完成之后和小朋友们分享并自主讨论怎样才能让自己不害怕（如图3-5、图3-6所示）。

图3-5 幼儿绘画作品一　　　　**图3-6 幼儿绘画作品二**

幼儿绘画作品一：我害怕黑，晚上我害怕自己睡觉，所以我会叫妈妈在旁边陪着我，这样她就可以保护我了。

幼儿绘画作品二：我害怕大怪兽，它会把我吃掉，我可以找我的好朋友帮忙，我们一起打跑它！

延伸活动（下午15：00－15：30）：《黑暗中的影子》

1. 谜语导入：有个好朋友，天天跟我走，有时走在前，有时走在后，我和它说话，就是不开口（影子）。

2. 打开手电筒让幼儿观察自己的影子，并摆出各种姿势，感受影子的趣味（如图3-7所示）。关掉手电筒让幼儿处于黑暗环境中，询问幼儿是否还有影子？（没有）告诉幼儿在有光的情况下物体才会有影子，如打开手电筒或者有太阳公公出现时，当没有光之后影子就不会出现了。

图3-7 幼儿做各种动作观察自己的影子

3. 让幼儿模仿自己害怕的大灰狼或者怪兽的样子（如图 3-8、图 3-9 所示），并从旁引导幼儿：你所害怕的大灰狼或者怪兽是你们自己就可以假扮出来的，它一点都不可怕；而且黑夜也并没有小朋友们想象得那么恐怖，在有光的地方我们也可以和自己的影子玩游戏来克服自己的害怕心理。

图 3-8　幼儿分组模仿大灰狼吓唬人的画面　　图 3-9　幼儿假扮怪兽

第三节　教学实验结果与讨论

一　教学实验结果与分析

（一）实验组和对照组幼儿情绪调节能力前测成绩的差异比较

本研究借助 SPSS24.0 工具对两组幼儿的情绪调节发展状况和情绪调节策略的数据分别进行了独立样本 T 检验，以此检验两组幼儿的发展水平是否相当。

1. 实验组和对照组幼儿情绪调节发展状况前测成绩差异比较

从《幼儿情绪调节发展状况问卷》所包含的四个维度入手，对两组幼儿的前测得分进行独立样本 T 检验，结果如表 3-6 所示。

表 3-6　实验组与对照组幼儿情绪调节发展状况前测各维度差异比较

维度	班级	n	M	SD	t	p
情绪识别与理解	实验组	30	14.50	1.96	-0.29	0.774
	对照组	30	14.67	2.48		

作搭建积木的被试幼儿计一分，否则记为零分。整个测试在10分钟内进行。

（二）实验实施

1. 内容安排

对实验组与控制组进行六周的干预实验。每周两次，每次25—30分钟。主试幼儿教师在实验前进行统一培训，实验中采用相同的指导语。三个实验组均在同一时间的不同教室播放相同的动画视频。实验组1播放含有亲社会行为的动画10分钟，然后师幼互动讨论15分钟；实验组2播放含有四种典型亲社会行为动画视频10分钟后进行角色扮演15分钟；实验组3播放含有亲社会行为的动画视频10分钟，之后幼儿进行常规教育活动。控制组不播放动画，进行正常的教育活动。

图4-1 幼儿观看动画

图4-2 师幼互动讨论

续表

维度	班级	n	M	SD	t	p
情绪发泄	实验组	30	12.30	3.75	-0.70	0.485
	对照组	30	13.07	4.65		
攻击行为	实验组	30	6.30	1.64	-1.27	0.209
	对照组	30	6.93	2.18		

如表3-7所示，实验组和对照组幼儿情绪调节策略使用情况各维度得分上均值相当，基本处于同一水平，且 $p>0.05$，即两组幼儿之间没有显著性差异，具有同质性。

综上，在绘本教学开始前，两组幼儿在情绪调节发展状况与情绪调节策略使用情况上不存在显著性差异（$p>0.05$），即实验组和对照组幼儿的情绪调节能力发展水平基本一致，具有同质性，可以开展教学实验。

（二）实验组和对照组幼儿情绪调节能力后测成绩的差异比较

实验结束后，为了检验绘本教学对幼儿情绪调节能力的培养是否有效，笔者再次向教师和家长发放了调查问卷进行实验后测，并对数据进行了独立样本检验。

1. 实验组和对照组幼儿情绪调节发展状况后测成绩差异比较

研究者对实验组和对照组幼儿情绪调节发展状况的后测数据进行分析，得到了表3-8。

表3-8 实验组和对照组幼儿情绪调节发展状况后测成绩差异比较

维度	班级	n	M	SD	t	p
情绪识别与理解	实验组	30	17.13	1.50	4.48**	0.000
	对照组	30	14.87	2.33		
情绪表达	实验组	30	12.77	2.53	3.26**	0.002
	对照组	30	10.73	2.30		
情绪调控	实验组	30	25.27	3.07	6.44**	0.000
	对照组	30	20.63	2.47		
情绪运用	实验组	30	10.30	2.81	2.74**	0.009
	对照组	30	8.73	1.39		

注：* $p<0.05$，** $p<0.01$。

由表 3-8 可以看出,在经过绘本教学之后,实验组幼儿和对照组幼儿情绪调节发展状况的后测数据具有极其显著性差异（$p<0.01$）。其中,实验组幼儿在情绪识别与理解、情绪表达、情绪调控和情绪运用四个维度的得分显著高于对照组幼儿。由此可见,绘本教学在一定程度上能提升幼儿的情绪调节水平。

2. 实验组和对照组幼儿情绪调节策略后测成绩差异比较

研究者对实验组和对照组幼儿情绪调节策略使用情况的后测数据进行了分析,得到表 3-9。

表 3-9　实验组和对照组幼儿情绪调节策略后测成绩差异比较

维度	班级	n	M	SD	t	p
认知重建	实验组	30	19.10	2.43	4.61**	0.000
	对照组	30	16.23	2.39		
问题解决	实验组	30	20.47	2.87	3.00**	0.004
	对照组	30	18.03	3.40		
寻求支持	实验组	30	21.67	3.10	5.12**	0.000
	对照组	30	18.17	2.10		
替代活动	实验组	30	29.73	3.13	5.45**	0.000
	对照组	30	25.00	3.58		
自我安慰	实验组	30	9.83	2.04	3.66**	0.001
	对照组	30	7.93	1.98		
被动应付	实验组	30	10.87	2.30	-2.92**	0.005
	对照组	30	12.90	3.04		
情绪发泄	实验组	30	10.30	2.56	-2.16*	0.036
	对照组	30	12.27	4.27		
攻击行为	实验组	30	4.90	1.32	-3.18**	0.002
	对照组	30	6.20	1.81		

注:* $p<0.05$,** $p<0.01$。

由表 3-9 可以看出,经过绘本教学的实施,在认知重建、问题解决、寻求支持、替代活动、自我安慰、被动应付和攻击行为七个维度上实验组幼儿与对照组幼儿,存在极其显著性差异（$p<0.01$）,在情绪发泄这一

维度上存在显著差异（p<0.05）。从描述统计数据分析来看，实验组幼儿在认知重建、问题解决、寻求支持、替代活动、自我安慰五个积极策略维度的得分要高于对照组幼儿，而在被动应付、情绪发泄以及攻击行为这三个消极策略维度的得分要低于对照组幼儿，因此可以得出：在经过绘本教学之后，实验组幼儿更倾向于采用积极的策略来调节自己的情绪，减少了消极情绪调节策略的使用，情绪调节策略的使用水平明显超过对照组幼儿。

（三）实验组幼儿情绪调节能力前后测成绩的差异比较

为了探究绘本教学对幼儿情绪调节能力是否具有促进作用，将实验组幼儿情绪调节发展状况以及情绪调节策略使用情况的前后测数据进行了分析。

1. 实验组幼儿情绪调节发展状况前后测成绩差异比较

由表3-10可以看出，实验组幼儿情绪调节发展状况四个维度的前后测数据是具有显著性差异的（p<0.01）。根据描述统计数据结果分析，实验组幼儿在情绪识别与理解、情绪表达、情绪调控和情绪运用四个维度的得分均得到了显著提高，其中情绪调控维度变化最大，情绪运用维度变化最小。因此，绘本教学能够有效促进幼儿情绪调节水平的提升。

表3-10　　实验组幼儿情绪调节发展状况前后测成绩差异比较

维度	班级	n	M	SD	t	p
情绪识别与理解	后测	30	17.13	1.50	5.84**	0.000
	前测	30	14.50	1.96		
情绪表达	后测	30	12.77	2.53	4.14**	0.000
	前测	30	9.87	2.89		
情绪调控	后测	30	25.27	3.07	3.95**	0.000
	前测	30	22.00	3.32		
情绪运用	后测	30	10.30	2.81	2.91**	0.005
	前测	30	8.13	2.96		

注：*p<0.05，**p<0.01。

2. 实验组幼儿情绪调节策略前后测成绩差异比较

由表3-11可以看出，实验组幼儿在认知重建、问题解决、寻求支持、替代活动、自我安慰、被动应付、情绪发泄七个维度的p值均小于0.05，攻击行为这一维度p值则小于0.01，均与前测数据具有显著性差异。在认知重建、问题解决、寻求支持、替代活动、自我安慰这五个策略上的得分提高，被动应付、情绪发泄和攻击行为上的得分明显降低。

表3-11　　实验组幼儿情绪调节策略前后测成绩差异比较

维度	班级	n	M	SD	t	p
认知重建	后测	30	19.10	2.43	2.47*	0.017
	前测	30	17.33	3.09		
问题解决	后测	30	20.47	2.87	2.53*	0.014
	前测	30	18.33	3.61		
寻求支持	后测	30	21.67	3.10	2.29*	0.027
	前测	30	19.20	5.03		
替代活动	后测	30	29.73	3.13	2.43*	0.019
	前测	30	27.13	4.95		
自我安慰	后测	30	9.83	2.04	2.35*	0.022
	前测	30	8.60	2.03		
被动应付	后测	30	10.87	2.30	-2.35*	0.022
	前测	30	12.40	2.74		
情绪发泄	后测	30	10.30	2.56	-2.41*	0.019
	前测	30	12.30	3.75		
攻击行为	后测	30	4.90	1.32	-3.64**	0.001
	前测	30	6.30	1.64		

注：* $p<0.05$，** $p<0.01$。

综上，在经过绘本教学之后，实验组幼儿的情绪调节发展状况和情绪调节策略的选择上均有较大的进步，验证了之前的假设：即绘本教学之后幼儿的情绪调节水平有较大提升。

（四）对照组幼儿情绪调节能力前后测成绩的差异比较

为了探究未进行绘本教学干预的对照组幼儿情绪调节能力实验前后有

无明显差异,将对照组幼儿实验前后测的数据进行了处理与分析。

1. 对照组幼儿情绪调节发展状况前后测成绩差异比较

从表3-12可以看出,对照组幼儿情绪调节发展状况的各个维度在干预前后均没有明显差异($p>0.05$)。从各维度的得分来看,对照组幼儿在情绪识别与理解、情绪表达和情绪运用这三个维度得分稍有提高,而在情绪调控这一维度的得分则有所下降。

表3-12　　对照组幼儿情绪调节发展状况前后测成绩差异比较

维度	班级	n	M	SD	t	p
情绪识别与理解	后测	30	14.87	2.33	0.32	0.749
	前测	30	14.67	2.48		
情绪表达	后测	30	10.73	2.30	0.11	0.913
	前测	30	10.67	2.41		
情绪调控	后测	30	20.63	2.47	-0.21	0.837
	前测	30	20.77	2.51		
情绪运用	后测	30	8.73	1.39	0.19	0.854
	前测	30	20.77	2.51		

2. 对照组幼儿情绪调节策略前后测成绩差异比较

从表3-13可以看出,对照组幼儿在情绪调节策略使用情况的后测数据与前测数据均没有显著性差异($p>0.05$)。根据描述统计数据结果分析,对照组幼儿在五种积极情绪调节策略上得分相比之前较低——认知重建、问题解决、寻求支持、替代活动、自我安慰;而在两种消极情绪调节策略上得分相比之前较高——被动应付、情绪发泄,但是在同样作为消极情绪调节策略的攻击行为这一维度的得分则有所下降。

表3-13　　对照组幼儿情绪调节策略前后测成绩差异比较

维度	班级	n	M	SD	t	p
认知重建	后测	30	16.23	2.39	-0.16	0.872
	前测	30	16.33	2.38		

续表

维度	班级	n	M	SD	t	p
问题解决	后测	30	18.03	3.40	-0.37	0.715
	前测	30	18.37	3.62		
寻求支持	后测	30	18.17	2.10	-0.17	0.867
	前测	30	18.27	2.50		
替代活动	后测	30	25.00	3.58	-0.10	0.921
	前测	30	25.10	4.15		
自我安慰	后测	30	7.93	1.98	-0.06	0.952
	前测	30	7.97	2.30		
被动应付	后测	30	12.90	3.04	0.25	0.803
	前测	30	12.70	3.13		
情绪发泄	后测	30	12.27	4.27	-0.70	0.491
	前测	30	13.07	4.65		
攻击行为	后测	30	6.20	1.81	-1.42	0.162
	前测	30	6.93	2.18		

综上，根据表3-12和表3-13我们可以看出，虽然没有对对照组幼儿进行绘本教学的干预，但对照组幼儿在情绪的识别与理解、情绪表达和情绪运用方面仍然有一定的进步，这说明随着幼儿的成长，幼儿的情绪调节水平也是会缓慢发展的。但如果没有抓住时机进行正确的教育，幼儿很难自己掌握情绪调节的正确方法，从而使自己的情绪调节能力有一个很好的发展。因此，绘本教学对幼儿情绪调节能力的发展具有显著的促进作用。

二　教学讨论

（一）绘本教学对幼儿情绪调节发展状况具有显著的促进作用

在幼儿情绪调节发展状况方面：实验组和对照组幼儿在情绪识别与理解、情绪表达、情绪调控和情绪运用四个维度均具有极其显著性差异（$p < 0.01$），实验组幼儿各个维度的得分也远高于对照组幼儿；对实验组幼儿前后测的数据进行比较时，实验组幼儿后测各个维度的得分也远高于前测各个维度的得分，也具有极其显著性的差异（$p < 0.01$）。因此，无

论是实验组幼儿与对照组幼儿对比,还是实验组幼儿前后测数据的对比,都表明了绘本教学能够显著改善幼儿的情绪调节发展状况。

1. 幼儿情绪识别与理解能力提高

情绪识别与理解是指个体在自身或他人出现开心、愤怒或嫉妒、羞愧等情绪时能够进行感知,并了解这些情绪的代表含义以及有可能产生这种情绪的原因。它是个体发展情绪调节能力的基础。

在本次绘本教学中,研究者通过绘本帮助幼儿从人物的面部表情、肢体动作以及语言等方面来识别人物的情绪情感,并引导幼儿去感受故事中人物的情绪以及产生这种情绪的原因,从而促进幼儿对情绪的识别与理解。

例如,在绘本《小老鼠与大老虎》中,幼儿能够通过小老鼠的表情和语言准确识别出小老鼠现在的情绪并能够说出小老鼠产生这种情绪的原因;另外在与幼儿谈话交流的过程中会有幼儿跑过来告诉老师"今天玩沙子的时候我的好朋友没有小铲子,我也没有借给她,她不和我说话了,我知道她生气了……"等,这些事件在一定程度上也能反映出幼儿情绪识别与理解能力的提高。

2. 幼儿情绪表达意识增强

情绪表达指个体在自身出现情绪问题时能够选择恰当的方式合理表达自己的情绪状态,口头语言或肢体动作等是幼儿情绪表达时比较常见的方式。及时恰当地表达自己的情绪可以保持幼儿在与人交往过程中的积极体验,促进幼儿同伴关系的和谐发展。因此,幼儿能够主动用恰当合适的语言表达出自己的想法也从侧面体现出了幼儿的情绪表达意识在增强。

例1:户外活动时,一名幼儿跑过来和我说:"老师我现在很生气,因为我的好朋友不让我玩滑梯,我现在觉得我也像气球一样要爆炸了!"

例2:在集体教学活动的自主讨论环节,一名幼儿举手把我喊了过去,"别的小朋友得到了小粘贴,我却没有,老师我有点难过"。于是我告诉她一会会叫她回答问题,只要她说出来我就会奖励她一朵小红花,她听完立马点头答应并迅速开心地与其他小伙伴交流起来。

例3:在美工区,小朋友们都在玩橡皮泥,只有红红拿着橡皮泥发呆,我过去询问他为什么不玩,他说:"我想奶奶了,奶奶经常给我买棒棒糖,我现在很难过。"因此我告诉他等放学奶奶就会第一个来接你,在放学之前我们给奶奶捏个好看的橡皮泥送给奶奶吧。他眼睛一亮说要送给奶奶棒棒糖，于是开心地动手捏了起来。

从以上这些例子中，我们可以看出，幼儿无论是在生气、伤心还是难过的时候，都会主动地去告诉老师，并用开心、难过或者是伤心这样的字眼来表达出自己的情绪。而在此之前，幼儿是很少会这样心平气和地表达自己的情绪感受的，一般幼儿都会选择默默流泪、独自生气或者是不作为的方式来处理。因此，通过绘本教学，能够引导幼儿有意识地去表达自己的情绪。

3. 合理情绪调节策略的选择频率增加

选择什么样的调节策略在一定程度上能够反映幼儿的情绪调节能力水平。幼儿有选择地采取特定的策略或方式去调节自身或他人出现的情绪问题，保持情绪稳定。个体所采用的策略可以是在成人的帮助下产生的，也可以是改变自身认知，运用自己的智慧所创造的。

在开展教学实验时，研究者借助绘本中角色人物处理情绪的策略方法来引导幼儿，并通过自主讨论、角色表演、绘画等多种教学形式来帮助幼儿将学到的情绪调节策略运用到日常生活中去，让幼儿掌握一定的情绪调节策略。

例1：几周前，在建构区，所有幼儿都在用积木搭建自己的小房子、小城堡，彼此合作或者是自己玩自己的，场面非常和谐。但就在此时，瑞瑞的哭声打破了这一切，原来是有一位小朋友拿走了一块瑞瑞要用来当屋顶的积木，因此瑞瑞二话不说，号啕大哭，即使老师说小朋友之间要相互分享，玩具并不是某一个小朋友自己的，想玩可以找小朋友商量能不能一起玩等话语，瑞瑞也听不进去，依然沉浸在悲伤中。而在这周，依然是熟悉的建构区，我特意观察瑞瑞小朋友的状态，不出意外仍然会有小朋友不小心误拿了他身边的积木，我以为他会再次号啕大哭，可是他却很平静，而且出乎我意料的是他主动和身边的小朋友说"我身边的玩具你都可以玩哦，老师说过要分享，一会你玩完了可以把刚刚的积木给我玩吗？"于是我过去询问他缘由，他一脸认真地说："我不能老生气，并且哭是没有用的，生气的时候我可以说出来，和小熊一样，这样我就没那么生气了，我不想像大气球一样最后爆炸！"

通过上述案例我们可以看出，幼儿在自身出现不良的情绪时前后处理态度是完全不同的。从最初面对情绪事件时的无助、生气，到后来寻找让自己不生气的办法，从而合理地调控了自己的情绪。当然，对于幼儿来说，熟练地掌握一定的情绪调节策略并自如地运用于日常生活中是有一定难度的，但幼儿言语和行为上的初步改变也在反映了幼儿在慢慢尝试通过合适的策略来调控自己的情绪，从而印证了绘本教学在幼儿情绪调控水平的提升上有非常重要的作用。

4. 幼儿情绪运用能力得到一定提升

情绪运用是指个体有针对性地将情绪调节方式施加于他人，帮助他人处理情绪问题的过程，这一过程也是培养儿童同理心、指导幼儿学会关心他人的过程。实践证明，在进行绘本教学活动之后，幼儿关心他人的行为逐渐增多，如：

例1：午餐时间到了，幼儿正在排队取餐，麒麟小朋友在取完餐之后端着自己的小盘子小心翼翼地往座位上走，后来的小朋友急着拿勺子就呼呼往前跑，正好就迎面撞上了麒麟，盘子里的饭菜撒落一地，麒麟小朋友也被撞得坐在了地上，虽然人没有什么事，但由于受到了惊吓，麒麟小朋友号啕大哭，此时老师在收拾地上的饭菜，撞人的小朋友就蹲下来抱住了麒麟小朋友，并一直说着"对不起"，与此同时，其他的小朋友跑着去给麒麟小朋友送去了卫生纸帮他擦眼泪，还有的小朋友把自己的碗端了过来说要送给他……麒麟小朋友在众多小朋友的安慰下终于开心了起来。

例2：区域活动时间，小朋友都在玩着自己喜欢的玩具，有两名幼儿由于玩具分配不均吵了起来，两个人都很生气，谁也不让步，还没等我说话，雯雯小朋友就站了出来，"好朋友之间要分享，玩具我们每个人都可以轮着玩，难道我们不是好朋友吗？小老鼠和大老虎他们也会分享的！"之前吵架的两个幼儿瞬间就吵嚷着说"我们当然是好朋友，那一会你玩完再让我玩吧"，两个人又高高兴兴地玩了起来。

从上述案例中，我们可以看出，幼儿已经具有了初步关心他人、安慰他人的意识，虽然对于小班幼儿来说，要求他们做到情绪运用、由己推人是困难的，但是从日常的小事做起，言语和行为的改变也是他们迈出亲社会行为的第一步。由此可以看出，绘本教学之后幼儿帮助、关心他人的事例增多，反映了绘本教学对幼儿情绪运用能力的提升具有一定的作用。

经过绘本教学的干预，实验组和对照组的幼儿在选择情绪调节策略上存在极其显著性差异（$p<0.01$），如：认知重建、问题解决、寻求支持、替代活动、自我安慰、被动应付和攻击行为；在情绪发泄这一维度上存在显著差异（$p<0.05$）。实验组幼儿的前后测数据也显示，在认知重建、问题解决、寻求支持、替代活动、自我安慰、被动应付、情绪发泄七个维度的 p 值均小于 0.05，攻击行为这一维度 p 值则小于 0.01，均与前测数据具有显著性差异。另外，从描述统计数据分析来看，实验组幼儿在认知重建、问题解决、寻求支持、替代活动、自我安慰这五个积极策略维度的得分均有显著提高，而在被动应付、情绪发泄以及攻击行为这三个消极策略维度的得分也都有所降低。综合来看，幼儿更倾向于选择正面积极的策略来调节情绪，减少了负面调节策略的使用，这与绘本教学活动是分不开的。一方面，在进行教学时，幼儿会学习到一些常用的积极情绪调节策略，熟能生巧；另一方面，针对负面情绪的发泄以及攻击行为是我们教学过程中明令禁止、一再强调的，让幼儿认识到这些行为可能会导致不好的结果。

另外，从独立样本检验来看，对照组幼儿在情绪调节发展状况和情绪调节策略使用情况前后测的数据均没有显著性差异（$p>0.05$）；从描述统计数据分析来看，对照组幼儿在情绪调节发展状况中的情绪识别与理解、情绪表达和情绪运用这三个维度得分稍有提高，而在情绪调控这一维度的得分则有所下降。在情绪调节策略的选择上，其认知重建、问题解决、寻求支持、替代活动以及自我安慰这五个积极情绪调节策略上的得分均有所下降，在被动应付、情绪发泄这两个消极情绪调节策略上的得分则有所上升，但是在同样作为消极情绪调节策略的攻击行为这一维度的得分则有所下降。情绪调控得分和情绪调节策略得分的下降意味着幼儿的情绪调节能力发展是需要有教师的指导的，凭着幼儿自然的成长可能会缓慢地发展，但效果却是差强人意。另外对照组幼儿在没有进行实验干预的情况下，攻击行为这一维度的得分有所下降是因为在幼儿的一日生活中，攻击行为本身就是不被允许的，并不是只有情绪教育才能减少这种行为的发生，事实上，教师在日常的教学活动中也是不允许幼儿出现此类行为的，因此对照组幼儿会出现攻击行为频率减少的现象。

(二) 绘本教学对幼儿情绪调节能力的提高具有促进作用的原因

1. 合适的绘本选择能够提高幼儿的情绪调节能力

绘本作为绘本教学的载体，其内容和形式是十分重要的。绘本选择的合适与否关乎着绘本教学是否能够有效地开展。在选择绘本时，首先要考虑是否符合幼儿的年龄特点，本研究的研究对象是小班幼儿，因此，在选择绘本时首先遵循内容浅显易懂、图画形象有趣且贴近幼儿现实生活的原则；其次，绘本内容要包含一种或几种情绪要素，这样才能起到情绪教育的效果。本研究所选择的绘本都是故事情节简单清晰、内容浅显易懂且有趣的绘本，这样在进行教学时就能最大限度地调动幼儿的积极性，从而为之后的情绪教学打好基础。

另外，情绪类的绘本会包含一种或者是几种情绪要素，教师在进行教学之前应注意提前梳理好，在本研究中笔者就将情绪绘本里出现的情绪要素以情绪的识别与理解、情绪表达、情绪调控和情绪运用四个维度为线索展开了教学。一方面可以促进幼儿对情绪的感知与理解，感受故事中人物的情绪情感以及产生的原因；另一方面通过学习故事中人物处理情绪事件的方法，也能够初步掌握一些情绪调节的方法，从而提高自身的情绪调节能力。例如绘本《小老鼠与大老虎》中，讲述了小老鼠和大老虎两位好朋友在相处过程中发生的一些事情，导致两个小动物由最开始的生气吵架到最后开心和好的过程。故事中发生的玩游戏角色分配不均、分好吃的不公平之类的事件，都是幼儿在日常生活中可以接触到的，因此在学习过程中幼儿会更有代入感，从而更加深刻地体验故事中人物的情绪情感，产生共鸣。

2. 丰富多样的活动形式能够有效提升幼儿的情绪调节能力

绘本教学是以绘本为载体，教师根据相应的情绪教育目标，提取绘本中存在的情绪教育线索，帮助幼儿辨别情绪、处理情绪问题的一系列教育活动。它不是单一的阅读活动，它可以通过多种渠道来进行。因此在开展教学实验时，教师不应该拘泥于单一的教学形式，在本研究中，绘本教学活动分为基本活动和延伸活动，基本活动主要围绕绘本进行讲述，帮助幼儿识别与理解情绪事件并掌握一些情绪调节类的方法；而延伸活动则是基本活动的延伸，在绘本阅读完成之后，研究者会开展多种形式的活动来帮助幼儿巩固所学知识，使他们能够灵活地加以运用，如绘画活动、角色表演、故事分享会、谈话活动等。

绘画活动是幼儿进行情绪表达的有效形式，通过绘画，幼儿可以尽情发挥他们的想象力，按照自己的想法进行创作，在一定程度上来说，幼儿的绘画作品就是幼儿与教师进行心灵沟通的桥梁；角色表演即幼儿按照绘本故事情节进行分角色表演，幼儿选择自己的角色、模仿他们的语言或者是即兴发挥自己的想法，这个过程是幼儿对人物情绪的识别与理解，进行情绪表达、调控以及运用的统一的过程，幼儿身临其境，会有更加丰富的情绪体验；谈话活动也是一种能够提高幼儿情绪表达能力的有效形式，教师首先要营造一个轻松愉悦的氛围，使幼儿能够放松下来说说自己的想法或者是所学绘本故事中主人公的情绪情感，教师可以从旁进行引导，鼓励幼儿大胆表达自己的情绪情感。实践证明，丰富的活动形式能够有效激发幼儿参与活动的兴趣，充分调动幼儿的积极性与主动性，从而促使幼儿在多感官的体验中掌握一些调节情绪的方法，提高自身的情绪调节能力。

3. 教师教育方式和同伴影响关系到幼儿情绪调节能力发展

教师作为幼儿情绪成长过程中的引导者，其教育方式是十分重要的。教师在具备一定的绘本教学和情绪教育能力的基础上，针对出现的情绪教育线索并结合幼儿的年龄发展特点选择何种形式去进行教学是非常关键的。一味地按照绘本内容对幼儿进行灌输式教育有时往往适得其反，使幼儿产生疲倦厌烦心理。相反，如果教师能结合日常生活中发生的随机事件对幼儿进行情绪教育，例如在幼儿排队时抢着当第一甚至插队、没有得到老师的奖励等可能会导致幼儿出现负面情绪的事件中，抓住背后隐藏的情绪教育契机，引导幼儿正确识别与理解出现的情绪，并采用恰当的方式告诉幼儿合理表达、调控以及运用这种情绪，就能够在点滴小事中影响幼儿在应对情绪问题时的态度和方式，逐渐提高幼儿自身的情绪调节能力。

班杜拉的观察学习理论中提到过"人类的大多数行为是通过观察习得的"。他的经典实验——赏罚控制实验也验证了这一结论，即儿童可以通过观察他人的行为而习得新行为。小班幼儿正处于爱模仿的时期，因此对于同在一个班级中的幼儿来说，同伴的行为方式对幼儿来说是有一定的影响的，甚至有的幼儿还会充当"教育者"的角色，对其他幼儿进行引导。例如，在经过绘本教学实验之后，班级里的幼儿在早上入园离开父母时大喊大叫的现象明显减少，但仍然会有个别幼儿在进入教室的时候一直哭喊。此时就会有几个幼儿走到他面前告诉他"不要哭了,放学爸爸妈妈就会来接我们,现在哭也没有用,我们一会就能出去玩滑梯了。"还有的幼儿会说"我今天来幼儿园就没有哭,不哭老师就会奖励给我小粘贴……"此时那名哭喊的幼儿就会逐渐停止哭泣,甚至在第二天入园的时候也可以去安慰其他哭泣的小朋友。从幼儿的交流中我们可以看出,幼儿已经明白了单纯地哭是解决不了问题的,他们会尝试着进行自我安慰来克服眼前遇到的困难,并安慰自己的同伴,从而一起去调节自己的负面情绪,此时同伴的言行就成了促使幼儿提高情绪调节能力的一个助推器。

三 促进幼儿情绪调节能力培养的教学策略

(一) 合理调控自身情绪,树立科学的情绪教育观念

教师作为情绪教育活动的引导者与发起者,其教育观念是十分重要的。要想促进幼儿身心健康发展,教师自身情绪的稳定与处理情绪的方式是关键。幼儿正处于爱模仿的时期,根据班杜拉的观察学习理论,幼儿在处理情绪问题时往往都会以教师的言行举止作为参照。因此,作为教师,首先要具有稳定的情绪状态,以积极乐观的心态去面对幼儿,扮演好示范者的角色,促进幼儿认知情绪并采取积极的方式去调节情绪。其次,教师应以正面、积极的方式去教育幼儿,做到一视同仁、关心爱护全体幼儿,切忌吓唬或者是采取冷处理的方式,这不仅不会解决幼儿出现的问题,还可能会对幼儿造成心理阴影,带来消极影响。

(二) 提高对绘本教学的重视程度,学习绘本教学相关知识

部分教师存在对绘本教学认知不足、开展形式不够了解的情况,许多教师在开展绘本教学时往往照本宣科,机械地跟着绘本内容去执行教学活动。这就造成了幼儿对绘本教学中的情绪认知不够深刻,对所蕴含的情绪应对策略及处理方式一知半解,无法正确运用。因此,教师作为学生发展的领路人,应多关注国家发布的政策与法律法规,多学习利用绘本教学开展情绪教育的课程或讲座,不断探索相关的专业知识,理论与实践相结合才能更好地开展绘本教学进行情绪教育。另外,教师应多关注幼儿的情绪状态,预防其可能会被忽视的细小问题,保证幼儿的良好心态。对幼儿可能存在的负面情绪保持敏感性,及时观察和捕捉幼儿可能出现的消极情绪,为情绪教育的开展做好铺垫。最后,教师应掌握一定的绘本教学开展

形式，在幼儿出现情绪问题时，可以采取多渠道、多角度的绘本教学方式去解决幼儿的情绪问题，提升幼儿的情绪调节水平。

（三）围绕绘本设计多种形式的情绪教育活动

幼儿正处于活泼好动的阶段，且幼儿的身心发展规律也决定了幼儿不会一直安静地待在自己的位置上接受教学活动。单一的教学模式容易让幼儿产生疲劳，很难去吸引他们的兴趣从而保持注意力。因此，教师应该围绕绘本教学挖掘多种形式的情绪教育活动，多方面去调动幼儿学习的积极性。游戏是幼儿最喜爱的活动，游戏化的教学形式更容易激发幼儿的学习兴趣，促进幼儿身心健康发展。教师可以开设情绪类的小游戏，例如"我是情绪播报员""生气大火球"等游戏，可以让幼儿在享受游戏快乐的同时，充分表达自己的情绪并在此过程中调节自己的情绪。教师还可以开设绘画、角色游戏、体育锻炼、才艺大赛、音乐律动等多种类型的教学形式，既是绘本教学的延伸，又可以让幼儿多感官、多角度体验情绪教育的价值，在耳濡目染中锻炼自身的情绪调节能力。

（四）合理利用区角，渗透情绪绘本教学

首先，教师应设置固定的绘本教学时间，在活动开始前可以播放与情绪有关的儿歌或者是律动，使幼儿保持住对固定情绪教育时间段的注意力。其次，教师可以在活动开始后出示之前学习过的情绪认知表或者之前发生过的情绪事件，帮助儿童感知情绪，为绘本教学的开展奠定基础。最后，教师可以开设专门的情绪表达区域，让幼儿有专门的活动区域去表达自己；还可以根据情绪调节能力的维度创设情绪教育主题墙，教师与幼儿共同创作完成；教师也可以在教室划定专门的情绪绘本阅读区，让幼儿可以根据自己的情绪自主选择绘本进行阅读等。这些环境的创设不仅能够让幼儿更好地将所学知识运用到实际生活中去，还可以帮助教师把握幼儿现有的情绪发展水平，及时关注到幼儿的需求，选择合理的方式帮助幼儿提升其情绪调节水平。

（五）开设园本情绪教育课程

幼儿园作为教师开展教学工作的主场地，其教育理念是教师进行教学的风向标。近年来，情绪教育越来越受到广大幼儿教师和家长的关注，培养幼儿的情绪调节能力也摇身一变成为焦点。尽管如此，但国内的幼儿园还是很少有将情绪教育作为专门课程去开发的，因此，幼儿园可以抓住这一机会，成立专门的教研组，搜集整理国内外有关幼儿情绪调节的资料，共同梳理内含的价值信息，打造专属的情绪教育园本课程。此外，幼儿园应提供完善的硬件支持，配备齐全的情绪教育绘本，设立专门的情绪教育活动室。幼儿园还可以制定相关的情绪教育主题活动，构建情绪教育文化走廊，打造完善的情绪教育基地。

（六）定期组织绘本教学培训，为教师提供理论支持

利用绘本教学开展情绪教育离不开相关的理论支撑，但教师除去自主学习以及经验所得之外，能够学习相关知识的渠道少之又少，因此，首先幼儿园可以举办绘本教学类的讲座，邀请幼儿教育专家、情绪教育专家来为园所教师普及相关知识，比如开展绘本情绪教学应具备什么条件、什么样的策略更适合幼儿进行情绪调节以及儿童情绪产生的原因及特点等，这些都可以帮助园所老师丰富自身知识体系。其次，幼儿园可以定期开展教师培训，组织教师观摩、学习优秀绘本情绪教育案例，丰富教学手段。最后，幼儿园可以组织教师教研活动，每周固定时间讨论幼儿出现的情绪问题，讨论幼儿负面情绪产生的原因及什么样的绘本教学更符合幼儿的身心发展特点，从而帮助他们稳定自身情绪。通过对大量事实的分析与研讨以及对其他教师优秀教育方法的学习，帮助教师建立起利用绘本教学开展情绪教育的"金字塔"，转变教育方式，最终摸索出更完善的以绘本教学为依托的情绪教育体系。

（七）开展亲子共读绘本活动，坚持家园合作

首先，幼儿园可以成立幼儿情绪教育家长委员会，安排专门教师定期组织交流会，一方面可以给家长普及相关理论知识，另一方面可以让家长相互交流彼此幼儿的情绪变化，互相探讨学习彼此的有效经验。其次，园所可以定期举办亲子成长活动并为其成立单独的活动教室，让家长和幼儿共同阅读绘本，挖掘其中蕴含的情绪要素，共同讨论合适的情绪调节方法；还可以让家长与幼儿共同完成手工作品或者是绘画作品，以此来促进幼儿对绘本故事中人物情绪的理解和认知，提高情绪表达能力。最后，幼儿园可以成立专门的公众号、家园交流群等，定期发布相关的绘本资源供家长阅读与参考，宣传幼儿情绪调节的重要性，以此提高家长对情绪教育的重视程度，最大化地发挥家园合作的作用。

本章小结

随着社会的发展以及国家相关文件政策的出台，人们逐渐了解到情绪调节对幼儿发展的重要作用，国内已经陆续有园所和教师开展了幼儿情绪调节的相关教学活动。但是幼儿园所实施的情绪教育课程多半是不完善的，很少有幼儿园开设系统的情绪教育体系。另外，教师从外界接收到的情绪教育知识也大多是碎片化的，所以在实施情绪教育时还存在一定的困难。而且幼儿园和教师自身也存在对幼儿情绪教育不够重视的问题，以至于对幼儿情绪调节的发展没有一个很好地引导。

本章通过阅读相关文献资料，整理分析了情绪调节能力以及绘本教学的相关研究，在实验的基础上了解了绘本教学对于小班幼儿情绪调节能力水平发展的情况。情绪调节能力是幼儿社会性发展中的关键因素，经过绘本教学，实验组幼儿在情绪调节发展状况和情绪调节策略使用情况均出现了明显的改善，因此绘本教学对于培养幼儿情绪调节能力是有效的，验证了实验开始之前的假设，幼儿园值得开设相关的情绪绘本教学活动。系统的绘本教学需要符合幼儿的身心发展水平，选择具有可行性的教学内容，择取幼儿积极参与的课程方式。这不仅需要国家和幼儿园前期的资金与设备投入，还需要培养具有专业知识的教师。

情绪调节能力的发展对于幼儿具有重要的价值，良好的情绪调节能力能促进幼儿认知、拓展思维，消除消极情绪体验并帮助幼儿灵活应对个体人际交往以及周围的环境变化。经过实验研究，能够得出结论：利用绘本教学培养幼儿情绪调节能力效果显著。另外，合理选择绘本是培养幼儿情绪调节能力的前提条件；丰富的教学形式是培养幼儿情绪调节能力的关键。最终得出提高幼儿情绪调节能力的实施策略：合理调控自身情绪，树立科学的情绪教育观念；提高对绘本教学的重视程度，学习绘本教学相关知识；围绕绘本设计多种形式的情绪教育活动；合理利用区角，渗透情绪绘本教学；开设园本情绪教育课程；定期组织绘本教学培训，为教师提供理论支持；开展亲子共读绘本活动，坚持家园合作。

第四章

促进社会性积极行为：利用动画榜样促进大班幼儿亲社会行为发展研究

幼儿亲社会行为是幼儿在社会交往中所表现出来的安慰、帮助、合作、分享等有利于他人或社会的行为。根据研究目的，本章从帮助、安慰、分享、合作四个维度出发，分别界定四种典型亲社会行为。幼儿的亲社会行为发展是幼儿社会性发展的重要枢纽，对幼儿健全人格的形成以及道德水平的提高具有重要意义，同时也有利于幼儿在社会交往中拉近与他人的关系，建立良好的社交氛围。

动画榜样是幼儿动画中具有帮助、安慰、分享、合作等亲社会行为的动画榜样角色。首先，通过让幼儿观看动画榜样的亲社会行为，使幼儿获得榜样行为的符号表征和经验，从而引导幼儿在与角色相似的情境中，发生亲社会行为。其次，幼儿可以通过观看动画榜样的亲社会行为，将动画榜样的情感与行为纳入自己的已有认知结构，进而产生新的图式，促进相关行为的发展。因此，教育者可以利用动画榜样的影响作用促进大班幼儿亲社会行为发展。

第一节 幼儿亲社会行为研究基础

一 幼儿亲社会行为

（一）内涵——亲社会行为定义的研究

亲社会行为的概念最早由美国学者维斯博在其《亲社会行为参考的积极行使》一书中提出，他在书中将亲社会行为理解为所有与暴力、侵犯等行为相反的行为，如分享、谦让、帮助、安慰等。①

对于亲社会行为的概念界定，不同学者有不同的定义。Mussen 和 Eisenberg（1977）把亲社会行为定义为行为者不以获取利益为目的，自愿帮助他人或社会的行为。行为者通常会因为做出行为而付出一定的代价，如舍弃部分自己的利益，或者承担一些危险。② Taylor（2004）认为个体以利于他人或社会为目的做出某种行为，那么这种行为就可以称作亲社会行为。③

我国学者张文新（1999）认为，亲社会行为有广义和狭义之分，他把其广义概念定义为对他人或社会有利的行为，如帮助、谦让、安慰等。《心理学大辞典》把亲社会行为定义为，亲社会行为是人们在社会交往中的行为，例如帮助、合作和分享，这些行为有益于他人和社会，是道德行为的一种。④ 王蕾（1994）认为亲社会行为的动机更多体现在有利于他人或社会是一种能够被社会赞同或鼓励的行为。⑤ 王美芳（2000）把广义的亲社会行为定义为有益于他人或社会的行为，且这种行为能够符合社会对于个体的要求和期待。⑥ 郑淑杰（2012）、寇彧等（2004）认为亲社会行为是一种积极正向的、富有责任感的行为，这种行为是个体主动发生的且有利于他人或社会的行为，这种行为符合社会对于个体的要求和期待。⑦⑧

虽然学者们的观点各有不同，但对于有益于社会或他人的这一亲社

---

① 孔令智等：《社会心理学新编》，辽宁人民出版社 1987 年版，第 370 页。

② Alice Sterling Honig. Social Behavior Updated: A Review of Eisenberg and Mussen's "The Roots of Prosocial Behavior in Children" [J]. Merrill-Palmer Quarterly (1982 -), 1990, 36 (4).

③ L. Michelle Bowe, David Winship Taylor. Early Cretaceous Archaefructus eoflora sp. nov. with Bisexual Flowers from Beipiao, Western Liaoning, China [J]. Acta Geologica Sinica (English Edition), 2004 (04): 883 - 896.

④ 朱智贤：《心理学大辞典》，北京师范大学出版社 1989 年版，第 69—71 页。

⑤ 王蕾：《小学儿童向社会行为的发展》，《心理发展与教育》1994 年第 4 期，第 33—36 页。

⑥ 王美芳：《学前儿童亲社会行为的发展特点与教育》，《山东师范大学学报》（社会科学版）2000 年第 4 期，第 74—76 页。

⑦ 郑淑杰：《观察学习理论及其在儿童发展过程中的应用》，《教书育人》2012 年第 36 期，第 56—57 页。

⑧ 寇彧、唐玲玲：《心境对亲社会行为的影响》，《北京师范大学学报》（社会科学版）2004 年第 5 期，第 44—49 页。

行为的动机，学者们是达成共识的。本研究将幼儿亲社会行为定义为，幼儿在社会交往中所表现出来的安慰、帮助、合作、分享等有利于他人或社会的行为。此外，根据研究目的，本研究又试图从帮助、安慰、分享、合作四个维度出发，分别界定四种典型亲社会行为。

1. 合作行为

幼儿的合作行为是其亲社会行为发展中的一个重要组成部分，幼儿合作行为的良好发展，对其社会交往能力的发展和良好同伴关系的建立有重要的促进作用。Henrich 等认为，合作是个人和团体之间为了共同的目的而协同作用的行为，促使某种行为和意图既有益于自己又有益于他人的结果。[1] 其表述形式为，我们想要共同完成任务 X，我实施动作 Y1，你实施动作 Y2。[2] 郭建华（2000）认为，幼儿的合作在日常生活中发生的，幼儿能够与他人相互协调、共同寻找解决办法，以实现某个目标的过程。张丽玲（2000）认为，合作是指不同个体为了同一个目标而一起活动，促进实现对自己和他人都有利的结果的行为或意图。[3]

本研究中把幼儿的合作行为定义为，幼儿在社会交往中，为了达到与他人共同的目标，与他人协同与配合，以实现目标的行为。

2. 安慰行为

安慰行为是典型的亲社会行为之一，它的发展可以为幼儿今后适应社会和发展自我创造良好的条件。Wagner 等人（1992）认为安慰行为是指当个体观察或感知到他人消极的情绪状态时，尝试通过语言或行为使他人变得高兴起来的亲社会行为。何资（2019）认为安慰行为是指儿童因身体或心理伤害而感知他人负面情绪时，主动给予言语或行为关怀的行为。[4] 本研究中把幼儿的安慰行为定义为，幼儿在感知到他人受到生理或心理创伤后，能够通过言语或行动表示安抚、鼓励的行为。

---

[1] Henrich, J., Henrich, N., Culture, Evolution and the Puzzle of Human Cooperation. Cognitive Systems Research, Vol. 7, No. 2-3, 2006: 220-245.

[2] 邹晓燕：《学前儿童社会性发展与教育》，北京师范大学出版社 2015 年版，第 171—174 页。

[3] 李幼穗、张丽玲、戴斌荣：《儿童合作策略水平发展的实验研究》，《心理科学》2000 年第 4 期，第 425—429、510 页。

[4] 何姿：《戏剧教育对大班幼儿亲社会行为的影响研究》，硕士学位论文，温州大学，2019 年。

3. 分享行为

在幼儿的发展过程中，分享行为的发展有利于幼儿更好地与他人交往、建立良好的人际关系以及适应社会生活。学者但菲和刘彦华（2008）认为，分享是指一个人愿意让他人使用、享受或给予他人自己所拥有的东西，即与他人一起使用、享受或拥有他人所拥有的东西。[1] Birch 与 Billman（1986）认为，分享是个体将拥有的全部或部分物品给予他人的行为，即使个体拥有的物品数量有限，也要考虑到他人的需求。[2] 王芳（2017）认为，分享是指物品的所有者在考虑他人利益的情况下，将全部或部分持有该物品的权利授予他人。其中，这些项目包括私人的、公共的、第三方的、自己不需要的等等。[3] 本研究把幼儿的分享行为定义为，分享行为是幼儿自愿将物品与他人一起享用，以满足他人需求并使双方都感到愉悦的行为。本研究中的分享行为只从物质方面研究，不考虑精神方面的分享。

4. 帮助行为

一些研究人员认为，帮助行为最早发生在婴儿期和幼儿期，帮助行为是幼儿期望参与社会交往的结果。美国学者 Daniel 曾运用自然观察法对 156 名幼儿的帮助行为进行研究。研究结果表明，婴幼儿的乐于助人行为不随年龄增长而增加，但随着年龄的增长，在想象游戏活动中出现的乐于助人行为逐渐减少，而在现实生活情境中出现的乐于助人行为却在增加。[4] 对于帮助行为的内涵，不同学者给出了不同的界定。邹晓燕（2015）认为，帮助行为是反映个体社会适应能力和道德发展水平的重要指标，是亲社会行为的重要组成部分。幼儿的助人行为主要指幼儿认识到他人处于困境或者需要帮助时，能够做出某种行为以使他人走出困境。在本研究中对帮助行为的定义为，幼儿的帮助行为主要指当幼儿认识到他人需要帮助或处于困境时，能够做出某些行为以协助他人解决困难。

---

[1] 但菲、刘彦华：《婴幼儿心理发展与教育》，人民出版社2008年版。

[2] Birch L., Billman J. Proschool children's food sharing with friends and acquaintances [J]. Child Development, 1986, 57: 387–395.

[3] 王芳：《绘本教学对中班幼儿分享行为影响的实验研究》，硕士学位论文，河北师范大学，2017年。

[4] Daniel Bar-Tal, Alona Raviv, and Marta Goldberg. Helping Behavior among Preschool Children: An Ohservational Stndy [J]. Child Development, 1982, 53: 396–402.

（二）影响——幼儿亲社会行为的影响因素

榜样学习。社会学习理论认为，幼儿在一定情境中理解并学习了亲社会行为，才能够在今后的类似情境中表现出相似的行为。张莉（1998）的研究指出，榜样的学习教育与幼儿的分享行为的发生频率呈明显的正相关。芦咏莉（1998）等人表明，社会榜样对于与之相关的社会行为有显著的影响作用，对亲社会行为会受到正面的社会榜样的积极影响。[1] 张文新（1999）在其著作《儿童社会性发展》中提出，通过对幼儿进行榜样学习的训练，从而使幼儿发生帮助行为的频率更高，且这种帮助行为可以有一个长时间的保持。吴南和李斐认为，一些媒体中的消极榜样可能会促使幼儿发生侵犯行为，但正面的媒体榜样则能够引导、促进幼儿亲社会行为的发展。他们还认为，媒体中一些积极正面的榜样能够引导幼儿发生利他行为，并且能够增加幼儿对于利他行为的理解和认识。

大众传媒。大众传播媒介作为社会文化的载体，在传播过程中会将一些文化和价值观念渗透到受众的头脑之中。大众传播媒介作为幼儿学习社会行为、获得知识的方式之一，很容易对幼儿的语言和行为产生影响。大多数现代学习理论都有一个中心假设：人们从他们所观察到的东西中学习。社会学习理论（SLM）指出，儿童的社会行为不仅通过现实生活中的榜样获得，也从动画和其他媒体的榜样中获得。情境因素和个人因素可以影响个体的学习状态和社会行为。一般学习理论认为，媒体中的亲社会内容可以对观看者的亲社会行为发展产生积极的促进作用。Mares 和 Woodard（2005）的研究也表明，幼儿的亲社会行为与亲社会有关的电视节目联系紧密。因此，幼儿对于亲社会行为的认知理解以及获得都可能会受到动画中亲社会行为榜样的影响。在此基础上，麦克林（2009）等人对于幼儿亲社会行为与电视节目中的亲社会榜样之间的关系进行了研究。研究发现，观看过亲社会行为电视节目的幼儿比没有观看过亲社会行为节目的幼儿表现出更多的亲社会行为。[2]

---

[1] 孙永明、芦咏莉、董奇：《父、母教育行为的结构及其与小学儿童焦虑情绪的关系》，《心理发展与教育》1998 年第 3 期，第 15—19 页。

[2] ［美］罗伯特·索尔索、金伯利·麦克林：《索尔索＆麦克林实验心理学》，张学民、周义斌、郑亚芹译，中国人民大学出版社 2009 年版，第 176—179 页。

(三) 策略——促进幼儿亲社会行为发展的策略研究

榜样示范法。榜样示范对于幼儿亲社会行为的促进，获得了学者们的普遍认可。郑淑杰（2012）认为，榜样示范法是通过让幼儿观察、模仿榜样的行为，而使幼儿获得行为的学习。陈旭（1995）通过有关榜样示范的实验研究发现，榜样能够对幼儿的亲社会行为起到促进作用。[1] 王美芳（2000）认为，不仅幼儿日常的社会交往对象可以作为幼儿的良好榜样，书籍和媒体节目等也可以为幼儿提供游戏的亲社会行为榜样。曹义（2020）在其关于亲社会动画与幼儿攻击性认知和攻击性行为的实验中，测试了幼儿的攻击性认知水平和攻击性行为，提出亲社会动画榜样能够显著降低幼儿的攻击性认知和攻击性行为，亲社会动画榜样对攻击性行为的影响具有明显的中介作用。[2]

角色扮演法。角色扮演是幼儿根据自己的兴趣和需要扮演角色，运用模仿和想象，创造性地反映现实生活的一种游戏。学者李幼穗、王晓庄（1996）研究发现，角色训练能够明显增加幼儿的助人行为发生频率。张文新（1999）表明，角色扮演可以通过让幼儿扮演他人的角色，更好地体验他人的内心感受，从而能够从他人的角度考虑问题，因此角色扮演对于幼儿的社会关系发展有着极其重要的作用。廖全明（2004）认为，角色扮演能够促进幼儿分享行为的发展。[3] 杨心德（1998）通过对幼儿进行为期一年的角色扮演训练，成功地促进了幼儿在分享、合作、帮助等亲社会行为方面的发展。[4] 张雪梅（2001）认为，幼儿的亲社会认知以及合作行为会受到角色扮演的积极影响。[5] 郑淑杰（2012）认为，幼儿通过扮演帮助他人和受帮助者的角色，可以体验为他人提供帮助而带来的快乐以及受他人帮助而

---

[1] 陈旭：《情境讨论、榜样学习和角色扮演对儿童助人行为影响的实验研究》，《西南师范大学学报》（哲学社会科学版）1995年第1期，第30—35页。

[2] 曹义：《亲社会动画榜样对幼儿攻击性认知和攻击性行为的影响》，硕士学位论文，西南大学，2020年。

[3] 廖全明：《不同训练方法对小学生分享行为影响的实验研究》，硕士学位论文，云南师范大学，2004年。

[4] 杨心德：《幼儿的社会戏剧性游戏与亲社会行为的发展》，《心理发展与教育》1998年第2期，第8—11页。

[5] 张雪梅：《关于角色游戏在培养幼儿亲社会行为中的价值思考》，《佳木斯教育学院学报》2001年第3期，第67—68页。

带来的心理体验,从而能够有效地增进幼儿助人行为的发生频率。①

二 动画榜样

(一) 动画榜样的内涵

"榜样"一词出自"何妨云影杂,榜样自天成。"此诗出自宋代《俯镜亭》,在诗中是样子、模样的意思。《现代汉语词典》将"榜样"解释为:"值得学习的好人或好事。"《汉语辞海》将"榜样"解释为:"作为仿效的人或事例(多指好的)②。"因此,"榜样"一词通常被大家看作是好的、值得学习的人及其事迹。

对于榜样的概念,不同学者也有不同的看法。张茹粉(2008)认为,榜样有示范、引导的作用,是从人的实际行为中体现出来的。③ 陈万柏、张耀灿(2007)认为,榜样可以提高他人的思想认识、规范他人的行为,是具有典型意义的人或事。④ 彭怀祖、姜朝晖、成云雷(2002)三位学者认为,榜样是能够代表优秀的精神品质、被大家认同的、值得被大家效仿和学习的先进典型。⑤ 王道俊和王汉澜(1989)认为,榜样是一种高尚的思想品德、是一种规范的且值得学习的行为,它能够给学生的思想、品行带来好的影响。⑥

综上,"榜样"一词目前并没有统一的界定。但通过对上述概念的分析,我们可以看到不同学者对于榜样有不同的界定,但各位学者都肯定了榜样对于他人的示范、激励作用。目前,已有研究还没有对动画榜样的具体界定,结合已有研究和相关理论,本研究中把动画榜样界定为幼儿动画中具有帮助、安慰、分享、合作等亲社会行为的动画榜样角色。

(二) 动画对幼儿亲社会行为的影响研究

在国内,动画片对幼儿亲社会行为影响的研究结论可分为积极、消极

---

① 郑淑杰:《观察学习理论及其在儿童发展过程中的应用》,《教书育人》2012 年第 36 期,第 56—57 页。
② 汉语辞海,https://www.qqxiuzi.cn/。
③ 张茹粉:《榜样教育的理性诉求》,《河南师范大学学报》(哲学社会科学版) 2008 年第 2 期,第 216—219 页。
④ 陈万柏、张耀灿:《思想政治教育学原理》,高等教育出版社 2007 年版。
⑤ 彭怀祖、姜朝晖、成云雷:《榜样论》,人民出版社 2002 年版,第 8 页。
⑥ 王道俊、王汉澜:《教育学》,人民教育出版社 1989 年版,第 399 页。

两个方面。多数研究实验表明，积极正面影响主要是动画对于幼儿语言、社会性等方面具有促进作用；消极负面影响集中在动画对幼儿攻击性行为以及阻碍其社会性发展等方面。近些年来，国内学者增多了就动画片中暴力因素对幼儿影响的研究。

首先，某些学者的研究表明了动画对幼儿亲社会行为可能具有消极的负面影响。路晨（2006）认为，幼儿长时间地观看动画片，不与人交往，会影响幼儿社会交往的时间和能力，不利于其在生活学习中形成良好人际关系[1]。还有一些研究发现，动画片夸大生活经验的表现形式，会使生活经验不足的幼儿对事实产生错误的判断。例如，动画中习惯将正派人物展现为美丽、高大、优雅的形象，而反面人物总是丑陋、矮小、粗鄙的形象，这种不符合实际的形象表现对幼儿的认知以及道德成长有负面作用。还有一些动画中的暴力符号，会强化儿童的暴力认知，进而影响儿童的亲社会行为发展（张兆锦，2016）[2]。吉执来和刘梦磊（2017）认为，儿童长时间沉迷于动画，对儿童的健康、社会性以及学习能力的发展均有不良影响[3]。王凯（2019）通过实证研究论证了动画中的一些暴力画面不利于幼儿亲社会行为的形成。

其次，某些学者的研究表明了动画对幼儿亲社会行为也可能具有积极正面的影响。动画片中各个角色之间的交互活动给幼儿提供了社交行为模式，潜移默化地影响幼儿，使他们从中获得一定的与他人交往的技能。实验研究表明，在动画片中观看过亲社会行为节目后，相比未曾观看的同龄人，这些儿童会具有更多的亲社会行为表现（陈伙平、吴振东，2003）[4]。动画片能够为儿童提供更为形象的画面，提高幼儿的词汇量和倾听能力，通过与朋友讨论动画内容，还能够使他们的交流表达能力得到提升（龙明慧，2011）[5]。吉执来和刘梦磊（2017）认为，动画不仅能够提升幼儿智能，还有利于使得儿童形成良好的心理素质和习惯。良好的动画可以引

---

[1] 路晨：《动画片对幼儿交往能力影响的研究》，硕士学位论文，西南大学，2006年。
[2] 张兆锦：《论国产儿童动画片对儿童的负面影响》，《亚太教育》2016年第1期，第278页。
[3] 吉执来、刘梦磊：《动画片对幼儿的不良影响与解决对策》，《科教文汇（中旬刊）》2017年第11期，第90—91页。
[4] 陈伙平、吴振东：《试论儿童电视美术片对幼儿心理发展的正向功能》，《福建师范大学学报》（哲学社会科学版）2003年第6期，第138—141页。
[5] 龙明慧：《电视动画对幼儿发展的影响》，《科技资讯》2011年第18期，第181—182页。

导儿童跟随动画情节的发展进行想象，这不仅使得幼儿获得了视听享受，也让幼儿在情感上得到了满足。这为幼儿在与他人交流、共情方面起到了正面作用，促进了幼儿亲社会情绪情感的成长（滕婷婷，2014；张芳君，2019）。[1] 此外，张芳君（2019）研究认为，动画可以使得幼儿的视野得到开阔，提升他们的知识，促使儿童产生对社会进行探索的兴趣和渴望；动画可促进幼儿产生社会意识和对自我的认知；动画中所表达的社会生活中人与人之间的关爱、互助、合作共赢等价值观，都可供幼儿学习，从而促进幼儿亲社会行为的发展。

Sebastian 在其"一项关于计算机动画对喀拉邦三个城市儿童影响的研究"中表明，动画对幼儿既有正面影响，又有负面影响。正面影响是动画可以增加孩子们的知识、在一定程度上提高孩子们的学习成绩和知觉水平；负面影响是当孩子们长时间接触动画时，他们可能会出现暴力、攻击、孤独和抑郁的情况。此外，长时间观看动画而减少体育锻炼也会导致肥胖和其他疾病。Habib 和 Solima（2015）在关于动画对幼儿心理和行为的研究中提出，动画是塑造人脑的主要因素之一，从而使人产生了预定的思维方式和行为方式。[2]

（三）动画榜样对幼儿亲社会行为的影响

Parveen Saini（2015）认为，动画片会对儿童产生积极影响，动画为儿童提供了重视朋友、尊敬父母、重视学业、是非分明等积极向上的亲社会价值观念。儿童可能不愿意从别人那里学习这些，但他们很愿意在动画中学习。Baran 和 Davis 认为，当孩子们观看动画片时，有一种学习过程正在进行中。无论孩子们在观看动画片时学到什么，他们都倾向于表现出来，从而影响他们与其他孩子以及整个世界的社交方式。Gonalves（2018）表明儿童通常将卡通人物视为榜样，接触这种卡通可以促进健康饮食等适应性行为，同时减少有问题的行为。还有一些研究人员认为，亲社会媒体可以减少攻击性相关变量，如攻击性认知、攻击性情感、敌对归

---

[1] 滕婷婷：《动画片中的价值观及其与儿童亲社会倾向的关系研究》，硕士学位论文，华中师范大学，2014 年。

[2] Habib, K. and Soliman, T. (2015) Cartoons' Effect in Changing Children Mental Response and Behavior. Open Journal of Social Sciences, 3, 248 - 264. doi: 10.4236/jss.2015.39033.

因偏见和攻击性行为等。

苏中红（2012）通过实验探究含有亲社会行为的动画对于幼儿亲社会行为的影响，结果显示，观看过亲社会动画的幼儿，其亲社会行为具有明显的提高。① 薛小凤（2012）在其《动画片对幼儿亲社会行为的影响》研究中，利用含有亲社会行为的动画分别对大、中、小班的幼儿进行为期三个月的干预影响，其研究结果表明，动画对幼儿的亲社会行为的发展有积极的影响，且动画片对幼儿亲社会行为发展的影响有一定的年龄特征和性别差异。例如动画对中、大班幼儿在亲社会行为的四个维度上的影响作用高于小班，在安慰行为的影响作用上女孩优于男孩，在分享行为的影响作用上男孩优于女孩。② 特林夫（2018）在《动画对5—6岁儿童社会性发展研究》中发现，动画对学前儿童社会性发展的积极影响，主要体现在其对幼儿社会行为认知和社会道德的发展上。③ 曹义（2020）在其《亲社会动画榜样对幼儿攻击性认知和攻击性行为的影响》研究中，创设了让幼儿连续五天观看具有亲社会动画榜样的实验情景，实验结果表明，亲社会动画榜样显著降低了幼儿的攻击性认知和攻击性行为。④

三 理论基础

（一）社会学习理论

班杜拉认为，模仿就是观察学习，即人通过观察他人、学习复杂行为的过程，人类的大部分行为都是通过观察获得的。在整个幼儿时期，幼儿的社会交往技能主要是通过观察学习和模仿获得的。Gallese（1996）等心理学家的研究也表明，幼儿的大脑中存在一种神经结构，这种神经结构可以让幼儿通过观察学习而快速获取社会性行为。⑤ 在幼儿的社会交往过程中，不仅可以从教师、父母、同伴身上获得榜样行为，还可以从各种文

---

① 苏中红：《利用动画片对幼儿四种典型亲社会行为的干预研究》，硕士学位论文，沈阳师范大学，2012年。
② 薛小凤：《动画片对幼儿亲社会行为的影响》，硕士学位论文，内蒙古师范大学，2012年。
③ 特林夫：《动画对5—6岁儿童社会性发展研究》，硕士学位论文，齐齐哈尔大学，2018年。
④ 曹义：《亲社会动画榜样对幼儿攻击性认知和攻击性行为的影响》，硕士学位论文，西南大学，2020年。
⑤ Rizzolatti, G., Fadiga, L., Gallese, V., & Fogassi, L. (1996). Premotor cortex and the recognition of motor actions. Cognitive Brain Research, 3 (2): 131-141.

化媒介，如绘本、动画、媒体中习得丰富的榜样行为。尤其是5—6岁的幼儿，他们的心智尚未发展成熟，没有完善的判断能力和认知能力，他们的模仿往往是不加过滤和选择的。

社会学习理论尤其强调榜样的重要性。首先，班杜拉认为，观察者越认同其榜样的行为或做法，则模仿学习甚至重现其榜样行为的可能性就越大。动画里的角色往往有各种"超能力"，正气凛然、拯救世界的英雄角色和漂亮可爱、聪明善良的助人角色往往会受到孩子们的高度认同。因此，幼儿往往会对这些动画榜样的行为进行模仿，亲社会行为也不例外，幼儿很容易从认可的角色身上学习模仿这些行为。其次，班杜拉认为，幼儿的部分个性特征是在幼儿观察外部环境中逐渐形成的，尤其是观察人为活动。在幼儿观察的过程当中，榜样的行为结果会在幼儿的头脑中形成一种意向，当幼儿面临与榜样相同的场景时，这种意向就会有意地引导其去做出与榜样相同的行为。通过观看含有动画榜样的动画片，让幼儿感知榜样行为，然后在脑海中形成一个意图，在幼儿处于与角色相似的情况下，就会做出与角色相似的行为。

（二）认知发展理论

图式是皮亚杰理论中的重要内容，是个体表征、组织和解释经验的模式或心理结构。幼儿具有应对某种情况发生的图式，才能够对其做出正确的反应。图式能够使个体在头脑中对从外界环境获取的信息进行整理，归纳分析，从而使个体对外界环境有一个正确的认识和理解。幼儿认知图式有以下三个特点，一是发展性。图式是存在于个体内部，不断发展、变化的结构。图式来自遗传，但它并不是一成不变的，在个体与环境相互作用的过程中，图式会不断地丰富、发展和变化。二是互动性。图式是在个体不断地同化和顺应的过程之中产生的，它是内、外两方面双向建构的过程。幼儿建构认知图式的过程就是内化与外化两方面双向建构、互动的过程，幼儿与外部的客体信息不断地相互作用，经过同化与顺应等方式，幼儿认知结构逐渐发生了变化，进一步得到发展。三是渐进性。渐进性是指儿童的表征从简单到复杂、从以自我为中心发展到意识到他人存在的渐进过程。[1]

---

[1] 赵炎朋：《基于认知图式理论的早期阅读教育》，《陕西学前师范学院学报》2016年第7期，第23—25页。

幼儿观看亲社会行为动画不仅是一个认知客体的过程，也是幼儿作为主体从亲社会动画中吸取知识、经验并不断建构自己的知识、经验及意义的过程。这一过程是幼儿在与亲社会动画榜样的互动过程中实现的。幼儿通过观看动画榜样的亲社会行为，将动画榜样的情感与行为纳入自己的已有认知结构，进而产生新的图式，促进相关行为的发展。

（三）娱乐教育理论

娱乐教育是由 Singhalh 和 Rogers 两位学者提出的，是指通过既有"娱乐性"又有"教育性"的娱乐媒体作为中介，向观看者传递一种正向积极的精神或观念，而改变观看者原有的态度或行为。为了说明娱乐教育中的教育性内容是如何对观看者产生作用的，两位学者设计了一种叫作拓展精加工可能性模型。该模型能够增强教育性内容在观众心中的说服力，并且可以降低观众反对其教育内容的可能性。两位学者认为，教育内容能够对观看者产生说服是作用于三个机制。

第一个机制是观看者对教育内容有所反应。当教育性内容持续性地对观看者进行输入时，观看者提出反对的可能性很低。当观看者在观看相关节目时，只要节目能够吸引观看者的注意，使他们走进节目中的情景，那么观看者就很容易代入情境中角色的情绪或情感体验，那么他们在心中就很容易接受这个节目本身所传递的观念或者是态度，而不容易产生反对的想法。第二个说服机制是观看者对于角色产生认同。两位学者认为，这种认同可能是对于情感上的内在认同，还有可能是对于行为上的外在认同。在观看节目的过程中，观看者会把角色所表达出的态度、情感和行为，转化成自己的个性特征，从而使自己的内部情感态度和外部的行为与角色相同或相似。同样，幼儿在观看动画的过程中，如果能对动画中的角色产生认同感，那么他们也会有意识或无意识地将动画角色所表达的态度情感以及行为转化成自己的个性特征，并在一定情境中转化为与角色相同的外在行为或表现。第三个机制是强化。两位学者认为在观看完娱乐节目后，对节目内容进行讨论是一种对节目中社会关系的延伸。本研究设计在幼儿观看动画后引导幼儿进行有关剧情的讨论与角色扮演，以期望能够加强幼儿对榜样行为的认同与吸收。

因此，当幼儿对节目中的角色产生认同及受到了一定的强化作用、对教育内容有所反应这三个因素同时发生时，榜样动画教育的目的就达到了。

第二节 动画榜样促进大班幼儿亲社会行为发展的实验研究

一 研究假设

在对以往研究进行了解分析的基础上，本研究采用定量研究与定性研究相结合的方法，进行实验干预，并提出以下研究假设：

动画榜样可促进大班幼儿的亲社会行为发展。

二 实验目的

通过比较三种教育活动对实验组幼儿的影响，得出利用动画榜样促进大班幼儿亲社会行为发展的策略。

三 实验对象

本研究采用随机采样的方法，从长春市某幼儿园4个大班中每班随机选取男、女生各10名，共80名大班幼儿为研究被试。随机选取三个班为实验班，一个班为对照班。

四 实验变量

（一）自变量

利用动画榜样的亲社会行为（分享、安慰、帮助、合作）设计的活动方案。

（二）因变量

幼儿亲社会行为发生的频次（帮助、分享、安慰、合作）。

（三）无关变量控制

1. 主试方面：实验前后测和动画的播放、教育活动的组织均由班级主班教师实施。且实验组的三位主试均经过同一培训，在实验中采用相同的指导语言。其班级教师的基本情况如表4-1所示。

表4-1　　　　　　　　　　　　教师基本情况

组别	教师数量	职位	性别	年龄	教龄	学历
实验组1	3	主班	女	31	9	大专
		配班	女	28	4	本科
		保育员	女	47	14	小学
实验组2	3	主班	女	28	6	大专
		配班	女	24	2	大专
		保育员	女	50	16	初中
实验组3	3	主班	女	30	8	大专
		配班	女	23	2	本科
		保育员	女	47	13	小学
控制组	3	主班	女	29	7	大专
		配班	女	26	4	大专
		保育员	女	52	15	小学

由表4-1可知，实验组和控制组教师在数量、年龄、学历、教龄等方面情况基本一致，排除教师对幼儿亲社会水平的差异影响。

2. 被试方面：实验组、控制组的大班幼儿来自同一幼儿园，年龄均为5—6周岁。所选幼儿入园时间都为半年以上，无近期入园者。其中实验组进行教育活动干预，控制组进行正常的教育活动，且除教育活动外，实验组幼儿一日活动照常进行，且与控制组基本保持一致。此外，实验组和控制组被试均身心健康，家庭为完整家庭。

实验前通过spss26对前测数据进行独立样本t检验，确保实验组和控制组幼儿的亲社会行为水平无显著差异。（详见表4-4）

3. 材料方面：实验所选视频没有与教育教学内容相重复的部分。所选动画既有国产动画也有国外动画，语言都为普通话。所用播放动画的电脑均为同一品牌、大小相同的屏幕。

五　实验材料的处理

实验所选动画均从中国广播电视局推荐的季度优秀动画中选择，动画视频分为分享、安慰、合作、帮助四个维度，均含有亲社会动画榜样，语言均为普通话。每一维度各准备4个视频，然后由研究生院学前教育专业教师、六年以上教龄的幼儿教师各五名对所选视频进行评估。在每一类亲社会行为视频中挑选出一致性较高的 3 个视频作为最终实验材料，共计 12 个视频。

六　实验过程

（一）实验前测

采用自编的情境测验，分为四个维度，对每组 20 名，共 80 名幼儿进行前测，在特定情境下测试幼儿亲社会行为的发生，有行为记为一分，无行为记为零分，最后累计总分。选取的情境贴合并贯穿于幼儿一日生活的基本环节，且情境测验在幼儿的一日生活中自然进行，从而确保测查工具的效度。

1. 帮助行为情景测验

当被试幼儿在教室自由活动时，主试手拿一箱雪花片走进教室，经过被试幼儿时假装不小心将盒子打翻，雪花片散落一地。主试故意大声说："哎呀，雪花片怎么全撒了呀！"然后蹲下拾起雪花片。教师不作任何提示与要求，观察被试幼儿是否帮助拾起或发生其他帮助行为。有帮助行为计一分，无帮助行为记零分。整个测试在 10 分钟内进行。

2. 分享行为情景测验

主试准备若干卡通贴纸，告知幼儿要分享给每个小朋友两张。分发结束后告知幼儿："刚才老师路过小班，小班的弟弟妹妹们看到了老师的贴纸也想要，但是老师告诉他们这是给大班的小朋友准备的，没有多余的。我们班有小朋友愿意将自己的贴纸分享给弟弟妹妹吗？"教师不作任何提示与要求，主动分享贴纸的幼儿计一分，不分享记零分。整个测试在 10 分钟内进行。

3. 安慰行为情景测验

当被试幼儿在教室自由活动时，其他幼儿手捂胃部、表情痛苦地走进教室，边走边说："哎呦，好疼啊！"主动关心、询问或做出其他安慰行为的幼儿计一分，无安慰行为记零分。整个测试在 10 分钟内进行。

4. 合作行为情景测验

幼儿自由活动期间，主试拿出 6 箱积木，将班级幼儿分为 5 组。每组分发一箱，告知幼儿可以自己玩也可以和其他小朋友一起玩。能够与其他人合作搭建积木的被试幼儿计一分,否则记为零分。整个测试在10分钟内进行。

(二) 实验实施

1. 内容安排

对实验组与控制组进行六周的干预实验。每周两次,每次25—30分钟。主试幼儿教师在实验前进行统一培训,实验中采用相同的指导语。三个实验组均在同一时间的不同教室播放相同的动画视频。实验组1播放含有亲社会行为的动画10分钟,然后师幼互动讨论15分钟;实验组2播放含有四种典型亲社会行为动画视频10分钟后进行角色扮演15分钟;实验组3播放含有亲社会行为的动画视频10分钟,之后幼儿进行常规教育活动。控制组不播放动画,进行正常的教育活动。

图4-1 幼儿观看动画

图4-2 师幼互动讨论

第四章 促进社会性积极行为:利用动画榜样促进大班幼儿亲社会行为发展研究 / 137

图4-3 幼儿角色扮演

图4-4 部分角色扮演头饰

表4-2 动画榜样及其行为

动画名称	动画榜样	动画榜样亲社会行为
《我来照顾你》	彩虹宝宝	彩虹宝宝主动帮助受伤的朋友们,为朋友们量体温、包扎伤口。
《雨后的别离》	大树幼儿园的小朋友们	小朋友们捡回被雨水淋湿的小鸟,喂小鸟吃虫子,并帮助小鸟找到了妈妈。
《虫儿飞飞》	大树幼儿园的小朋友们	小朋友们在山洞里发现一只受伤的萤火虫,大家一起想办法帮助萤火虫重新飞上了天空。

续表

动画名称	动画榜样	动画榜样亲社会行为
《菲儿别伤心》	洛宝贝	菲儿因为做的帽子被嘲笑而伤心,洛宝贝从菲儿的角度考虑,召集大家一起做很多奇形怪状的帽子,并夸奖菲儿的帽子漂亮,最后让菲儿变得开心起来。
《掉牙的吉吉》	大树幼儿园的小朋友们	吉吉因为牙齿掉了而闷闷不乐,小朋友们得知后想各种办法安慰吉吉,最后让吉吉变得开心起来。
《制造好心情》	大头儿子一家	小头爸爸因为错失奖金而难过,大头儿子和妈妈给爸爸做好吃的、画画,并告诉爸爸一家人在一起才是最开心的;毛蓉蓉因为想家而伤心,大头儿子和小头爸爸把毛蓉蓉房前装扮成家的样子,让毛蓉蓉变得开心起来。
《送苹果》	萝卜头	萝卜头将自己的三个苹果分享给朋友们,并因为分享而感到开心。
《分栗子》	小朋友们	小朋友们一起采摘了栗子,让凯特妈妈做了美味的蛋糕,然后都争着和凯特妈妈一起分享。
《分享的快乐》	大头儿子、壮壮	大头儿子一开始不想和朋友分享新玩具,在小头爸爸的帮助下,明白了朋友间要学会分享;壮壮拒绝和小朋友分享秋千,最后发现和小朋友一起玩才是最开心的,于是主动把秋千分享给小朋友们一起玩。
《小朋友要团结》	熊大、吉吉	熊大和吉吉吵架了,两人通过"两人三足"的游戏明白了团结才可以取得胜利,最后两人重归于好,明白了团结的重要性。
《蛋糕大赛》	汪汪队	波特先生请汪汪队帮忙制作蛋糕,汪汪队的狗狗们团结合作、相互配合,最终赢得了蛋糕大赛。
《太空大赛》	艾米丽、帕布洛	艾米丽和帕布洛比赛谁先拿到红海岸的石头,可途中大红狗不小心陷入泥潭。帕布洛果断放弃继续前进,和艾米丽一起救助大红狗,最后两个人成功救出大红狗并同时拿到了石头,也都体会到了团结的重要性。

表 4-3　　　　　　　　　　　实验计划安排

时间	亲社会维度	内容	榜样及其主要行为	材料准备
第一周	帮助	1. 播放视频：我来照顾你 2. 角色扮演/讨论	彩虹宝宝帮助彩虹小镇上受伤的市民。	1. 视频 2. 教案 3. 动画角色头饰
第一周	安慰	1. 播放视频：菲儿别伤心 2. 角色扮演/讨论	洛宝贝安慰伤心的菲儿。	1. 视频 2. 教案 3. 动画角色头饰
第二周	分享	1. 播放视频：分苹果 2. 角色扮演	萝卜头将自己的苹果分享给朋友们。	1. 视频 2. 教案 3. 动画角色头饰
第二周	合作	1. 播放视频：小朋友要团结 2. 角色扮演	熊大和吉吉，团结力量大。	1. 视频 2. 教案 3. 动画角色头饰
第三周	帮助	1. 播放视频：雨后的离别 2. 角色扮演/讨论	小朋友们收留被雨淋湿的小鸟并帮助其找到妈妈。	1. 视频 2. 教案 3. 动画角色头饰
第三周	安慰	1. 播放视频：掉牙的吉吉 2. 角色扮演	小朋友们安慰因为掉牙而闷闷不乐的吉吉。	1. 视频 2. 教案 3. 动画角色头饰
第四周	分享	1. 播放视频：分栗子 2. 角色扮演	小朋友们一起分享栗子蛋糕。	1. 视频 2. 教案 3. 动画角色头饰
第四周	合作	1. 播放视频：太空大赛 2. 角色扮演	艾米丽和朋友团结救出陷入泥潭的狗狗。	1. 视频 2. 教案 3. 动画角色头饰
第五周	帮助	1. 播放视频：《虫儿飞飞》 2. 角色扮演	小朋友们帮助受伤的萤火虫发光。	1. 视频 2. 教案 3. 动画角色头饰
第五周	安慰	1. 播放视频：《制造好心情》 2. 角色扮演/讨论	大头儿子和围裙妈妈共同安慰失落的爸爸。	1. 视频 2. 教案 3. 动画角色头饰

续表

时间	亲社会维度	内容	榜样及其主要行为	材料准备
第六周	分享	播放视频:《分享的乐趣》	大头儿子与朋友们互相分享玩具。	1. 视频 2. 教案 3. 动画角色头饰
	合作	1. 播放视频:《蛋糕大赛》 2. 角色扮演/讨论	汪汪队和波特先生团结合作,赢得了蛋糕大赛的第一名。	1. 视频 2. 教案 3. 动画角色头饰

2. 教育活动实录

本研究的干预活动涉及四个维度,即帮助行为、安慰行为、分享行为、合作行为。本研究还涉及三种活动方案,分别为只观看动画、观看动画后进行集体讨论、观看动画后进行角色扮演,每个活动不能一一呈现,故仅选取一个教育活动示例,示例如下。

动画主题:分享

动画名称:《分苹果》

动画内容:

萝卜头摘了三个稀有的红苹果准备做苹果酱,在回家的路上看到了想吃苹果的吉吉和毛毛,于是把苹果送给了他们一个。接着萝卜头又遇到了伤心的凯特,原来是凯特的鸭梨掉进了小溪里,为了安慰伤心的凯特,萝卜头又把红苹果拿出一个送给了凯特。紧接着萝卜头又遇到了正在摘青苹果的熊二,熊大生病了,想吃苹果,可是青苹果又苦又涩。萝卜头觉得生病的熊大比自己更需要苹果,于是把自己最后一个苹果送给了熊二。萝卜头虽然没有把苹果做成苹果酱,但用苹果帮助了大家,他觉得很开心。小伙伴们得到了萝卜头分享的苹果,也拿来了很多好吃的和萝卜头分享,大家在一起互相分享美味,十分开心。

活动目标:

(1) 帮助幼儿理解分享的意义,初步建立分享意识。

(2) 通过讨论活动,让幼儿理解分享的意义。

(3) 通过角色扮演,让幼儿感受分享与被分享的感觉,激发分享欲望。

活动准备：动画视频、动画角色头饰。

活动过程：

(1) 问题导入

师：小朋友们，你们喜欢吃水果吗？最喜欢吃什么水果？

　　　幼儿都举手发言，大声把自己喜欢吃的水果告诉老师。

幼：喜欢！喜欢吃草莓、苹果、香蕉……

师：哇，看来我们的小朋友们都很喜欢吃水果呀！那你们愿意把喜欢吃的水果分给别人一起吃吗？

　　　幼儿答案不一，有的说愿意，有的说不愿意

师：有一位叫"萝卜头"的小朋友，和你们一样也非常喜欢吃水果，但是他却把好不容易得到的三个红苹果全分给了自己的好朋友，自己一个也没有留下。这是为什么呢？

　　　　幼儿开始讨论

师：小朋友们，那我们去看一看，到底发生了什么事情吧！

(2) 播放动画

图 4-5　幼儿观看动画

(3) 集体讨论

师：小朋友们，动画看完了，谁能告诉老师，动画里讲了什么事情？萝卜头的苹果都去哪里了？

幼儿举手

师：看来我们的小朋友都看得很认真呀！但是，在别人回答问题的时候，其他小朋友要注意仔细听，如果他的回答和你想的不一样，你再举手回答告诉大家好不好？

幼儿齐答：好！

师：好的，那现在谁想回答老师的问题呢？萝卜头的苹果都去哪里了？

甜甜已经迫不及待了，老师叫起了甜甜回答

幼儿1：萝卜头本来想用苹果做苹果酱，把他的苹果都分给了好朋友们，他遇到了三个好朋友，所以三个苹果都给了他们，自己没有了。然后还说改天再做苹果酱吧，自己就去拔大萝卜。

师：啊好的，你观察得真仔细，请坐。小朋友们，甜甜说是因为萝卜头把苹果都分给了好朋友们，所以自己没有了，你们觉得甜甜说得对吗？

幼儿齐答：对！

师：那萝卜头都遇到了哪些好朋友，为什么分给他们呢？

幼儿着急举手

师：小朋友们先别着急回答，你们想仔细回忆一下，刚才的动画中，萝卜头先遇到的谁，后遇到的谁？

有的幼儿开始静静回忆，有的幼儿开始和同桌小声讨论

师：小朋友们，现在谁能告诉老师，萝卜头先遇到了谁？

幼儿举手

师：请晨晨回答。

幼儿2：萝卜头先遇到了吉吉，吉吉本来也有一个苹果，可是里面有一个大虫子，吉吉就把苹果扔掉了。然后问萝卜头可不可以送给他一个好的苹果，萝卜头就送给他了。

师：嗯！晨晨说得真好，请坐。小朋友们，你们觉得晨晨说得对吗？萝卜头是最先遇到了吉吉嘛？

幼儿2：对，然后他又遇到了……

幼儿着急接着回答

师：那请想回答问题的小朋友举手告诉老师，萝卜头接着遇到了谁？

幼儿举手

师：请糖果回答。

幼儿3：遇到了凯特。

师：小朋友们，萝卜头是遇到了凯特吗？

幼儿齐答：是。

师：好的，那糖果你知道萝卜头为什么把苹果分给凯特吗？

有的幼儿着急抢答

师：在别人回答问题的时候，我们其他小朋友要注意仔细听，看看回答问题的小朋友说得对不对，如果你觉得不对或者是想补充再举手告诉老师好吗？

幼儿齐答：好。

师：那现在我们认真听，糖果怎么说？

幼儿3：因为凯特的大鸭梨掉进了小河里，伤心地哭了。然后萝卜头看到了就把自己的苹果分给了凯特一个，凯特就不哭了。

师：噢，原来萝卜头是为了让伤心的凯特变得不伤心，所以把苹果分给了凯特。糖果说得真好，请坐。小朋友们，萝卜头已经把苹果分出去两个了，现在还剩几个？

幼儿齐答：1个！

师：那萝卜头吃到这最后一个苹果了吗？

幼儿齐答：没吃到！他把苹果都分出去啦，没给自己留。

师：那这最后一个苹果又给了谁呢？为什么？请小朋友举手回答。

幼儿举手

师：请可乐回答。

幼儿4：萝卜头把最后一个苹果给了熊二，因为熊大生病了，想吃苹果。

师：噢，萝卜头又把最后一个苹果送给了熊二，让熊二拿回家给生病的熊大吃。

糖果举手

师：糖果有什么要补充的吗？

幼儿3：萝卜头说他觉得熊大更需要苹果，他的苹果酱改天再做也可以，所以他把最后一个苹果给熊大了。

师：好的，糖果观察得真仔细，可乐说得也很好，你们请坐。萝卜头先把苹果分给了吉吉、然后又遇到了伤心的凯特，又把苹果分给了凯特一个，最后又把最后一个苹果送给了熊大，而自己一个也没有了。那小朋友们，你们认为萝卜头做得对吗？如果是你的话，愿意把苹果分享给朋友吗？

幼儿5：做得对。但要是我的话，我不愿意把苹果分给别人。

这时幼儿中也出现了两种声音，一种是"我愿意"，一种是"我不愿意"。

师：那天天为什么不愿意呀？

幼儿5：我要是把苹果给熊二的话，我就没有了，我要自己也留一些。

师：啊，你只是不愿意把所有的苹果都分给别人，但也会分给别人一部分对吗？

幼儿5：对，我可以分给别人，但我自己也要有。

师：好的。那小朋友们，你们觉得萝卜头没有了苹果，他伤心吗？

幼儿6：不伤心，因为萝卜头说他可以改天再做苹果酱，而且他的苹果让他的好朋友们都变得开心了，萝卜头也很开心。

幼儿3：最后吉吉、凯特还有熊大也都拿了自己的好吃的来看萝卜头，他们最后一起分享，大家都很开心。

师：噢，萝卜头并没有因为把苹果给别人而伤心。而且，萝卜头把苹果分享给了好朋友，好朋友们也把自己的好吃的拿来和萝卜头一起分享。大家都很开心。小朋友们谁还记得小于老师昨天讲的"来而不往，非礼也"是什么意思？

幼儿5：就是你喜欢吃好吃的，也要分给别人一起吃呀。

幼儿6：就是有好玩的玩具要和好朋友一起玩，等他有好玩的也会给你，这才是真正的好朋友。

师：是的，就像动画里一样，萝卜头把苹果分享给好朋友们，好朋友们最后也把好吃的拿过来和萝卜头一起分享。分享是一件很开心的事情，你这次把好吃的好玩的分享给别人，别人下次也会分享给你。同样，这次别人和你分享，你下次也要和别人分享，这样大家都会很开心对不对。

幼儿齐答：对！

图 4-6　师幼集体讨论

（4）总结延伸

师：小朋友们，你们有过"分享"或者"被分享"的经历吗？

幼儿5：我今天从家里带来了新玩具，我和沐沐一起玩。

师：你真是一个懂得分享的好孩子。

幼儿4：我今天早上把牛奶给妹妹喝。

幼儿6：今天哼哼从家里带来了他的"奥特曼"卡片给我们玩。

师：哇，哼哼真好。看来我们的小朋友们都有过很多分享的经历，你们都是懂得分享的好孩子，老师要表扬你们。那小朋友们想一想，我们在幼儿园里都可以做哪些关于"分享"的事情呢？或者你希望在什么时候得到别人的分享呢？我们可以小声地讨论一下，一会儿告诉老师。

幼儿开始讨论

师：好，小朋友们，老师刚才看大家都讨论得可激烈啦，那现在请小朋友们举手告诉老师，我们在幼儿园里都可以做哪些关于"分享"的事情呢？或者你希望在什么时候得到别人的分享呢？

幼儿1：我希望在玩玩具的时候大家可以相互分享，这样每个人就都可以玩到好几种玩具了。

师：啊！你说得真好，其他小朋友们同意他的观点吗？

幼儿齐答：同意！

师：好的，那希望我们以后再玩玩具的时候，都可以学会分享。还有吗？

幼儿8：我觉得在美术课玩彩泥的时候大家不要只玩一个颜色，把一个颜色都拿走，这样别的小朋友就没有了。

师：是的，我们在玩彩泥的时候可以少拿一点，够自己玩就可以，你把颜色都拿走了，其他的小朋友就没得玩了。

幼儿5：我觉得如果我有好玩的卡片我愿意拿到幼儿园和其他小朋友一起玩。

师：哇！你真好，谢谢你。小朋友们，你们说得真好，你们都是懂得分享的好孩子。

我们现在是不是对分享有了更深一层的认识呢？分享是心甘情愿的、不求回报的。是我愿意把我的东西分给你一起玩或者是一起吃，然后我们都很开心。分享是一件很快乐的事情，那么希望我们橙子班的小朋友们都能够学会分享，下次见面的时候，告诉老师关于你"分享"的故事。

3. 教育活动分析

此次教育活动主要分为问题导入、播放动画、集体讨论、总结延伸四个环节。在本次教育活动中，教师紧紧围绕动画主题"分享"开展活动，在活动过程中，师幼积极互动，幼儿参与度较高。

在问题导入这一环节，教师通过创设问题情境，激发幼儿的好奇心和求知欲，让幼儿带着问题去看动画："为什么萝卜头愿意把所有的苹果都分享给别人？"进而可以让幼儿在观看动画过程中抓住"分享"这一主题，重点观察动画榜样的亲社会行为过程，有利于加深幼儿对分享行为的理解，也为讨论环节奠定基础。

在播放动画环节，幼儿表现出明显的积极情绪，说明幼儿对动画的喜爱度较高。结合娱乐教育理论，在此环节幼儿满足"观看者对教育内容有所反应"这一说服机制。此外，大多数幼儿在观看动画过程中注意力集中，但也有个别幼儿出现注意力不集中的情况。

首先，在集体讨论过程中，教师引导幼儿以动画榜样"萝卜头"展开讨论，分析动画榜样与别人分享的原因以及分享的感受，教师因势利导，让幼儿在讨论中独立思考，初步感受分享与被分享的快乐，体验萝卜头和朋友间良好的社交氛围。其次，在讨论过程中，幼儿可以认识到"萝卜头"与人分享的行为是正确的，甚至部分幼儿愿意向动画榜样学习，说明幼儿能够肯定动画榜样的亲社会行为，并对动画榜样产生角色认同。例如当教师询问幼儿动画榜样的做法是否正确时，幼儿都表示正确，并且愿意或者是在自己有苹果的情况下愿意把多余的苹果分享给他人。同时这也就满足了娱乐教育理论的第二个说服机制，即观看者对于角色产生认同。

在最后的总结延伸环节中，教师将"分享"延伸到幼儿的日常生活之中，让幼儿分享自己的"分享行为"并对他们给予表扬。这不仅有利于将幼儿的已有经验与新知识联系起来，还起到了强化的作用。教师还鼓励幼儿在生活中与他人分享，进一步促进了幼儿分享行为的发展。这一环节也满足了娱乐教育理论中的"强化"说服机制。

在活动过程中，教师能够循循善诱，利用动画榜样的引导作用，引导幼儿在活动中思考并积极讨论，理解分享的意义，鼓励幼儿与他人分享。通过本次教育活动，动画榜样发挥了积极的引导作用，幼儿不仅体验到了分享的意义，也学会了要与他人分享。本次教育活动在一定程度上促进了幼儿的亲社会行为发展。

（三）实验后测

在实验完成后一周内进行，具体方法同前测。（采用自编的情境测验，分为四个维度，对每组20名共80名幼儿进行测试，在特定情境下测试幼儿亲社会行为的发生，有行为记为一分，无则不计分，最后累计总分。）

1. 帮助行为情景测验

当被试幼儿在教室自由活动时，主试手拿一盒卡片走进教室，经过被试幼儿时假装不小心将盒子打翻，卡片散落一地。主试故意大声说："哎呀，卡片怎么全撒了呀！"然后蹲下拾起卡片。教师不作任何提示与要求，观察被试幼儿是否帮助拾起或发生其他帮助行为。有帮助行为计一分，无帮助行为记零分。整个测试在10分钟内进行。

2. 分享行为情景测验

主试准备若干卡通橡皮，告知幼儿要分享给每个幼儿两个。分发结束后告知幼儿："刚才老师路过中班，小班的弟弟妹妹们看到了老师的贴纸也想要，但是老师告诉他们这是给大班的小朋友准备的，没有多余的。我们班有小朋友愿意将自己的贴纸分享给弟弟妹妹吗？"教师不作任何提示与要求，主动分享橡皮的幼儿计一分，不分享计零分。整个测试在10分钟内进行。

3. 安慰行为情景测验

当被试幼儿在教室自由活动时，其他幼儿手缠纱布、表情痛苦地走进教室，边走边说："哎呦，好疼啊！"主动关心、询问或做出其他安慰行为的幼儿计一分，无安慰行为的记零分。整个测试在 10 分钟内进行。

4. 合作行为情景测验

幼儿自由活动期间，主试拿出 6 箱积木，将班级幼儿分为 5 组。每组分发一箱，告知幼儿可以自己玩也可以和其他小朋友一起玩。能够与其他人合作搭建积木的被试幼儿计一分，否则记为零分。整个测试在 10 分钟内进行。

第三节 实验结果的统计与分析

一 实验的结果

（一）实验结果及定量分析

记录每一位被试幼儿每次情景测验所得分数，组内变量采用配对样本 t 检验，组间变量采用独立样本 t 检验。将实验数据录入计算机后，利用 SPSS26 软件进行统计分析。

1. 前测结果

表 4-4　　实验组与控制组四种亲社会行为前测得分平均分

组别/维度	帮助	合作	安慰	分享
实验组 1	0.45	0.50	0.35	0.20
实验组 2	0.45	0.50	0.30	0.20
实验组 3	0.45	0.55	0.35	0.25
控制组	0.55	0.55	0.25	0.11

通过表 4-4 可知，三个实验组与控制组的前测成绩平均分的差值均在 0.15 以内，无明显差异。再通过 SPSS 对实验组与控制组幼儿的前测成绩进行比较，验证是否存在显著性差异，结果如表 4-5、表 4-6 和表 4-7 所示。

表4-5   实验组1与控制组四种亲社会行为前测比较

变量	实验组1（N=20) M	SD	控制组（N=20) M	SD	T	显著性	Sig（双尾）
帮助	0.45	0.51	0.55	0.510	-0.620	1.000	0.539
合作	0.50	0.513	0.55	0.510	-0.309	0.664	0.759
安慰	0.35	0.489	0.25	0.444	0.677	0.187	0.503
分享	0.20	0.410	0.11	0.315	0.406	0.419	0.687
总分	1.55	1.099	1.50	1.235	0.135	0.642	0.893

通过表4-5中数据可知，实验组1与控制组无论是在亲社会行为总分还是在帮助、合作、安慰、分享四种行为的单项得分，均不存在显著性差异（p>0.05）。说明实验组1与控制组幼儿亲社会水平相当。

表4-6   实验组2与控制组四种亲社会行为分数比较

变量	实验组1（N=20) M	SD	控制组（N=20) M	SD	T	显著性	Sig（双尾）
帮助	0.45	0.510	0.55	0.510	-0.620	1.000	0.539
合作	0.50	0.513	0.55	0.510	-0.309	0.664	0.759
安慰	0.30	0.489	0.25	0.444	0.346	0.493	0.731
分享	0.20	0.410	0.11	0.315	0.406	0.419	0.687
总分	1.45	1.317	1.50	1.235	-0.124	0.665	0.902

表4-7   实验组3与控制组亲社会分数比较

变量	实验组1（N=20) M	SD	控制组（N=20) M	SD	T	显著性	Sig（双尾）
帮助	0.45	0.510	0.55	0.510	-0.620	1.000	0.539
合作	0.55	0.510	0.55	0.510	0.00	1.000	1.000
安慰	0.35	0.489	0.25	0.444	0.677	0.187	0.503
分享	0.25	0.444	0.11	0.315	0.406	0.419	0.687
总分	1.60	0.940	1.50	1.235	0.288	0.223	0.775

通过表4-6、表4-7可以看出，三个实验组在帮助、合作、安慰、

分享四种亲社会行为与控制组均没有显著差异，且通过 SPSS 数据分析得出，三个实验组均与控制组没有显著性差异。

2. 后测结果

表4-8　　　　实验组与控制组四种亲社会行为后测得分平均分

组别/维度	帮助	合作	安慰	分享
实验组1前测	0.45	0.50	0.35	0.20
实验组1后测	0.70	0.85	0.80	0.55
实验组2前测	0.45	0.50	0.30	0.20
实验组2后测	0.95	0.90	0.75	0.85
实验组3前测	0.45	0.55	0.35	0.25
实验组3后测	0.60	0.75	0.55	0.55
控制组前测	0.55	0.55	0.25	0.11
控制组后测	0.60	0.65	0.20	0.16

通过表4-8可知，实验组1、实验组2、实验组3的前后测结果均有明显变化，控制组的前后测成绩变化不明显。再通过 SPSS 对实验组与控制组幼儿的前后测成绩进行比较，验证是否存在显著性差异，结果如表4-9、表4-10和表4-11所示。

表4-9　　　　　　　　实验组1前后测结果比较

变量	实验组1前测（N=20） M	SD	实验组1后测（N=20） M	SD	T	显著性	Sig（双尾）
帮助	0.45	0.510	0.70	0.470	-1.561	0.783	0.135
合作	0.50	0.513	0.85	0.366	-2.666	0.556	0.015
安慰	0.35	0.489	0.80	0.410	-2.932	0.508	0.009
分享	0.20	0.414	0.55	0.510	-2.666	0.395	0.015
总分	1.55	1.099	2.90	0.553	-5.107	0.689	0.000**

注：* 表示显著性水平0.05下呈现差异，** 表示显著性水平0.01下呈现差异。

如表4-9可知，实验组1（讨论组）幼儿的四种亲社会行为的总分 p 值为 0.00，小于 0.01，说明实验组1幼儿的亲社会总分得分前后测差异极为显著。其中"帮助"的 p 值为 0.135、大于 0.05，说明实验组 1 幼儿的前后测帮助水平不存在显著性差异；"分享"的 p 值为 0.015、小于 0.05，说明分享行为在 0.05 水平下呈现差异；"安慰"的 p 值为 0.009、小于 0.01，说明安慰行为在实验前后存在显著性差异。

表 4-10　　　　　　　　　　实验组 2 前后测结果比较

变量	实验组 1 前测（N=20） M	实验组 1 前测（N=20） SD	实验组 1 后测（N=20） M	实验组 1 后测（N=20） SD	T	显著性	Sig（双尾）
帮助	0.45	0.510	0.95	0.224	-4.359	0.380	0.000**
合作	0.50	0.513	0.90	0.308	-2.990	1.000	0.008*
安慰	0.30	0.470	0.75	0.444	-3.943	0.100	0.001**
分享	0.20	0.410	0.85	0.366	-5.940	0.374	0.000**
总分	1.45	1.317	3.45	0.605	-7.118	0.159	0.000**

注：*表示显著性水平 0.05 下呈现差异，**表示显著性水平 0.01 下呈现差异。

如表 4-10 可知，实验组 2（角色扮演组）幼儿的四种亲社会行为的总分 p 值小于 0.01，说明实验组 2 幼儿的亲社会行为水平实验前后有显著性差异。其中帮助、安慰、分享的 p 值均小于 0.01，说明三种亲社会行为在实验前后存在显著性差异。

表 4-11　　　　　　　　　　实验组 3 前后测结果比较

变量	实验组 1 前测（N=20） M	实验组 1 前测（N=20） SD	实验组 1 后测（N=20） M	实验组 1 后测（N=20） SD	T	显著性	Sig（双尾）
帮助	0.45	0.510	0.60	0.503	-1.371	0.015	0.186
合作	0.55	0.510	0.75	0.444	-1.710	0.076	0.104
安慰	0.35	0.489	0.55	0.510	-2.179	0.001	0.042*
分享	0.25	0.444	0.55	0.510	-2.854	0.018	0.010*
总分	1.60	0.940	2.30	1.031	-4.273	0.000	0.000**

注：*表示显著性水平 0.05 下呈现差异，**表示显著性水平 0.01 下呈现差异。

如表 4-11 可知，实验组 3（动画组）在实验后的亲社会行为总分与实验前亲社会行为总分 p=0，说明实验组 3 幼儿在实验后的亲社会行为水平与实验前存在极显著差异。其中，"安慰"和"分享"两种亲社会行为的 p 值小于 0.05，说明实验组 3 幼儿的两种亲社会行为在实验前后存在显著性差异。"帮助、合作"两种亲社会行为水平的 p 值均大于 0.05，说明四种亲社会行为水平实验前后不存在显著性差异。进一步比较"帮助、合作"两种亲社会行为水平的均值发现，两种亲社会行为水平的实验后平均分分别比实验前高出 0.15 和 0.20，说明动画干预后实验组 3 幼儿的安慰和合作行为水平有所提高，但提高幅度不明显。

表 4-12　　　　　　　　　控制组前后测结果比较

变量	控制组前测（N=20） M	控制组前测（N=20） SD	控制组后测（N=20） M	控制组后测（N=20） SD	T	显著性	Sig（双尾）
帮助	0.55	0.510	0.60	0.503	-0.567	0.001	0.577
合作	0.55	0.510	0.65	0.489	-1.453	0.000	0.163
安慰	0.25	0.444	0.20	0.410	1.000	0.000	0.330
分享	0.11	0.315	0.16	0.375	-0.567	0.179	0.578
总分	1.50	1.235	1.60	0.940	-0.623	0.000	0.541

如表 4-12 可知，控制组 p 值为 0.541，大于 0.05，说明控制组幼儿亲社会行为水平实验前后不存在显著性差异。其中"帮助、合作、分享、安慰"四种亲社会行为的 p 值均大于 0.05，说明控制组四种亲社会行为实验前后均不存在显著性差异，即控制组幼儿的亲社会行为在实验前后变化不明显。

对实验组 1、实验组 2、实验组 3 及控制组后测结果进行单因素方差分析，其结果如表 4-13 所示。

表4-13　　　　　　　　　实验组、控制组后测结果多重比较

组别		平均值差值	p
实验组1	实验组2	-0.550*	0.035*
	实验组3	0.600*	0.022*
	控制组	1.300*	0.000**
实验组2	实验组3	1.150*	0.000**
	控制组	1.850*	0.000**
实验组3	控制组	0.700*	0.008**

注：*表示显著性水平0.05下呈现差异，**表示显著性水平0.01下呈现差异。

从表4-13中可以看出，实验组1、实验组2均与控制组存在显著性差异（p值均为0.00），说明利用动画榜样进行的角色扮演、集体讨论两种教育活动均对大班幼儿的亲社会行为有促进作用；实验组1、实验组2均与实验组3存在显著性差异（p=0.022；p=0.00），说明角色扮演活动和集体讨论活动对幼儿亲社会行为的促进作用均优于仅观看动画；实验组1与实验组2的p值为0.035，说明两种教育活动在0.050水平下存在差异，进一步说明角色扮演活动对于大班幼儿的亲社会行为的促进效果要优于集体讨论活动；实验组3和控制组对比的p值为0.022，说明实验组3和控制组在0.050水平下呈现差异，进一步说明亲社会动画可以促进大班幼儿的亲社会行为发展。

（二）实验结果定性分析

为了更好地验证实验结果，在实验过程中随机抽取两名幼儿每周观察两次其亲社会行为变化，且在实验结束后一周对三个实验班教师进行访谈用于质性分析。

1. 访谈结果及分析

实验结束后一周，分别对实验组1、实验组2、实验组3的主班教师进行访谈，访谈为非结构化访谈，访谈时间为10分钟，访谈地点为幼儿园的美术室。现将访谈主要内容整理如下。

（1）实验组3访谈记录：

研究者：根据这六周以来孩子们的表现，您班级的孩子喜欢看这些动画吗？

教师：喜欢啊，这么大的孩子本来就非常喜欢看动画的。给他们看动画他们每次都可开心了。

研究者：在这六周给他们看的动画里，他们对哪种类型的动画最感兴趣或者对哪一个动画片反应比较强烈？可以具体谈一谈吗？

教师：那他们肯定会更喜欢有意思的动画，搞笑的、好玩的。

研究者：回忆近期孩子们的情况，您觉得孩子们在观看六周的动画片后，在亲社会行为上有什么变化吗？

教师：有呀，但不是所有孩子都有明显的变化。

研究者：为什么不是所有孩子都有变化呢？

教师：几乎所有孩子都是非常喜欢看动画的，这点是毋庸置疑的，他们甚至会经常主动要求我给他们播放动画。但是并不是每一个孩子都能关注到或者是记住动画片里那种好的行为，也就是亲社会行为。有的孩子看完动画之后能够知道动画里告诉我这种行为是好的，并且他（她）会在现实生活中也那样做；但有的孩子他可能关注的点更是一些搞笑的部分，动画播放结束后你问他讲了什么，他可能会说那个小猫咪摔了个跟头很搞笑，他注意不到那么在生活中他也不会那样做；还有的孩子他关注到了动画里的角色那样做了，但他自己在现实生活中不一定会那样做。因为观看动画这个过程完全是孩子自己，没有人去引导他们，那结果肯定也不会那么完美。不过多半孩子还是会有变化的。

研究者：您能在分享、合作、安慰、帮助这四个方面具体谈谈吗？

教师：帮助，就是他们会很乐意帮助别人做一些事情，比如说手工课上有的小朋友做到某个步骤不会了，那他身边的小朋友可能就会主动帮助他或者教他；合作和分享主要表现在玩玩具上，之前会有孩子不愿意把自己的玩具分给别人玩，就自己玩，现在可以观察到这种情况变少了；安慰，比较明显的变化是他们有了安慰的意识，之前有的小朋友看到其他人伤心了，可能不会去问他怎么啦？为什么伤心？但现在我发现有很多孩子们会去主动地询问或者是上前安慰，说一些话或者拍拍背之类的。

研究者：您觉得通过观看动画这种形式对孩子们的亲社会行为进行教育，相比于加上教师的引导哪一种效果会更好一些？

教师：那肯定是有教师的引导呀，观看动画只能起到一定的作用，即使是教育性特别强的动画，结合教师适当的引导才会有一个更好的效果。

首先，从上述访谈可以看出，实验组 3 的幼儿很喜欢观看实验动画，且动画对于幼儿的四种亲社会行为均有一定的促进作用，这与实验的结果是相一致的（详见表 4 - 11）。其次，对于实验动画的喜爱类型，幼儿普遍喜欢情节有趣的动画。再次，因为每个幼儿自身的理解能力和对动画的关注点不同，对于幼儿的促进效果也并不相同。另外，通过观看前后测得分记录表发现，在实验组 3 的 20 名被试中，有 5 名被试的后测得分较前测相比是没有变化的，这也与教师在访谈中提到的情况相吻合。最后，实验组 3 的带班教师认为，仅仅观看动画对幼儿亲社会行为的促进能起到一定的作用，但结合教师的引导才会起到更好的效果。

（2）实验组 1 访谈记录：

研究者：根据这六周以来孩子们的表现，您班级的孩子喜欢看这些动画吗？喜欢参与关于动画榜样的教育活动吗？

教师：喜欢，他们非常乐意看动画，还会经常主动要求我给他们放呢。他们也很喜欢教育活动，因为是讨论动画，在讨论环节他们都非常积极，每次都讨论得可热闹了。

研究者：在这六周给他们看的动画里，他们对哪种类型的动画最感兴趣或者对哪一个动画片反应比较强烈？可以具体谈一谈吗？

教师：对搞笑的会反应更强烈吧，孩子们更关注这个动画有没有意思、搞不搞笑。或者是动画角色本身可不可爱，动画角色本身的性格或品质也会决定他们喜欢与否，比如帮助别人的动画角色还是比较受欢迎的。

研究者：您觉得从进行动画教育活动开始到结束，您班级里孩子在亲社会行为上有发生什么变化吗？

教师：有啊，还挺明显的。比如可以明显观察到他们"抢"的行为变少了，分享的行为变多了，还有就是更会关心人了。

研究者：您能从帮助、分享、安慰、合作四个方面具体谈谈吗？

教师：帮助，比如说我以前偶尔也会让小朋友帮我做一些事情，但最近很多孩子不等我要求，就会主动帮我去做一些事情；分享，就是可以明显地发现他们"抢"的行为变少了，以前在发玩具或者发材料的时候他们会抢，都想自己多分一些或者是先拿到玩具，但现在他们会知道好东西要大家一起玩，不能一个人独占；安慰的话，就是有小朋友伤心了，他们会说一些安慰的话，有效安慰的话，更知道应该如何去安慰别人；合作，这个每天都会发生，他们这个年纪本来就喜欢在一起玩，可以看到以前在课下会有一些孩子只自己玩，像六六，但不知道从什么时候开始她还是融入了其他孩子们的集体活动中去。

研究者：您觉得只观看动画而不对幼儿进行任何教育干预的话会对幼儿的行为产生影响吗？

教师：也会有影响，因为孩子们喜欢看动画，所以说他会在动画里学到东西，甚至有时候比老师只用言语去教育接受得更多一些。首先他有一个兴趣点，兴趣点对于孩子来说很重要。但也不能只观看动画，需要结合引导，单纯靠动画的影响而没有干预也是不行的。

研究者：您觉得在观看动画结束后对幼儿进行角色扮演和集体讨论的教育活动，哪一种效果会更好？

教师：角色扮演会更有效。相比于单纯的观看动画或者讨论，角色扮演就相当于把生活中的事情放到课堂上。一是把身边的事件和动画相结合，二是用小朋友喜欢的方式去完成教育，这是非常好的。

研究者：那您觉得在看完动画之后除了讨论和角色扮演，还有其他更适合大班孩子的引导吗？

教师：看动画是一种集体的活动，去观看，就是让孩子直接去感受。其次就是操作、实践，在他们玩耍的过程中，在区域活动当中，这个时候会感受更深一些。因为观看动画是被接受，而在区域中（发生的事）是一个自发性的（行为），然后孩子的行为如果出现一些问题，这个时候老师去指导的话可能会更有效果一些，因为他是"集体合作"，它涉及别人指导自己，而且他们也愿意集体合作。

首先，从上述访谈可以看出，实验组1（讨论组）的幼儿对于观看动画和参与动画相关的集体讨论活动都有较强的参与性。其次，教师可以在与幼儿的交往中感受到幼儿在亲社会行为上发生的变化，说明利用动画榜样进行的集体讨论教育活动对实验组1幼儿的四种亲社会行为有一定的促进作用，这也与实验的结果相一致（详见表4-9）。再次，对于幼儿喜欢的动画类型，教师通过在实验过程中观察发现，幼儿更喜欢情节搞笑的动画，喜欢正面形象的动画角色。最后，对于不同方案对幼儿亲社会行为的促进效果，实验组1的教师认为有教师引导的效果要大于没有引导的，角色扮演的效果大于集体讨论的。另外，除了集体讨论和角色扮演，该班教师认为还可以通过让幼儿在真实场景中去中直观感受来促进幼儿亲社会行为的发展。

（3）实验组2访谈记录：

研究者：根据这六周以来孩子们的表现，您班级的孩子喜欢看这些动画吗？喜欢参与关于动画榜样的教育活动吗？

教师：喜欢看。动画本身就非常吸引他们，再加上角色扮演，平时就是宝贝们非常喜欢的活动，把动画和角色扮演结合在一起，他们会特别感兴趣，每次他们都会非常积极地参加，都争着抢着扮演角色呢。

研究者：在这六周给他们看的动画里，他们对哪种类型的动画片最感兴趣或者对哪一个动画片反应比较强烈？可以具体谈一谈吗？

教师：这个也看情况，因人而异，不可能说每个孩子喜欢的动画都是一样的。但我觉得大多数孩子可能会更喜欢他们看过的动画，比如说熊大熊二，因为他们平时就比较喜欢看这个，说明这个比较吸引他们。但也不绝对，比如说你那个《汪汪队立大功》他们以前没看过但也比较喜欢，他们喜欢看情节丰富、有趣的，太无聊的他们不喜欢。

研究者：回忆您班级孩子最近的情况，他们在亲社会行为上有什么变化吗？

教师：有，变得更贴心更懂事了。也就是可以看到他们的亲社会行为是有一个比较明显的提高的。

研究者：您觉得这六周以来利用动画榜样进行的教育活动有对孩子们的亲社会行为产生影响吗？

教师：当然会有啊，而且这种影响绝对是积极的、有效的。本身你选取的这些动画是有亲社会行为的，也就是你说的动画榜样。而且孩子们都喜欢看动画，所以这个动画本身是会对孩子有一点影响的。

研究者：对于孩子们的变化，您能从帮助、分享、安慰、合作四个方面具体谈谈吗？

教师：帮助的话有很多体现，比如说在去户外活动的时候，因为现在是冬天他们的衣服都又大又厚，会有小朋友穿衣服很慢或者拉不上拉链，那就会有穿得快的小朋友主动去帮助穿得慢的小朋友。在分享行为上孩子们比较明显的变化就是分东西或者是玩玩具的时候，争抢的情况变少了，还有的小朋友会把自己家里的玩具带到幼儿园来和其他小朋友分享，这点是让我比较欣慰的。在安慰行为上，那天小王老师（配班）肚子痛，有很多小朋友会上前去抱抱小王老师，或者说老师你去喝点热水，在以前他们没有这么会安慰人的，还有很多以前根本就不会安慰别人的小朋友变得会安慰别人了。合作嘛，就是可以看到课下在建构区一起搭积木和在美食区"开饭店"的小朋友变得更多了。

研究者：您觉得只观看动画而不对幼儿进行任何教育干预的话会对幼儿的行为产生影响吗？

教师：也会有，但是个别，不会特别多。因为他们对于我说的话比较信（信服），比较听。在看动画之前我没有进行一个引导，孩子们很聪明，他们可能在潜意识中，他们会觉得在没有任务的时候老师才让我看的动画，所以觉得看完后就忘了。

研究者：也就是说，相对于没有教师的引导，有教师的引导会让动画的教育效果更佳对吗？

教师：是的。

研究者：您觉得在观看动画结束后对幼儿进行角色扮演或集体讨论的教育活动，哪一种效果会更好？

教师：角色扮演，相对于讨论，孩子们会更喜欢角色扮演这种形式，再有就是角色扮演可以让他们感同身受，这点是很重要的。

研究者：那您觉得在看完动画之后除了讨论和角色扮演，还有其他更适合大班孩子的引导吗？

教师：举例，和生活联系起来。

首先，由观察记录可见，实验组2的幼儿非常愿意观看实验动画，也非常喜欢延伸的角色扮演活动。且通过带班教师观察，利用动画榜样进行的角色扮演活动，能够有效促进被试幼儿的四种亲社会行为发展，这与实验结果相符合（详见表4-10）。其次，幼儿比较喜欢情节丰富、幽默的动画。再次，相对于没有教师的引导，有教师的引导会让动画的教育效果更佳，且角色扮演相对于集体讨论，更能够让幼儿感同身受，所以会有更好地促进效果。最后，除了集体讨论和角色扮演，该教师认为向幼儿列举生活中与动画榜样相似的例子，也是能够促进幼儿的亲社会行为发展的有效策略之一。

根据三个实验组的教师访谈，我们可以看出三个实验组的被试情况既有相同也有不同。相同之处在于三个实验组的幼儿均喜欢观看实验动画，且实验组1和实验组2的幼儿均对于动画榜样相关的教育活动参与度较高。三位被访谈者均认为利用动画榜样可以促进大班幼儿亲社会行为的发展，且在帮助、安慰、分享、合作四个方面均有体现。但三位教师均认为有教育干预的效果会优于仅观看动画。且角色扮演对于幼儿亲社会发展的促进效果优于集体讨论，这与对三个实验组后测比较的结果相一致（详见表4-13）。另外，三位教师均发现幼儿更喜欢情节丰富、幽默有趣的动画。不同之处的表现是，动画组幼儿表现出较少的亲社会行为变化，而实验组1和实验组2的幼儿表现则更为明显。

2. 观察结果分析

表4-14　　　　　　　　观察亲社会行为次数统计

组别	姓名	性别	帮助	安慰	分享	合作	总计（次）
实验组1	阳阳	男	1	0	1	3	13
	淘淘	女	2	0	2	4	
实验组2	天天	男	2	1	3	4	16
	朵朵	女	3	0	1	2	
实验组3	浩浩	男	1	0	0	3	10
	千千	女	2	1	1	2	
控制组	讷讷	男	1	0	1	2	8
	兜兜	女	1	1	0	2	
总计（次）			13	3	9	22	47

通过研究分析对幼儿追踪观察的记录结果，发现在观察时间范围内出现亲社会行为的次数方面，三个实验组幼儿出现的次数均多于控制组幼儿。从总次数来看，实验组1、实验组2、实验组3和控制组幼儿发生亲社会行为的总次数分别为13次、16次、10次、8次。从行为改变上来看，实验组1、实验组2的幼儿均有发生明显的亲社会行为的变化。通过对幼儿的观察记录分析，我们还可以发现在行为表现上，四个组别的幼儿在自主活动时发生的亲社会行为较多。从记录的亲社会行为类型来看，合作行为发生的次数最多，共为22次，安慰行为发生的最少，为3次。

表 4 - 15　　　　　　　　　　阳阳第一周观察记录

亲社会行为观察记录表			
维度	帮助	分享	安慰	合作
次数		0		
被观察者	阳阳		班级	大（1）班
观察时间	9月28日上午10:00-10:30		性别	男

事件1观察记录：

自由活动时间，老师给每组小朋友发了一箱玩具，过了一会儿，隔壁组的糖果小朋友来向阳阳借机器人。虽然阳阳当时没有玩机器人，但还是拒绝了糖果。

糖果："阳阳，你能借我玩一会儿机器人吗？我们在星球大战，需要一个机器人。"

阳阳："不行。"

糖果："为什么不行啊，我一会儿就还给你。"

阳阳："不行！这是我们组的！"

糖果失落地走开了，阳阳继续玩玩具直到自由活动时间结束。

表 4 - 16　　　　　　　　　　阳阳第五周观察记录

亲社会行为观察记录表			
维度	帮助	分享	安慰	合作
次数		1		
被观察者	阳阳		班级	大（1）班
观察时间	11月4日下午15:00-15:30		性别	男

事件1观察记录：

老师给小朋友们每人发两张彩色卡纸，准备教小朋友们做"小衣服"，这时隔壁班级的老师来问是否还有多余的卡纸，他们班小朋友每人一张卡纸还是不够分，老师问小朋友们："小朋友们，我们叠小衣服一张卡纸就够了，但是大2班还有小朋友没有卡纸呢，有小朋友愿意把自己的卡纸分给大2班小朋友吗？"

阳阳主动举手，并把一张卡纸送到了老师手里。

老师："谢谢阳阳。"

阳阳："不客气。"

以实验组1幼儿阳阳的观察记录为例，我们可以看到在第一周的观察记录中，阳阳在没有使用玩具的情况下仍不愿将玩具分享给其他小朋友，但在第五周的观察记录中，阳阳主动将卡纸分享给他人。两个事件的亲社会行为维度都是分享,但经过四周的动画榜样教育活动的干预,阳阳的行为由不分享变成了分享,说明阳阳的亲社会行为有所发展。另外,阳阳的前、后测结果显示,阳阳在分享行为前测得分为 0,分享后测得分为 1,说明在分享行为前测中阳阳并没有做出亲社会行为,但在分享后测中表现出了亲社会行为,这一结果与观察记录中阳阳的变化相一致,进一步验证了阳阳亲社会行为的发展。

表 4-17　　　　　　　　　兜兜第一周观察记录

亲社会行为观察记录表			
维度	帮助	分享	安慰	合作
次数		0		
被观察者	兜兜		班级	大(4)班
观察时间	9月30日上午 10:00-10:30		性别	女

事件 1 观察记录:
科学课之前,老师给每个小朋友分发科学材料包,让大家坐在自己的位置上等待。在老师发到兜兜旁边的小朋友时,兜兜马上把材料包抢到了自己手里。老师:"不要抢,每个小朋友老师都会发到的。"
兜兜没有说话,紧紧地攥着材料包。

表 4-18　　　　　　　　　兜兜第六周观察记录

亲社会行为观察记录表			
维度	帮助	分享	安慰	合作
次数		0		
被观察者	兜兜		班级	大(4)班
观察时间	9月30日上午 10:00-10:30		性别	女

事件 1 观察记录:
在美工区,老师给小朋友们分发马克笔准备让大家画画,在没有发到兜兜的时候,兜兜把宁宁先收到的马克笔抢了过来。宁宁看了一下兜兜没有说话,继续等待老师发放。在开始作画时,宁宁向兜兜借用绿色,兜兜用力按住马克笔盒,说"不给!"。

以控制组幼儿兜兜的观察记录为例,我们可以看到第一周的观察记录中,兜兜在等待老师发放科学材料包时,把旁边小朋友的材料包抢到了手里，没有发生分享行为。在第六周的观察记录中，我们可以看到在美工区老师发放马克笔时，兜兜还是把马克笔从先收到的小朋友那里抢了过来，并拒绝了其他区小朋友借笔的请求，仍然没有发生分享行为。两个事件中，兜兜都做出了"抢夺"行为，即与分享行为相反的行为。时隔五周，在相似情境下，兜兜的"抢夺"行为并没有发生变化，说明兜兜的亲社会行为并没有明显发展。另外，在兜兜的分享行为前测和分享行为后测中，兜兜的得分都为0，说明兜兜在前测和后测中都没有做出分享行为，这一结果与观察记录保持一致。同时，通过对比观察记录，我们可以看到实验组1、实验组2幼儿亲社会行为发生的次数均明显大于控制组，这进一步验证了动画榜样教育活动对幼儿亲社会行为的促进作用。

总之，幼儿的观察记录显示，三个实验组的幼儿相对于控制组，均表现出较多的亲社会行为，且实验组的幼儿发生较多的行为变化，说明利用动画榜样的教育活动可以促进大班幼儿的亲社会行为发展，这与实验结果和访谈结果均一致。实验组2（角色扮演组）的亲社会行为次数大于实验组1（讨论组），说明角色扮演活动的效果优于集体讨论活动，这也与实验和访谈的结果保持一致。

（三）实验结果的讨论

根据实验所得数据以及观察、访谈结果，现将定量分析与定性分析相结合对实验结果进行分析。

1. 动画榜样能够促进大班幼儿的亲社会行为发展

后测结果显示，实验组1、实验组2、实验组3与控制组后测结果对比的p值分别为0.00、0.00、0.008，说明实验结束后，三个实验组的幼儿亲社会行为得分均与控制组存在显著性差异。根据访谈记录可知，三个实验组幼儿均喜欢观看实验动画，且实验组1、实验组2两组幼儿均对动画榜样相关的教育活动参与度较高。三位教师均认为利用动画榜样可以促进大班幼儿亲社会行为的发展，且在帮助、安慰、分享、合作行为上均有体现。通过对观察记录的分析可知，实验组1、实验组2、实验组3和控制组幼儿发生亲社会行为的总次数分别为13次、16次、10次、8次，我们可以看到三个实验组的幼儿相对于控制组，均表现出较多的亲社会行为，且实验组的幼儿发生较多的行为变化，说明在亲社会行为的表现上优于控制组,这一访谈结果和实验结果相一致。无论是质性分析还是量性分析,均显示在实验结束后,实验组较控制组发生了较为明显的亲社会行为变化。因此,结果证明利用动画榜样进行的教育活动能够促进大班幼儿亲社会行为发展。这一结果与有关于动画榜样促进幼儿亲社会行为发展的研究结果相一致。

结合实验过程和已有研究分析,可能有以下原因。结合娱乐教育理论,想要动画对幼儿产生影响,需要幼儿对动画产生反应、对动画中的角色产生认同、受到一定的强化作用这三个条件同时被满足。首先,通过教师访谈可以发现,实验组幼儿均表示出对动画的喜爱,笔者在实验过程中也观察发现,幼儿在观看动画过程中会随着情节的变化而做不同的表情或进行讨论,说明幼儿能够对动画产生反应。其次,在观看过动画后,提问幼儿最喜欢的动画角色,大多数幼儿会回答在动画中做出了亲社会行为的角色,原因为角色善良、可爱等,说明幼儿能够对动画角色产生认同。最后,无论是观看动画后幼儿的自行讨论,还是师幼集体讨论和角色扮演活动,都是对幼儿的一种及时强化。因此,对动画产生反应、对动画中的角色产生认同、受到一定的强化作用三个条件可以同时得到满足,动画也对幼儿产生了积极影响。

此外,笔者在实验过程中也观察发现,幼儿对于动画的热情非常高,对于教育活动的参与也非常积极,经常主动要求教师播放动画。兴趣是学习的前提,幼儿们对动画极大的兴趣也是动画榜样能够对幼儿的亲社会行为起到促进作用的原因之一。

2. 角色扮演和集体讨论对于促进幼儿亲社会行为的效果优于只播放动画

实验结果显示,实验组1、实验组2和实验组3的总分平均值分别为2.90、3.45、2.30,且实验组1、实验组2与实验组3后测结果的p值分别为0.22、0.00和0.00,说明利用动画榜样进行角色扮演和集体讨论的教育活动,其对大班幼儿亲社会行为的促进作用要明显优于只观看动画。在访谈记录中,实验组1和实验组2的带班教师均认为被试幼儿在亲社会行为上有所变化。通过观察结果可知,实验组1和实验组2被试幼儿发生亲社会行为的次数明显大于实验组3。综上,量性研究结果与质性研究结果相统一,均证明角色扮演和集体讨论对于促进大班幼儿亲社会行为的效果优于只播放动画。结合实验过程进行分析，可能有以下原因。

首先，在没有教师引导的情况下，幼儿在观看动画过程中容易出现注意力不集中的情况。动画不能引起所有被试幼儿的注意和兴趣，幼儿对动画的热情再高，也不可避免幼儿在观看动画过程中出现走神的情况，笔者也在实验过程中发现，当播放的动画情节相对枯燥时，个别幼儿会出现注意力不集中的现象，这就会影响幼儿对于动画榜样亲社会行为的"吸收"效果。但如果把动画榜样放进教育活动之中，每一位幼儿都参与到活动之中，活动的各个环节以及教师的引导也在不断吸引幼儿的注意力，且教育活动中的各个环节都是对亲社会行为的重复，这就对幼儿不断地进行了强化，加深了亲社会行为在幼儿头脑中的印象。

其次，幼儿的观点采择能力有限，不会重点观看亲社会行为。大班幼儿的观点采择能力发展还不成熟，不能够自己选择吸收动画中有益的信息，或对于动画中角色的行为理解得过于浅显，如果观看动画过程中以及观看动画后都没有对幼儿进行引导，幼儿很难对动画中的亲社会行为进行理解甚至是看完就忘了。笔者也通过观察发现，在观看动画过程中，幼儿对幽默、搞笑的情节的反应更加强烈，所以幼儿所重点关注的情节可能并不是与亲社会行为完全有关。笔者在观看动画一周后随机对幼儿进行无结构化访谈，记录如下所示。

片段1

研究者：还记得之前老师给你们看过的动画片吗？

幼儿1：什么时候？

研究者：就是上周呀。

幼儿1：嗯……我只记得他们长什么样子，但不记得叫什么了。

研究者：那你还记得动画讲的什么吗？

幼儿1：记得一点。

研究者：那你最喜欢动画里哪个人物？对哪个记得最清楚？

幼儿1：熊大熊二的。

研究者：那集讲的什么还记得吗？

幼儿1：不记得了。

片段2

研究者：老师上周给你们看过熊大熊二的故事，还记得吗？

幼儿2：什么时候？

研究者：上周一和周三，在放学之前？

幼儿2：哦，好像有点印象。

研究者：你还记得动画讲了什么事吗？

幼儿2：熊大和吉吉做了一个稻草人，然后吵架了。

研究者：后来呢？

幼儿2：吵架不对。

研究者：为什么不对呀？

幼儿2：不知道。

通过访谈可以看出，在动画播出一周后，实验组3的幼儿对于动画内容并不深刻，且对动画内容的理解也不到位。所以，想要对幼儿的亲社会行为有明显的促进作用，光有动画榜样是远远不够的，需要结合教育的力量加以引导，才能加深幼儿的理解与认识，最大限度地促进幼儿的发展。

3. 角色扮演的效果优于集体讨论

由实验结果可以看出，实验组1和实验组2对幼儿的亲社会行为均有明显的促进作用，但实验组2的效果要更为显著，也就是说角色扮演对于幼儿亲社会行为的促进效果要优于集体讨论。通过对教师的访谈也可得知，教师均认为角色扮演对于幼儿的促进效果更明显。在观察记录中也可发现，实验组2幼儿的亲社会行为发生次数要明显高于其他两组。

首先，角色扮演活动更容易受到大班幼儿的欢迎。大班幼儿的合作意识进一步增强，相对于讨论，他们更喜欢与同伴开展合作性游戏，且能够理解并遵从游戏规则，能够投入扮演之中。相对于小班和中班，大班幼儿的合作水平也进一步提升，在角色扮演游戏中能够用生动的语言、动作进行表演。此外，大班幼儿的游戏经验和生活经验都相对丰富，他们能够在角色扮演游戏中主动反映各种各样的生活经验，概括和创造性地再现动画情节。

其次，相对于集体讨论，幼儿在角色扮演中的参与性更强。在角色扮演游戏中幼儿不仅有语言上的交流，还有肢体动作的表现，可以给幼儿的多种感官带来体验，从而让幼儿的印象更深刻、体验感更强。动画为主题的角色扮演相对于普通的角色扮演，主题更为新颖、内容更为丰富，能反映较为复杂的人际关系,因此更能激发幼儿的浓厚兴趣。笔者在实验中也可以明显观察到幼儿在角色扮演中的积极性要明显大于集体讨论。角色扮演的形式也更为生动,角色扮演是让幼儿在特定的情境中扮演动画榜样角色,可以让幼儿在扮演过程中体验到分享与被分享、帮助与被帮助等感觉,更可以让幼儿"身临其境",和动画角色感同身受,体验到实施亲社会行为给自己和他人带来的快乐。

片段3

研究者:你还记得老师带你们看过的动画片吗?

幼儿3:记得啊!

研究者:你都记得哪个呀?

幼儿3:大头儿子还有熊大熊二。

研究者:那你最喜欢哪个呀?

幼儿3:我最喜欢那个土拨鼠。(《分苹果》一集中的萝卜头)

研究者:啊,是分苹果那集对吗?

幼儿3:对。

研究者:你还记得那集讲的什么事吗?

幼儿3:光头强摘了一些红苹果,土拨鼠问:"你是在哪摘的红苹果啊?"光头强说是那边,然后他就去了,果然看到了红苹果。然后他摘了三个,但是别人也都需要苹果,他就把苹果分完了,说改天再去摘。

研究者:你觉得他做得对吗?

幼儿3:对呀,我最喜欢他了。

研究者:为什么啊?

幼儿3:因为他把苹果分享给别人了,他很好。

通过研究者与幼儿的对话可以看出,与实验组1(讨论组)相比,实验组2(角色扮演)的幼儿对于动画的印象明显更为深刻并且能够叙述出动画的主要情节。幼儿认为动画榜样的行为是对的且能够喜欢动画榜样,说明幼儿已经对动画榜样产生了角色认同。

(四)小结

本研究以某公办幼儿园80名大班幼儿为实验对象,研究利用动画促进大班幼儿亲社会行为发展的策略,通过对实验结果的量性分析和对访谈、观察结果的质性分析相结合,得出以下结论。

1. 有关亲社会行为的动画可以促进大班幼儿亲社会行为发展。
2. 利用动画榜样进行的教育活动对大班幼儿的促进效果要优于单纯观看亲社会动画。
3. 利用动画榜样进行的角色扮演活动对于大班幼儿亲社会行为的促进效果优于利用动画榜样进行的集体讨论活动。

二 动画榜样在教育教学活动中的应用

不论是对研究的量性分析还是质性分析，结果都显示利用动画榜样进行的角色扮演教育活动对于大班幼儿亲社会行为的促进有更好的效果，因此以实验结果及实验过程为参考，阐述利用动画榜样在角色扮演活动中的策略。

（一）合理控制时长，把握好动画在教育活动中的占比

本研究为利用动画榜样促进大班幼儿亲社会行为发展，即通过给幼儿播放含有亲社会行为的动画榜样，再利用动画榜样开展相关活动，加深幼儿对于榜样的理解与认识，进而使幼儿获取相关行为，促进其亲社会行为发展。动画可以作为活动的背景也可以作为活动的开始，但活动的主要内容是根据动画中的亲社会行为榜样进行的教育活动而不是播放动画本身。因此，教师要注意动画片在教育活动中的时间占比。时间太短，难以全面地体现动画中榜样行为的过程，幼儿没有充分的时间理解，动画也就起不到榜样教育效果了。但时间太长，容易忽略教育活动的主体内容，容易导致幼儿抓不住动画的重点且长时间观看不利于幼儿的健康。所以，教师应该把重点放在如何让幼儿理解和感受动画榜样的亲社会行为，而不是机械地播放或重复动画。大班幼儿的教育活动一般为25—30分钟，所以动画的播放时长控制在5—10分钟为宜。此外，动画榜样只是作为教育的辅助工具，不可能完全代替教育，教师在教育活动中一方面要控制好动画在教育活动中的占比，动画不宜占用教育活动的时间过多。另一方面，还要注意以引导为主，启发幼儿思考，让幼儿主动把输入转为输出。

（二）多种方法结合，选择最适合幼儿的方式进行教学

本研究的实验结果表明，角色扮演与动画榜样的结合对于大班幼儿亲社会行为的促进有更好的教育效果。在角色扮演中幼儿可以切实地感受到帮助与被帮助、安慰与被安慰的感觉，更能深刻地体验到帮助他人所带来

的快乐，也就是说角色扮演更容易让幼儿与动画榜样产生共情。此外，在角色扮演过程中幼儿可以通过对角色的扮演而更深刻地意识到亲社会行为的意义。

因此，在利用动画榜样进行教育延伸活动的过程中，首先教师要结合动画内容，提前准备好角色头饰和扮演道具，以便为幼儿提供更真实的扮演场景。其次，在观看动画前教师可以通过设置疑问等方式引导幼儿将注意力放在榜样的亲社会行为上，让幼儿有目的地去观看动画才能对动画情节有一个更深刻的印象。最后，在观看完动画后，教师一方面要对动画榜样的亲社会行为给予肯定，让幼儿知道亲社会行为是好的、值得肯定的行为；另一方面教师还要引导幼儿再次熟悉剧情，深入了解亲社会行为发生的原因和意义，并为下一阶段的角色扮演做准备。此外，幼儿教师可以根据实际情况将各种教育方法与动画榜样相结合，进而达到更好的教育效果。

（三）以儿童为中心，注重儿童的主动参与和真实体验

无论是在看动画还是在看完动画后组织的相关活动中，教师都要以儿童为中心，注重让儿童主动参与和在活动中真实体验。以儿童为中心，即在进行教育活动过程中，教师要关注幼儿的兴趣、问题以及需要，引导幼儿去理解动画榜样亲社会行为的原因。活动过程中的问题设置或环节也应根据幼儿的需要而灵活变化。在和幼儿讨论过程中，应该以幼儿为主，把表达的主动权交给幼儿，让幼儿在与老师和同伴的交流中理解亲社会行为的意义，而不是老师机械地传输。另外，教师要注重幼儿的体验感。例如在角色扮演过程中，不只是机械地扮演动画中的剧情，而是让幼儿在扮演过程中真正理解亲社会行为的意义和体验到帮助与被帮助、安慰与被安慰、分享与被分享以及合作的真实感受。同时，还要让幼儿感受到"双重体验"，即不仅要让幼儿体验到"被分享"的感受，还要让幼儿体验到"不被分享"的感受，因为只有在体验到做与不做的差距，才能真正地感受到亲社会行为的意义，从而学会站在他人的角度考虑问题，促进亲社会行为发展。

（四）结合生活实际，联系幼儿的实际生活进行榜样教育

大班幼儿的学习能力尚未发展成熟，还不能很好地将动画榜样的亲社会行为迁移到各种适用的生活情境中，如果幼儿看完动画后没有和实际生

活联系，那幼儿很可能只是机械地模仿，不能"举一反三"。所以，在观看完动画或在教育活动中，首先幼儿教师可以尽可能地列举一些幼儿日常生活中与动画榜样相类似的情景，将动画与幼儿的日常生活相联系。告诉幼儿什么时候可以发生亲社会行为，什么时候不可以发生亲社会行为。

其次，亲社会行为对于幼儿的教育还要实践于平时当中，尤其是生活当中的每一个细节。"生活即教育"也是"教育即生活"。它是体现在我们生活当中的每一个细节，这就要求教师要有耐心并善于观察，观察每个幼儿亲社会行为发展不足的方面，然后再根据不同孩子的问题有针对性地去引导。比如可以让平时不爱分享的孩子在角色扮演中扮演不被分享的角色，体验不被分享的感觉。

再次，利用动画榜样对幼儿的亲社会行为促进是一个持续性的影响，需要教师对幼儿多次的、循序渐进的引导。

最后，教师还要对幼儿在日常生活中的亲社会行为进行及时的肯定，对非、反亲社会行为进行及时的批评教育，只有将教育与生活相结合，才能对幼儿有一个深刻的、持续性的影响。

本章小结

本章通过阅读相关文献资料，整理分析了动画榜样与幼儿亲社会行为的相关研究，在实验的基础上验证了动画榜样对大班幼儿亲社会行为发展的促进作用。幼儿的亲社会行为发展是幼儿社会性发展的重要枢纽，对幼儿健全人格的形成以及道德水平的提高具有重要意义，同时也有利于幼儿在社会交往中拉近与他人的关系，建立良好的社交氛围。

有关亲社会行为的动画可以促进大班幼儿亲社会行为发展。同时，利用动画榜样进行的教育活动，对大班幼儿亲社会行为的促进效果要优于单纯观看亲社会动画。此外，利用动画榜样进行的角色扮演活动，对于大班幼儿亲社会行为的促进效果优于利用动画榜样进行的集体讨论活动。基于此，提出动画榜样在教育活动中的应用上要合理控制时长，把握好动画在教育活动中的占比、多种方法结合，选择最适合幼儿的方式进行教学、以儿童为中心，注重儿童的主动参与和真实体验、结合生活实际，联系幼儿的实际生活进行榜样教育。

第五章

改善社会性消极行为：基于幼儿气质水平，改善幼儿社交退缩行为的活动设计

气质是一个人所特有的心理活动的动力特征，是个性和社会性发展的生物基础，它使人的整个心理活动带上个人独特的色彩，制约着心理活动发展的特点。气质和人的生理解剖特点直接相关，儿童生来就具有个人的气质特点。与其他个性心理特征相比，气质具有更大的稳定性。儿童个体差异的最初表现就是由气质所决定的。对婴幼儿的气质类型，有各种划分标准。有以根据高级神经活动为标准的传统的气质类型划分方法，也有根据基本生活活动模式划分的气质类型等等，不同的气质类型也有其不同的划分标准。不同的气质类型，其个性及社会性发展呈现不同的趋势及水平。目前国内外研究者一致认为，气质与个性和社会性发展存在相关关系。气质是个性和社会性发展的生物基础，但是通过环境的影响，气质维度也会发生变化。在人的个性心理特征中，气质是最早出现的，其变化也是最为缓慢的。儿童出生时已经具备一定的气质类型，即黏液质、胆汁质、多血质和抑郁质，这些类型在整个儿童时期是相对稳定的。气质无所谓好坏，但由于其能影响儿童全部的心理活动和社会行为，如果不加以正确对待，将会成为形成不良个性的影响因素。我们可以说，没有可以离开个性的气质，也没有缺乏气质的个性。儿童的气质特点往往会影响成人对儿童的态度。各种类型的气质都有其积极和消极的方面，正确的教育能够引导儿童发展良好的个性特征。因此，成人对儿童的抚养和教育措施必须充分考虑每个儿童的气质特点。比如，对于在某一方面较弱的儿童应格外加以悉心照料，多加鼓励，对于难以适应环境的儿童，在送入幼儿托育机

构的过程中应该多加帮助。这些对儿童个性的形成和社会性的发展都是十分重要的。

社交退缩行为普遍被认为是个体在熟悉或者陌生的环境下产生的异常焦虑的、不知所措的甚至害怕的、恐惧的情绪反射，并常伴有默默独处行为。目前国内外学者将社交退缩主要分为主动退缩、沉默寡言和被动退缩。而幼儿的社交退缩行为主要受其自身的气质水平影响，国内外学者从心理学角度认为，气质是儿童的个性心理特征之一，具有稳定性、持久性及可塑性，而遗传和环境是影响个体气质的主要因素，不同气质水平的幼儿常表现出不同的社会行为，它使个体的整个心理活动具有显著的独特性，并且制约着心理活动的发展。[1] 在幼儿园中，每个幼儿的气质水平都不相同，在面对同一事物或不同的事物时会表现出不同的反应。在与同伴交往中，他们也会有不同的交往模式，有的幼儿性格外向，在同伴交互中表现得积极主动，而有的幼儿性格内向，在与同伴交往中则表现得谨慎、退缩。[2] Fox 等研究者也认为，气质对幼儿的行为表现有着直接的影响，抑制型气质的幼儿在交往中更多地表现出消极情绪及退缩行为。[3] 对此，针对幼儿的社交退缩行为，我们应该尝试从心理学角度基于幼儿气质水平对幼儿的社交退缩行为实施干预活动，以期改善幼儿气质水平，缓解幼儿社交焦虑，促进幼儿社会性发展。

第一节　学前儿童自身因素对社会性发展的影响

一　气质

（一）气质的含义

气质是人类个体中所具有的一种与生俱来的稳定的行为表现表达方

---

[1] 韩文茜：《4—6 岁不同气质类型幼儿在合作游戏中的行为观察研究》，硕士学位论文，天津师范大学，2014 年。

[2] 杜水云：《社交行为对气质水平与行为问题的调节作用》，硕士学位论文，浙江大学，2019 年。

[3] Fox, N. A. Henderson, H. A. & Marshall P. J. (2001). The biology of temperament: An integrative approach. In. C. A. Nelson & M. Luciana (Eds.), The Handbook of Developmental Cognitive Neuroscience (pp. 631-645). Cambridge, MA: Springer.

式，具有显著的人格特质，具有先天性、稳定性和可塑性。气质影响幼儿社会行为的发生，不同气质下的幼儿能以不同的态度和方式与他人交往。国内外关于气质的概念界定较多，国外一些学者诸如 Thomas 和 Chess 等认为，气质是人类个体中所具有的一种与生俱来的稳定的行为表现表达方式，具有显著的人格特质。他们认为气质是先天的，但也并不是完全不变的，而是会受后天环境的影响但比较小。① 奥尔波特从个体情绪活动角度理论出发认为，气质是与个体情绪活动有关的各种现象。包括个体情绪刺激的敏感性、反应力的强度与活动速度以及情绪主导个体心境的活动特性、强度与时间变化等特点，这些特点主要随个体自身气质而决定，因此大多数起因于遗传。国内学者从心理学角度出发广泛认为，个体气质不受活动目的和内容的影响，具有相对稳定性的心理活动，它并非个别的行为特征，而是关于心理活动、行为速度和强度及灵活性等方面的动力倾向性。它使人的整个心理活动具有独特性和稳定性，但又具有可变性，易受后天环境及教育的影响。② 可知，目前关于气质的概念界定较为丰富，且在不断丰富发展中。国外最早开始对于气质进行概念界定，研究方面更为广泛，更多将气质与个体的认知发展及社会发展相联系。国内研究者侧重从心理学角度研究气质，在发展广度上还有待进一步探索。

（二）气质的类型

国外学者最早开始对气质进行研究，并对气质类型做了多样化的划分。

1. 传统的气质类型

传统的划分方法，以高级神经活动为标准，由古希腊医生希波克拉（Hippocrate）提出的。他把气质分为四种类型：抑郁质、胆汁质、黏液质、多血质。黏液质儿童表现为安静迟缓、有耐心。抑郁质儿童表现为敏感、善于观察、想象力丰富、情感深刻而持久，但多愁善感、情感脆弱、畏缩而孤僻。胆汁质儿童有较高的反应性和主动性，脾气暴躁、不稳重，但直率、精力旺盛。多血质儿童反应性高，行动敏捷，可塑性强；主动性高，精力充沛；注意力容易转移，热情易消退。这与巴甫洛夫（Pavlov）

---

① ［捷克］夸美纽斯，任仲印选编：《教育论著选》，任宝祥等译，人民教育出版社1990年版，第178—179页。

② 莫秀锋、郭敏：《学前儿童发展心理学》，东南大学出版社2016年版，第22页。

发现的四种高级神经活动类型相吻合。他认为，神经系统具有强度、平衡性和灵活性三个特征，由于在个体身上存在不同组合，从而产生不同的神经活动类型，如表5-1与表5-2所示。同时，康德、冯特二人也将气质分为了这四种类型。

表5-1　　　　　　　　　　传统的气质类型

气质类型	心理特征	培养
胆汁质	容易兴奋，难以抑制，不易约束	勇于进取，豪放的品质，防止任性、粗暴。
多血质	反应敏捷，活泼好动，情绪外显	热情开朗的性格及稳定的兴趣，防止粗枝大叶，虎头蛇尾。
黏液质	安静沉稳，反应迟缓，情感含蓄	积极探索精神及踏实认真的特点，防止墨守成规，谨小慎微。
抑郁质	对事敏感，体验深刻，孤僻畏缩	机智、敏锐和自信，防止疑虑孤独。

表5-2　　　　　　　　　巴甫洛夫气质类型对照表

强度	平衡性	灵活性	高级神经活动类型	气质类型	优缺点	培养措施（扬长避短）
强	不平衡		兴奋型（不可退制型）	胆汁质	优点：直率热情、精力旺盛	培养勇于进攻、豪放的品质；防止任性、粗暴，训练自制力。
强	平衡	灵活	活泼型	多血质	优点：好动、爱交际、能说会道 缺点：粗枝大叶、虎头蛇尾	培养热情开朗的性格和稳定的兴趣；防止粗枝大叶、虎头蛇尾。
强	平衡	不灵活	安静型	黏液质	优点：踏实稳重、自制力强 缺点：可塑性差、呆板	培养积极探索精神和踏实认真的特点；防止墨守成规、谨小慎微。
弱			抑郁型	抑郁质	优点：细心、耐心、观察力强 缺点：行为孤僻、多愁善感	培养机智敏锐和自信心；防止疑虑、孤独，多鼓励、少批评。

2. 根据基本生活活动模式划分的气质类型

切斯（Chess）等人通过对大量儿童（主要指婴儿）的考察和追踪，发现有一些行为模式是从出生开始贯穿至整个儿童时期的。他们根据一系列的标准，将儿童的气质划分为了四种类型，分别为易养型、难养型、启动缓慢型及中间型气质。[①]（1）易养型的孩子。大多数儿童属于这一类，约占75%，他们对成人的抚养活动给予大量的积极强化，因而在整个儿童时期都受到成人的极大关怀和注意。他们的活动有规律，对新刺激反应是积极接近，对环境的改变适应较快，情绪反应温和，心境积极，看到生人常常微笑，不爱哭闹，能接受新事物。（2）难养型的孩子。这一类的儿童很少，约占10%。他们的心情总是不好，在游戏中也不愉快。成人需要费很大的气力才使他们接受抚爱，由于成人的抚爱经常得不到正面的反馈，成人和孩子之间关系往往不亲密，孩子缺少教养活动。此外，他们的活动无规律，对新刺激反应消极、退缩、回避，环境改变后常不能适应或适应较慢，情绪反应强烈且常为消极反应，心境消极。（3）启动缓慢型的孩子。这一类儿童约占15%。他们常常安静地退缩，对新刺激常为反应消极、回避，活动水平低，反复接触后方可慢慢适应。与麻烦型不同的是，该类型儿童无论是积极反应还是消极反应都是很温和的，生活规律仅有轻度紊乱，心境消极。在没有压力的情况下，对新刺激缓慢地发生兴趣、慢慢地活跃起来。随着年龄的增长，这一类儿童的发展情况因成人抚养和教育情况的不同而分化。（4）中间型的孩子。介于以上三者之间。包括：中间偏平易型（intermediatelow，中易型）及中间偏麻烦型（intermediatehigh，中烦型）。

托马斯（Thomas）对儿童（主要指婴儿）的气质进行了长达二十多年的研究，并提出气质有9个维度。他提出婴幼儿的心理发展有五个方面的特点：①生物节律性和可预测性；②对新异刺激的趋避性；③对新经历和常规改变的适应性；④情绪反应强度；⑤典型心境。并把儿童的气质也划分为三种类型，与切斯的划分类型基本吻合，即容易照看型、难以照看型及缓慢发动型。在 Thomas 和 Chess 研究的基础上，George 又解释了每

[①] Thomas, A. & Chess, S. (1977). Temperament and Development. Oxford, England: Brunner/Mazel.

个维度的含义，节律性即规律性或预测性，表示幼儿平时的动作行为及反应是否表现出一定的规律，是否能够预测将来的行为；趋避性表示幼儿对陌生环境的反应是接近还是退缩；适应性表示幼儿对新环境的接受程度；活动水平表示幼儿平时的身体活动量多小；反应阈限表示幼儿在陌生或熟悉的人及事物刺激下的敏感度；反应强度表示幼儿在面对刺激时所表现出的反应程度；心境，表示幼儿在生活中愉快与不愉快的多少；注意力分散度表示幼儿在活动中注意力分散的程度；持久性表示幼儿在活动中体验的时间长短。[1] Kagan 在研究中将婴幼儿反应分为高反应性和低反应性，低反应性婴幼儿更容易发展成为非抑制儿童，这类儿童大多表现得活泼开朗、大胆随和。相反地，高反应性婴幼儿更易发展成为抑制型气质儿童。他们经常表现出胆小、害羞及退缩。[2] 国内研究者刘文，依据我国儿童发展特点和根据生活活动模式，将气质类型主要分为专注型、活跃型、敏捷型、抑制型和中间型五种类型。[3]

（三）气质相关的测评

现代科学技术突飞猛进，日新月异。对遥远庞大的天际，我们可以用万倍的望远镜去观察，对渺小幽闭的微观世界，我们也可以用显微镜去探索，唯独对我们人类自己却难以用一样极其有效的工具去直接测量，这就是我们人类难于真正认识自己的原因。但是许多科学家和研究者依然十分执着，始终在研制一些测量，希望人们能够认识自己。关于气质类型的测量研究也丰富多元，多数国内外研究者主要从心理学及医学的视角来制定量表，并应用于各个领域，譬如教育领域以及临床应用等等。常用量表如：Thomas, Chess 儿童气质问卷系列；斯特里劳儿童气质调查表（STI）；TTQ 儿童气质评定量表等。除了使用问卷法进行测量外，也常用访谈法及观察法。

---

[1] George, Daryl B. Greenfield. Examination of a structured problem-solving flexibility task for assessing approaches to learning in young children: Relation to teacher ratings and children's achievement [J]. Applied Developmental Psychology, 2005, 26, 69 – 84.

[2] Kagan. J., Reznick, J. S., Clarke, C, Snidman, N., & Garcia-Coll, C. (1984). Behavioral Inhibition to the Unfamiliar. Child Development, 55 (6), 2212 – 2225.

[3] 刘文：《3—9 岁儿童气质发展及其与个性相关因素关系的研究》，硕士学位论文，辽宁师范大学，2002 年。

拓展阅读

纽约纵向研究（NYLS）3—7 岁儿童气质问卷

1. 测评目的

A. 了解儿童气质测验的形式和内容，掌握气质测量和一般问卷的实测过程。

B. 进一步了解 3—7 岁儿童气质的特点。

2. 实验原理

Thomas 和 Chess 通过纽约纵向研究（New York Longitudinal Study，简称 NYLS），提出了儿童气质的结构：即活动水平、节律性、趋避性、适应性、反响强度、心境特点、注意分散、反应阈和持久性。并设计了家长评定的 3—7 岁儿童气质问卷（Parent Temperament Questionnaire，PTQ）共包括 72 个工程。中国儿童气质常模全国儿童气质量表标准化协作组于 1997 年修订了中国化版本的 PTQ，依据家长报告的 72 个工程的得分，能够将儿童划分为"难养型气质""启动缓慢型""易养型气质""中间型气质"。

3. 测评方法

此问卷共有 9 个维度，每个维度有 8 个条目，共包括 72 个条目。每个条目均在"从不"到"总是"的 7 个等级上对儿童的日常行为表现进行评定。

4. 测评内容

本实验利用 NYLS 3—7 岁儿童气质问卷，对家长进行问卷调查，分析所测儿童的气质，从而了解儿童气质的类型、特点。本测量包含 72 个条目，分别如下：

（1）洗澡时，把水泼得到处都是，玩得很愉快。

（2）和其他小孩子在一起玩时，显得很高兴。

（3）嗅觉灵敏，对一点点难闻的味道很快就能闻到。

（4）面对陌生的成人会感到害羞。

（5）做一件事时，例如，画图、拼图、做模型等，不论花多少时间，一定要做完才肯罢休。

（6）每天定时大便。

（7）以前不喜欢吃的东西，现在愿意吃。

（8）对食物的喜好反应很明显，喜欢的食物很喜欢，不喜欢的食物很不喜欢。

（9）心情不好时，可以很容易地用笑话逗他开心。

（10）遇到陌生的小朋友时，会感到害羞。

（11）不在乎很大的声音，例如，其他人都抱怨电视机或飞机的声音太大时，他好像不在乎。

（12）如果不准宝宝穿他自己选择的衣服，他很快就能接受，并穿成人要他穿的衣服。

（13）每天要定时吃点心。

（14）当宝宝谈到一些当天所发生的事情时，显得兴高采烈。

（15）到别人家里，只要去过两三次后，就会很自在。

（16）做事做得不顺利时，会把东西摔在地上，大哭大闹。

（17）逛街时，他很容易接受成人用别的东西取代他想要的玩具或糖果。

（18）不论在室内还是室外活动，宝宝常常在跑，而很少慢走。

（19）喜欢和成人上街买东西（例如，去市场、商场、超市）。

（20）每天上床后，差不多一定时间内就会睡着。

（21）喜欢尝试新的食物。

（22）当妈妈很忙，无法陪他时，他会走开去做别的事，而不会一直缠着妈妈。

（23）很快地注意到各种不同的颜色（例如，会指出哪些颜色不好看）。

（24）在游乐场玩时，很活跃，停不下来，会不断地跑，爬上爬下或扭动身体。

（25）如果他拒绝某些事，例如理发、梳头、洗头等，几个月后，他仍会对这些事表示抗拒。

（26）当他在玩一件喜欢的玩具时，对突然发出的声音或身旁他人的活动不太注意，顶多只是抬头看一眼而已。

（27）玩得正高兴而被带开时，他只是轻微地抗议，哼几声就算了。

（28）经常提醒父母完成答应他的事（例如什么时候带他去哪里玩等）。

（29）和别的小孩一起玩，会不友善地和他们争论。

（30）到公园或别人家玩时，会去找陌生的小朋友玩。

（31）晚上的睡眠时间不一定，时多时少。

（32）对食物的冷热不在乎。

（33）对陌生的成人，如果感到害羞的话，很快（约半小时之内）就能克服。

（34）会安静地坐着听别人唱歌、读书或讲故事。

（35）当父母责骂他时，他只有轻微的反应，例如：只是小声地哭或抱怨，而不会大哭大叫。

（36）生气时，很难转移他的注意力。

（37）学习一项新的体育活动时（例如溜冰、骑脚踏车、跳绳等），他肯花很多的时间练习。

（38）每天肚子饿的时间不一定。

（39）对光线明暗的改变相当敏感。

（40）和父母在外过夜时，在别人的床上不易入睡，甚至持续几个晚上还是如此。

（41）盼望去上托儿所、幼儿园或小学。

（42）和家人去旅行时，能很快地适应新环境。

（43）和家人一起上街买东西时，如果父母不给他买想要的东西（例如糖果、玩具或衣服），便会大哭大闹。

（44）烦恼时，很难抚慰他。

（45）天气不好，必须留在家里时，会到处跑来跑去，对安静的活动不感兴趣。

（46）对来访的陌生人，会立刻友善地打招呼或接近他。

（47）每天食量不定，有时吃得多，有时吃很少。

（48）在玩玩具或游戏并碰到困难时，很快地就会换别的活动。

（49）不在乎室内、室外的温度差异。

（50）如果他喜欢的玩具坏了或游戏被打断了，他会显得不高兴。

（51）在新环境中（例如：托儿所、幼儿园或小学），两三天后仍无法适应。

（52）虽然不喜欢某些事，例如：剪指甲、梳头等，但是一边看电视或一边逗他时，他可以接受这些事。

（53）能够安静地坐下来看完整的儿童影片、球赛、电视长片等。

（54）不喜欢穿某件衣服时，会大吵大闹。

（55）假日的早上，他仍像平常一样按时起床。

（56）当事情进行得不顺利时，他会向父母抱怨别的小朋友（说其他小孩的不是）。

（57）对太紧、会扎人或不舒服的衣服相当敏感，且会抱怨。

（58）他的生气或懊恼很快就会过去。

（59）日常活动有所改变时（例如：因故不能去上学或每天固定的活动改变），很容易就能适应。

（60）到户外（公园或游乐场）活动时，他会静静地自己玩。

（61）玩具被抢时，只是稍微地抱怨而已。

（62）第一次到妈妈不在的新环境中（例如：学校、幼儿园、音乐兴趣班）时，会烦躁不安。

（63）开始玩一样东西时，很难转移他的注意力，很难使他停下。

（64）喜欢做些较安静的活动，例如：劳动、看书、看电视。

（65）玩游戏输了时，很容易懊恼。

（66）宁愿穿旧衣服，也不喜欢穿新衣服。

（67）身体被弄脏或弄湿时，并不在乎。

（68）对于和自己家里不同的生活习惯很难适应。

（69）对于每天所经历的事情，反应不强烈。

（70）吃饭的时间延迟一小时或一小时以上也不在乎。

（71）烦恼时，给他做别的事，可以使他忘记烦恼。

（72）做事时，虽然给他一些建议或协助，他仍然依照自己的意思做。

5. 评分标准

表5-3　　　　　　　　　评分标准1

活动水平		规律性		趋避性		适应度		反应强度	
题号	小　大	题号	无规律　有规律	题号	退缩　接近	题号	低　高	题号	微弱　强烈
1	1234567	6	1234567	4	7654321	7	1234567	8	1234567
18	1234567	13	1234567	10	7654321	15	1234567	16	1234567

续表

活动水平		规律性		趋避性		适应度		反应强度	
题号	小 大	题号	无规律 有规律	题号	退缩 接近	题号	低 高	题号	微弱 强烈
24	1234567	20	1234567	21	1234567	25	7654321	27	7654321
34	7654321	31	7654321	30	1234567	33	1234567	35	7654321
45	1234567	38	7654321	42	1234567	40	7654321	43	1234567
53	7654321	47	7654321	46	1234567	51	7654321	54	1234567
60	7654321	55	1234567	62	7654321	59	1234567	61	7654321
64	7654321	70	7654321	66	7654321	68	7654321	69	7654321

表5-4　　　　　　　　　评分标准2

情绪本质		坚持度		注意分散度		反应阈	
题号	负向 正向	题号	低 高	题号	不易 易	题号	低 高
2	1234567	5	1234567	9	1234567	3	7654321
14	1234567	12	7654321	17	1234567	11	1234567
19	1234567	22	7654321	26	7654321	23	7654321
29	7654321	28	1234567	36	7654321	32	1234567
41	1234567	37	1234567	44	7654321	39	7654321
50	7654321	48	7654321	52	1234567	49	1234567
56	7654321	58	7654321	63	7654321	57	7654321
65	7654321	72	1234567	71	1234567	67	1234567

6. 气质类型的划分标准
（1）难养型
①规律性、趋避性、适应度、情绪本质中至少三项低于平均值；
②反应强度高于平均值；
③至少两项偏离超过一个标准差。
（2）易养型
①如果反应强度高于平均值，则其他项中最多有一项低于平均值；
②如果反应强度不高于平均值，则其他项中最多有两项低于平均值；

③没有任何一项偏离超过一个标准差。

（3）启动缓慢型

①至少三项低于平均值且趋避性或适应度有一项低于一个标准差；

②活动水平不得高于二分之一个标准差；

③情绪本质不得低于一个标准差。

（四）气质对学前儿童社会性发展的影响

气质对学前儿童社会性发展的影响主要包括以下五个方面：

1. 气质对儿童同伴交往的影响

随着学术界的快速发展，涌现出越来越多的发展心理学家，他们开始对幼儿的行为进行研究，在研究中，进一步发现幼儿的行为气质与同伴交往之间有很大的联系，关于幼儿气质活动水平与同伴交往的关系研究，我国学者也提出了不同的观点。黄欣怡等人的研究结果表明，气质与同伴交往有密切联系。具体表现为，在同伴交往维度中的社交障碍与气质维度的规律性、坚持度相关显著。[1] 还有梁楠对3—6岁幼儿进行了培养试验，研究发现，从幼儿气质特点出发，以情感、行为等方面进行的活动可以改善幼儿的气质，同时也具有一定的稳定性，也可以促进儿童同伴交往的发展。[2] 由于每个幼儿所形成的气质水平不一致，导致他们会产生不同的反应，具体来说，在不同的情景中会有不同的反应，在相同的情境中也会有不同的反应，因此，每个幼儿在幼儿园中，与其他同伴进行交往时，他们又有着独属于自己的相处模式，比如说，外向的幼儿会在与同伴交往中表现得开朗、主动，而内向的幼儿会在与同伴交往中表现得害羞、退缩等。[3]

最早开始对气质与社交退缩进行研究的是国外学者。Fox等人从气质角度出发，通过在实验室中给幼儿展现一系列陌生的事物刺激（狼面具、黑箱子等），并邀请幼儿主动与小丑互动，主动探索陌生环境。通过分析幼儿在实验中的表现，认为幼儿存在两种气质——趋近气质和抑制气质。

---

[1] 黄欣怡、张乾一、谭静、李林娟、李雪君：《3—5岁幼儿气质类型与同伴交往的关系研究》，《教育观察》2021年第16期，第21—23、73页。

[2] 梁楠：《基于气质评定的幼儿同伴关系培养的实验研究》，硕士学位论文，辽宁师范大学，2005年。

[3] 杜水云：《社交行为对气质水平与行为问题的调节作用》，硕士学位论文，浙江大学，2019年。

抑制气质幼儿常伴随着较多的消极情绪及社交退缩行为。[1] Asendorpf（1991）的研究发现，抑制气质幼儿更容易发生社交退缩行为，这类幼儿在面对社会环境时会产生焦虑以及恐惧的消极情绪。加之，他们的自我调节能力很弱，在社会环境中，尤其是在陌生的社会环境中更容易产生紧张感和压迫感，且这种状态具有一定的持续稳定性。[2] Kean（1981）经过实验研究发现，退缩幼儿和抑制幼儿经常容易感受到压力，在陌生的环境下，会自觉采用谨慎、恐惧的应激方式。可见，幼儿的抑制型气质与退缩行为之间存在相关性。Kagan（1991）通过实验后发现行为抑制可以预测同伴交往能力，他认为儿童表现出的社交退缩行为与其气质类型密切相关。[3] 国内学者刘文（2002）编制的3—9岁儿童气质问卷，旨在探讨我国3—9岁幼儿的气质特点及气质结构。[4] 经过研究发现，针对不同气质类型幼儿表现为不同的社会交往行为。其中，他认为抑制型气质幼儿的行为水平更多表现出退缩现象。李幼穗等研究者从同伴交往出发认为，儿童气质类型会影响其与同伴交往的质量，儿童与生俱来的生物性特质对其同伴交往和社会性发展都起着关键性的作用。我国也有学者从幼儿同伴交往角度出发认为，幼儿气质与合作行为之间存在相关性。方晓义调查结果显示，81.3%的教师都认为，在活动与学习中抑制型气质幼儿的合作能力比活跃型幼儿的合作能力更弱。[5]

2. 气质对儿童社会认知的影响

气质类型可以影响人的认知活动。这种影响首先体现在儿童的认知活动方面。我国著名心理学家、北京师范大学林崇德教授经过多年的研究发现：多血质和胆汁质的儿童在解题以及灵活性方面明显高于抑郁质和黏液

---

[1] Fox, N. A., Henderson, H. A. & Marshall, P. J. (2001). The biology of temperament: An integrative approach. In C. A. Nelson & M. Luciana (Eds.), The Handbook of Developmental Cognitive Neuroscience (pp. 631–645). Cambridge, MA: Springer.

[2] Asendorpf, J. B. (1991). Development of inhibited children's coping with unfamiliarity. Child Development, 62 (6), 1460–1474.

[3] Kagan, J. & Snidam, N. (1991). Infant predictors of inhibited and uninhibited profiles. Psychological Science, 2, 40–44.

[4] 刘文：《3—7岁儿童气质教师评定问卷》，《心理发展与教育》2002年第3期，第53页。

[5] 方晓义、王耘、白学军：《儿童合作与竞争行为发展研究综述》，《心理发展与教育》1992年第1期，第38—42页。

质的儿童，多血质和胆汁质的儿童的情绪、情感感受性较强，抑制力和控制力就比较弱，所以他们较难从事一些需要细致性和持久性的智力活动；反之，黏液质和抑郁质儿童的情绪、情感感受性比较弱，对自我的体验相当深刻，非常善于自我反省，所以他们的控制力和抑制力较多血质和胆汁质的儿童就会稍强，因此他们也较适合从事一些需要细致性和持久耐力的智力活动。

　　气质特征可以影响人的记忆效果。研究表明，对于数量多、难度大的识记材料，高级神经活动类型为强型的儿童记忆效果比弱型的儿童记忆效果要好；此外，高级神经活动为强型的儿童记忆无意义音节的效果也比较好。反之，在记忆大量有意义音节或文章方面，高级神经活动类型为弱型的儿童要比强型的儿童记忆效果好。此外，在运动觉记忆方面，对于不太复杂的任务，高级神经活动为弱型的儿童要更善于记忆此类任务；而对于复杂的任务，强型的儿童记忆起来则相对比较容易。

　　3. 气质对儿童身体发育的影响

　　研究表明，难抚养型的儿童的父母，其疾病状况更易在生病中表现出来，而易抚养型的儿童则相对容易在起病初期被忽视。另外，前者遭受意外损伤和虐待的情况居多。由此可以看出，气质对儿童的身体发育是有很大影响的。例如：有的孩子具有严重的食物过敏，因此食欲总不是很好，而且因为没有足够的营养也总是病怏怏的样子，性子比较别扭，对什么东西都提不起兴趣，这也会削弱其和成人的互动质量。因此，对于这一类儿童，必须要给予充分理解和耐心，多一些鼓励，发掘其兴趣点，一点点地引导其活跃起来。

　　4. 气质对儿童性别角色的影响

　　所谓性别角色，是指特定社会对男性和女性社会成员所期待的适当行为的总和。性别社会化是指在特定的文化中，儿童获得适合某一性别的价值观、动机和行为的过程。儿童在2岁左右就初步形成了一些性别角色知识。男孩的性别角色知识发展的速度高于女孩，且其性别角色知识也远比女孩更丰富和详细。在社会行为方面，女孩对年幼儿童的抚养性行为显著多于男孩，而男孩的支配和攻击性行为多于女孩。无论在哪个阶段，男孩与其父母间的交往总是不同于女孩与其父母间的交往。男孩对父母的管教较多表现出抗议、不依从的行为。早在10个月大时，男孩在要求母亲的注意时就表现得更为执拗，1—2岁的男孩更喜欢进行那些被父母禁止的活动，如接触一些物品、爬高等。4—5岁的男孩违抗父母的意愿较多，表现出更强的自我意识和独立性，比较喜欢坚持自己的做法，表现得更为叛逆，女孩则更容易表现出协商、肯定的一方面，与父母较易形成积极的互动关系。

追踪研究发现：（1）女孩参加社交活动多于男孩，男孩对物体和事物更感兴趣，而女孩则对人更感兴趣。（2）男孩比女孩具有更强的攻击倾向。（3）女孩之间的合作性的活动较男孩要多。（4）女孩喜欢找年龄比自己小的玩伴，对比自己年幼的儿童会表示关心和帮助。（5）男孩女孩对玩具也有不同的偏好：男孩通常喜欢玩汽车、建筑积木等玩具，而女孩则偏好洋娃娃和其他软体动物玩具。儿童选择玩具的性别差异很早就表现出来。例如，英国心理学家史密斯（Smith）与其合作者对家庭情景中的儿童游戏的观察研究表明，14个月的婴儿即表现出上述不同的性别偏好。当然，这种偏好不是绝对的。（6）儿童在游戏活动中也很早就表现出性别差异。在社会性游戏中，儿童在绝大多数情况下选择同性别的儿童作为游戏的玩伴，同时在游戏中对同性伙伴做出的社会性行为也显著多于对异性伙伴。研究发现，3岁的儿童已经明显表现出上述特征。不同性别的游戏伙伴在游戏方式上也存在差异：与女孩和女孩的游戏相比，由男孩和男孩组成的游戏团队更容易因争夺玩具而发生冲突。当男孩和女孩之间发生这类冲突时，女孩通常是放弃对玩具的争夺而退到一边，观看男孩则独自一人玩玩具，但当女孩和女孩之间发生玩具争夺冲突时，这种情况则很少发生。

5. 气质对亲子关系的影响

气质与亲子关系有着密切的联系。亲子关系是指父母与子女之间的相互关系。气质对亲子关系的影响具体表现在以下几个方面。

（1）影响父母的反应性和敏感性。易抚养型的儿童的气质特点会对亲子关系产生积极的影响。这类儿童生理活动有规律，容易适应新的环境，容易接近陌生人，容易接受新的事物。他们活泼、愉快、爱玩。这样的儿童通常会得到成人极大的关注，因此与父母的亲子关系比较融洽和亲密。他们会表现出更强的社会合作性特点，当他们想要一种新玩具，而成人表示拒绝时，他们会在适当的时候向成人妥协或者选择另一种可以接受的方式，比如玩其他的玩具等，因此会和成人有一个好的互动。难抚养型的儿童的气质特点会对亲子关系产生消极的影响。这类儿童生理活动没有规律，进食时烦躁不安，经常哭闹，睡眠不规律，对新的环境表现出强烈的退缩、不安，适应迟缓。他们的主导心境是不愉快的，与成人的关系也不亲密。这类儿童具有发生心理问题的潜在危险，在面临复杂问题时容易暴露出气质的消极倾向，会导致以下情况的出现：首先，父母会认为是自己的失职，感到惭愧和内疚；其次，父母会因此而责怪孩子，导致亲子关系逐渐恶化；最后，父母对孩子的吵闹反应会感到束手无策。例如，当他们想要一种新玩具，而成人表示拒绝时，他们往往会采取无休止的哭闹或是破坏性的行为，如用乱扔东西来表达自己的不满和愤怒，十分固执，不达目的誓不罢休，继而使父母产生厌烦和倦怠的心理。男孩相对于女孩来说，亲子冲突发生较多，男孩更可能违背父母的意愿，但尚未有研究探讨过这种冲突在父子之间发生较多，还是在母子之间发生较多。大量的研究发现，当家庭处于压力之中时，男女孩受到压力的影响程度是不同的，不良的家庭关系对男孩的消极影响大于女孩。

（2）影响学前儿童的依恋模式。依恋（Attachment）一般是指个体对某一特定个体长久持续的情感联系。在发展心理学中，依恋是指学前儿童与成人（父母或其他看护者）所形成的情感联结。从外在的行为特征来看，安全型儿童情绪健康、稳定、自信、友善、乐于探索，反映了亲子关系的和谐、情感的包容；回避型儿童似乎缺乏对爱的反应，倾向排斥、独立，情绪活动水平低，反映了亲子间情感联系的缺乏；拒绝型儿童情绪不稳定，排斥与接纳并存，依附性较强，缺乏自信，反映了亲子关系的矛盾性以及情感需要的冲突，使儿童难以实现自我统一；无组织或无定向型儿童，其行为充满矛盾且缺乏目的性，依恋的指向性差，这不仅反映了亲子关系的不稳定、不一致，而且反映了儿童自身需要结构的不和谐。

一些心理学家在研究中发现，早期儿童的行为特征、活动水平、挫折耐受力与生活的节律性有明显的个性差异。一些儿童很难照料，异常活跃，拒绝父母的亲近，不易抚慰，形成稳定依恋的时间较晚，而且在依恋关系中与成人联系的方式也与一般儿童有所不同，如多采取注视与交谈，而较少有身体接触与联系。这些"异常"的行为并不能归因于父母早期的抚养方式，而应归因于儿童的先天特征，尤其是气质。气质在依恋形成与发展中的意义在于：它是影响儿童行为的动力特征的关键因素，在很大程度上赋予儿童依恋行为特定的速度和强度，制约着儿童的反应方式和活动水平。

毋庸置疑，学前儿童的行为特征和个性水平以及对父母养育行为的反应都对亲子关系起着重要的作用，从而影响着儿童社会化的进程。心理学家贝尔（Bell）曾对儿童社会化的一系列研究进行了重新解释。他认为，儿童的气质特点决定了其以后的攻击性或顺从性，父母是根据儿童的气质特点来调整纪律训练方式的。换句话说，贝尔认为，父母倾向于对他们自己的孩子使用最有效的任何抚养方式，有些儿童自身的气质特点使其对特定的纪律训练方式能作出较好的反应，另一些儿童的气质特点则对另一种训练方式反应比较好。

拓展阅读

经典依恋实验——"陌生情景实验"

美国心理学家安思沃斯（Ainswoth）设计的"陌生情景实验"是研究学前儿童分离焦虑、陌生焦虑的经典实验。他把儿童的依恋分为性质不同的三种模式：焦虑—回避型依恋；安全型依恋；焦虑—抗拒型依恋。其研究得出依恋类型与儿童的自身特点有着密切的关系。儿童自身的特点（如气质）对其依恋性质有重要影响，使性质相同的依恋表现出不同的动力特征。

二　社交退缩行为

社交退缩行为对幼儿当下乃至未来发展都有不良影响，是威胁幼儿社会适应能力及心理健康发展的危险因素（Guedeney, Pingault & Thorr, 2014）。有社交退缩行为的幼儿在8—10岁左右会表现出孤独和社交技能的缺乏，到青春期会表现出自我效能感较低，与其他正常的同龄人相比在学业、婚姻、事业等方面可能较落后（张浩，2019）。从一个人的发展角度看，社交行为早在幼儿时期就已开始。幼儿与同伴交往的能力，关系到幼儿日后能否快速适应环境并做到与他人良好相处，更关系到幼儿日后能否很好地适应社会环境。

(一) 社交退缩的内涵

20世纪70年代以来，在心理学发展潮流影响下，研究者对社交退缩越来越关注。在不同的研究角度下，对退缩概念的界定呈现出多样化和复杂化，至今没有取得一致。同时，关于社交退缩的类型及其对个体发展产生的影响也呈现出多元化、丰富性。

20世纪80年代初，西方学者Rubin等人最早对社交退缩开展研究，他们依据研究结论，将儿童在自由游戏时孤立于群体之外的、独自玩耍的、不参与同伴游戏的行为称为儿童的"非社交游戏"。O'Conner从行为描述角度出发认为，"社交退缩行为是个体在与同伴交往中，出现交往频次较低的行为"。这一定义模糊了社会退缩与社会孤独的理念。我们说的社会孤独是一种被他人排斥后的消极独处行为，心理上产生孤独感，如攻击性儿童在被同伴拒绝后有部分儿童会主动积极进行独处游戏，当有同伴参与时会再次与同伴发生沟通交互。研究者认为这并非社交退缩，更应该归类为社会孤独。可见，社会退缩和社会孤独在行为表现中虽有极大相似之处，但不可将两个概念等同。

几年后，Rubin和Asendorpf将Rubin等人的"非社交游戏"行为重新定义为了"社交退缩"，他们延续了O'Conner行为描述的方法，从单一的情境扩大到整个的社会情境，并将社交退缩界定为个体独立于群体之外的独自一人的、不参与集体及同伴交互的消磨时间的行动。[1] Hart将社交退缩定义为个体在熟悉的情境中，主动脱离同伴群体之外的弥漫式的、独处的社会行为。[2] 古德曼把社交退缩定义为个体低水平的同伴接纳及高水平的同伴拒绝。这里强调同伴的接纳与否，以此来判断幼儿的受欢迎程度。[3]

我国叶平枝以120名幼儿为研究对象，通过实验比较社交退缩幼儿与

---

[1] 孙铃、陈会昌、单玲：《儿童期社交退缩的亚类型及与社会适应的关系》，《心理科学进展》2004年第3期，第395—401页。

[2] Hart, C. H. Olsen, S. Robinson, C. C. & Mandleco, B. L. (1997). The development of social and communicative competence in childhood: Review and model of personal, familial, and extra familial processes. In B. R. Burleson & A. W. Kunkel (Eds.), Communication Yearbook 20 (pp. 305 – 373).

[3] 朱淑湘：《儿童的社交退缩、情绪识别能力与父母共情能力的关系及社交退缩的干预》，硕士学位论文，湖南师范大学，2015年。

正常幼儿之间的行为差异。根据研究结果，他发现社交退缩幼儿在交往过程中多表现为恐惧、敏感及观点采择能力差，在同伴交往中易被拒绝，经常跨时间及情景地表现出各种独处行为，常有独自游戏、消磨时光的低频率互动行为。这与 Rubin 和 Asendorpf 对社交退缩的定义恰有相似之处。陈会昌、郑淑杰将社交退缩界定为个体在跨时间、情境下的，在所有环境中表现出来的独自游戏、弥漫式的打发时间的行为。[①] 张连云把社交退缩定义为，个体在任何情景下表现出的拒绝同伴、孤立的行为，其中包括抑制行为、害羞、害怕及社会孤独等等。[②] 郑淑杰等人（2005）认为，幼儿社交退缩指幼儿的孤独行为，泛指幼儿在跨时间和跨情境的社会环境中，表现出的独自消磨时光的行为。

（二）社交退缩的类型

早期研究者认为，社交退缩是一个单一维度概念，但随着研究的丰富，此界定过于简单、片面，后续研究者发现这是一个多维度概念（Rubin & Mills，1998），并从幼儿产生社交退缩行为的不同成因和不同表现形式出发，对此概念进行维度划分。到目前为止，幼儿社交退缩的分类主要有一维、二维、三维及四维，如表 2-1 所示。

国外学者 Rubin 和 Coplan 以及 Rubin 和 Asendorpf 提出了三种类型：即主动退缩、沉默寡言和被动退缩，这三种退缩类型是目前较为公认的退缩类型。[③] 我国学者叶平枝在实验的基础上也将社会退缩行为分为了以上三种。[④] 主动退缩的幼儿大多情况下喜欢自主的、独自一人地进行探索活动，不愿意主动参与集体，不主动和同伴交往、游戏，对于周围环境及物体更感兴趣，有时会处于无目的消磨时间的状态；沉默寡言的幼儿相对于主动退缩的幼儿来说体现出较多的消极情绪，他们无论是在陌生的环境下还是熟悉的环境下都常常伴有恐惧、焦虑、紧张等消极情绪，当这些情绪

[①] 郑淑杰、陈会昌、陈欣银：《儿童社会退缩行为影响因素的追踪研究》，《心理科学》2005 年第 4 期，第 833—836 页。

[②] 姚素慧：《对改善社会退缩幼儿行为的教育建议》，《幼儿教育》2012 年第 5 期，第 16—20 页。

[③] 张美美：《幼儿社交退缩行为的个案研究》，硕士学位论文，贵州师范大学，2016 年。

[④] 叶平枝：《幼儿社会退缩游戏干预的个案研究》，《学前教育研究》2006 年第 4 期，第 10—15 页。

达到一定程度后会出现事不关己,对周围环境麻木的低反应;被动退缩幼儿多表现出攻击性行为等不良的社交习惯,这类幼儿经常不受到同伴的认可和接纳,被同伴排斥在游戏及交往活动之外,如果长期处于这种环境下就会产生愤怒、自卑等不良情绪。

Rubin（1982）从同伴交往的角度出发把社交退缩划分为：安静孤独型和活跃孤独型。① 安静孤独型幼儿在活动中会选择主动默默退出集体或者同伴活动而进行自主探索游戏或者建构游戏，表现出较低的社会交往动机，因而这类幼儿又被称为主动退缩型幼儿；而活跃孤独型幼儿是在同伴及集体活动中惨遭拒绝的、被动地进行独立游戏的幼儿，这类幼儿又被称为被动退缩幼儿。

表 5-5　　　　　　　　　　　社交退缩的分类

维度划分	研究者	分类
一维	Marten (1985)	交往频率较低
二维	Rubin (1982) Coplan (1994) Asendorpf (1990)	安静退缩和活跃退缩，也称主动退缩和被动退缩。 弱交际和矛盾害羞。 积极退缩、消极退缩和静默行为，也称之为同伴回避、不善交往和害羞。
三维	COplanetal (2004) 郑淑杰 (2003) 叶平枝 (2007)	沉默寡言型、安静独处型和活跃独处型。 弱社交退缩型、矛盾型和被拒绝型。 害羞沉默、主动退缩和被动退缩。
思维	Harrist (1997)	不善社交、焦虑退缩、活跃退缩和悲伤或抑郁。

（三）社交退缩的特点

社交退缩主要具有以下两个特点：

1. 稳定性

稳定性即指个体心理特性在跨情境和跨时间下表现出的连贯性、一致性。② Kagan 提出，个体在 5 岁和 7.5 岁时于陌生情境下发生的同伴交往

---

① 叶平枝：《幼儿社会退缩的特征及教育干预研究》，中国社会科学出版社 2007 年版，第 12—14 页。

② 王争艳：《儿童 2—4 岁的行为抑制的稳定性及其同伴交往特征的关系的研究》，硕士学位论文，北京师范大学，2000 年。

水平,通过其婴儿时期的行为抑制就可以预测。[①] Rubin 和 Asendorpf 根据研究结果发现安静退缩型幼儿与活跃退缩型幼儿的退缩稳定性不同,随着幼儿年龄的增长,前者的稳定性高于后者。国内研究者通过研究也得出了相似的结论。[②] Rubin 等研究者通过研究婴幼儿的行为表现,发现 10% 的婴幼儿表现出跨情境的社交退缩行为。[③]

2. 差异性

通过查阅大量相关文献,社交退缩的行为的表现因个体的年龄性别不同而体现出不同程度的退缩。在性别差异方面董会芹通过研究提出,男童的退缩行为少于女童。[④] 朱婷婷通过研究也得出与其一致的结论,她认为女童相较于男童会更加安静、沉默、害羞,因而在活动中,安静的女童常常不敢表达自己的想法,会在同伴相处中渐渐被忽视,逐渐发展为安静退缩幼儿。相反,她认为活跃退缩没有性别差异。[⑤] Nelson,Rubin 等研究者认为,随着年龄的增长,社交退缩行为对个体的发展将产生更多的消极影响。幼儿在 4—7 岁的行为水平能够预测其未来社会化的发展。如果幼儿在这一时期的社交退缩行为越显著,其同伴接纳水平就会越差,就会影响其认知能力、同伴交往及同伴接纳能力的发展。对于女童来说,也会影响其感官能力的发展。对于男童来说,会影响其体能的发展。[⑥] 同时,也有国外学者指出,不同性别的社交退缩幼儿所表现出的适应能力不同。Eisenberg 经过研究认为从童年到青春期,男孩表现出比女孩更多的孤独感和低水平的同伴交往。同时,男孩的社会认

[①] Kagan, Snidman N. Temperamental factors in human development [J]. American Psycholog, 1991, 46: 856-862.

[②] 陈会昌、孙铃、郑淑杰、单玲、陈欣银:《学前儿童社交退缩类型与气质》,《中国心理卫生杂志》2006 年第 5 期,第 288—290 页。

[③] Rubin K. H., Hastings P. D., Stewart, S. L. et al. The consistency and concomitants of inhibition: some of the childhood of the time [J]. Childhood, 1997, 68 (3): 467-483.

[④] 董会芹:《3—5 岁儿童同伴侵害的发生特点及与内化问题的关系》,《学前教育研究》2010 年第 8 期,第 27—32 页。

[⑤] 朱婷婷:《童年中期社交退缩及其与孤独感的关系》,硕士学位论文,华东师范大学,2006 年。

[⑥] Gottman J. M., Conso J., Rasmussen B. Social competence, Social interaction, and friendship in children. Children Development, 1975 (46): 709-718.

知也会比女孩差。①

（四）社交退缩对学前儿童社会性的影响及影响因素

1. 社交退缩对学前儿童社会性的影响

幼儿早期的生长发展速度惊人，而这一时期也是幼儿获得发展的重要时期。幼儿主要通过与他人、与同伴交互获得认知发展，塑造健全的人格。可见，幼儿的社会交往能力显得尤其重要。社交能力弱的幼儿表现为不愿与他人合作、玩耍，或者被他人拒绝，不能参与合作互动中，也很难获得认知的发展。长此以往，幼儿的社会行为表现为社交退缩，而社交退缩行为不能得到及时处理时幼儿将长期处在交往抑制状态，影响幼儿认知发展和健全人格的形成，也会对幼儿未来生活方面和学习方面产生消极影响。Rogoff 和 Azmitia 认为，幼儿与同伴相处的质量对其发展有一定的影响，同伴间的相处关系质量越高越有利于幼儿认知和社会认知的发展。对此，他们得出结论，幼儿在童年时期的社会交往能力与社会认知发展水平呈正相关关系，幼儿的社交退缩行为对幼儿的社会认知能力的发展会产生消极的影响，进而影响幼儿的社会性良好的发展。②《纲要》提出学前教育对幼儿身心健康、习惯养成及智力发展具有重要意义。③ 教育的实施者要积极地给幼儿提供帮助和引导，让幼儿能够感受到教师的温情呵护，敢于积极表达自己的观点，能够在遇到挫折困难时向老师求助，获得帮助，最终获得身心健康发展。

2. 社交退缩的影响因素

影响幼儿社交退缩的因素有很多，梳理过往研究可以发现，可以归纳为两大方面，即内部因素和外部因素。在诸多影响幼儿社会性发展的因素中，幼儿的生理基础、气质特征和社会认知等，是影响幼儿社交退缩的内部影响因素（左恩玲、张向葵，2016）。幼儿的生理基础与其自身的身体发育有密切关系，已有研究得出，不同年龄阶段和不同性别的幼儿，其社

---

① Eisenberg N., Shepard S. A., Fables R. A., ed. Shyness and children's emotionality, regulation, and coping: Contemporaneous, longitudinal, and across-context relations [J]. Child Development, 1988, 69: 767–790.

② 侯越:《家庭环境与幼儿社交退缩的关系研究》，硕士学位论文，山东师范大学，2019年。

③ 中华人民共和国教育部:《国家中长期教育改革和发展规划纲要》，北京师范大学出版社2010年版。

交退缩的表现和检出率不同（Rubin & Barstead，2014）。幼儿大脑和心脏的发育也与幼儿社交退缩有密切关系（Rubin & Coplan，2004），表现在右脑额叶不对称和心率不稳定的幼儿更容易出现社交退缩行为。幼儿的气质特征与父母的遗传因素也有很大的关系，是预测社交退缩的因素之一。社会认知方面，幼儿对信息的加工存在偏差（左恩玲、赵悦彤、张向葵、姜宛辰，2018），社交退缩幼儿缺乏换位思考的能力，常站在自己的角度思考问题，在交往过程中更容易受挫。影响幼儿社交退缩的外部因素包含幼儿的家庭、学校和社会文化环境。家庭环境是幼儿在成长过程中最先接触到的环境，其中包含父母婚姻情况、父母教养方式、亲子关系、家长观念、家长行为等诸多因素（叶平枝，2008）。有研究表明，幼儿社交退缩与父母教养方式、亲子关系以及父母心理健康水平有非常密切的关系（Mirjami et al.，2008）。对于3—6岁的幼儿，学校环境主要指幼儿园中的环境因素，包含同伴关系和师幼关系。有研究得出，幼儿同伴关系不好，更容易出现社交退缩行为。退缩幼儿受到教师的关注更少，与教师的互动机会更少（Rimm-Kaufman et al.，2002）。中西方文化的差异是社会文化环境的表现形式之一，中西方文化的差异，使人们拥有不同的思想理念，在看待幼儿社交退缩的问题上有不同的观点。

三 理论基础

（一）罗森塔尔效应

指个体在某些情境下产生的知觉，进而形成与情境吻合的期望或预言。Rosenthal和Jakobsson认为学生的成绩是教师期望的反映，他们把这种期望看作是一种自我实现的预言。[①] 该理论启示教师在一日活动和教学活动中，一方面教师要科学评价幼儿，增强幼儿自信心，提高幼儿学习的动机及自我效能感。社会学理论创始人班杜拉提出了自我效能感，指个体对自己能否完成任务的一个预测及判断。在这里指的是幼儿在活动中、学习中、交往中对自己能力的一个预测和判断。有研究者指出幼儿的自我效能感对幼儿社会性发展有重要的影响，积极的预测和判断使幼儿能主动参与活动与同伴交往，并能较好地处理同伴之间的关系。另一方面教师要相

---

① 陈琦、刘儒德：《当代教育心理学》，北京师范大学出版社2007年版，第48页。

信幼儿具有发展的潜力,是独特的发展的幼儿,在教学过程中,教育者要对幼儿充满期望,尤其对社交退缩幼儿,教师更应给予更合理的期望与积极的支持。[①] 对此,教育者要树立合理期望,着重关注社交退缩幼儿在日常教学活动及区域活动中的行为表现,并有意识地对退缩幼儿的行为表达出积极的关切及肯定,提高幼儿自我效能感及自信力,鼓励社交退缩幼儿积极地参与同伴互动,促进幼儿社会化发展。

(二)情绪 ABC 理论

由美国心理学家埃利斯创建,这里的 A 指激发事件,B 指信念,C 指事情的后果。埃利斯认为造成行为后果 C 的原因有直接原因和间接原因。直接原因是个体对激发事件 A 的认知后产生的信念 B,即 A 并不是导致行为后果发生的直接原因,而是由于处于激发事件 A 的个体对事件产生了不正确的认知及评价后,引发错误的信念 B,而后直接引起行为后果 C 的发生。其中间接原因是激发事件 A。又由于个体间的信念 B 不同,又产生了不同的行为后果 C1 和 C2。具体关系如图 5-1 所示:

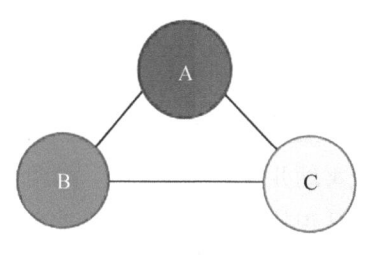

图 5-1

社交退缩幼儿自我效能感低,多表现为消极的信念 B,在集体中信念 B 感低,不能积极地融入集体,不能处理好与同伴间的关系,甚至出现消极回避,表现为主动退缩、沉默寡言。部分退缩幼儿伴随着主动交往的愿望,但由于在同伴交互中错误理解了对方行为,产生了绝对化的要求,即不合理的信念 B,将"希望、想要"等绝对化为"我/他必须/应该/一定要"等。但当自己的不合理的信念 B 与事情的发展相冲突时,个体就会感到难以接受和适应,易陷入消极情绪中。长久以往,易被同伴拒绝、忽

---

① 赵一锦:《幼儿社会退缩教育干预的多基线实验研究》,硕士学位论文,广州大学,2016 年。

视。对此，教育者要积极引导社交退缩幼儿在一日生活及教学活动中树立合理的信念，鼓励幼儿在同伴互动中信任对方、理解对方，并当矛盾发生时能够换位思考，调节控制自己的消极情绪，尝试处理好与同伴之间的矛盾，进而提高幼儿自我效能感及自信力，减少消极回避及退缩行为，积极地参与同伴互动。

（三）共情理论

当下更多应用于心理治疗。由人本主义创始人卡尔·罗杰斯对其范畴开展了进一步发展。他曾在自己的著作中多次谈到"共情"，他认为共情就是独立于当事人之外的个体体会当事人的世界，强调个体在某些情景下要理解当事人的感受、各种情感及所表达的个人意义，与当事人达到一种敏感的共情，也称作换位思考。在共情定义的基础上，他提出了"共情"、"一致性"及"无条件的积极关注"，这是共情三大原则。目前，共情理论由心理学界逐渐走入教育界，受到了更多教育研究者及工作者的关注。在学前教育发展中，共情理论也被更多研究者发掘并进行深刻教研探索，更多体现在父母共情方面，而在教师共情方面还需要进一步的阐述研究。学前期（4—5岁）是幼儿成长的关键时刻，埃里克森认为克服内疚感获得主动感是这一时期幼儿的主要发展任务。因此，在教学活动中，教师要对幼儿进行积极的鼓励，而非否定和压制。反之，就会使幼儿心理产生内疚感和挫败感，危害幼儿身心健康发展。可见，教育者要关注学前期幼儿的心理发展，正确认识幼儿心理发展的顺序性和阶段性，要与幼儿感同身受、换位思考，体会幼儿在发展阶段中的未知困难及发展焦虑，给予幼儿无条件的积极关注与共情，鼓励幼儿获得发展主动性，克服内疚感。

（四）精神分析学派的游戏理论

又称发泄论。埃里克森认为游戏能使个体愿望得到补偿及满足，降低幼儿的焦虑。Meianie Klein 和 Anna Freud 从心理治疗上提出，游戏可以尝试引导幼儿减少焦虑，增强幼儿游戏的动机，提高幼儿游戏体验。[①] 蒙尼格强调游戏能宣泄和降低个体焦虑。学者周英通过对上海市 C 幼儿园中班角色游戏的观察，发现幼儿的气质类型与其参与角色游戏的主动性、持续性及互动程度有关。因此，她强调教师要重视角色游戏的教育价值，对

---

① 傅宏：《儿童心理咨询与治疗》，南京师范大学出版社2007年版，第32页。

其要有所倚重，通过开展有意义的角色游戏促进幼儿各方面能力的发展。[①] 精神分析学派的游戏理论是对儿童游戏理论的又一大丰富和发展，它重视儿童早期发展与教育，重视儿童游戏的动机，强调游戏是儿童宣泄消极情绪的出口，是使儿童保持快乐情绪，发展健康人格的必要学习途径，其对儿童游戏的深入研究反过来促进了儿童游戏的研究。

第二节 基于幼儿气质水平，改善社交退缩行为的活动设计与实施

一 教学对象的选择

研究者对三个班级的幼儿进行了时长3周的自然观察，尤其是对中C班的垚垚、罗罗和田田的行为进行了详细记录。在观察期间，研究者先后将幼儿社会行为教师问卷及TTQ儿童气质评定量表发放给教师填写，共发放96份，回收96份。参与问卷的幼儿的年龄及性别人数分布如表2-1所示。所有问卷所得数据均使用专业软件统计、分析、整理。其中《幼儿社会行为教师问卷》所得数据使用Excel进行分析处理，《TTQ儿童气质评定量表》所得数据，使用SPSS18.00进行结果分析整理。根据《幼儿社会行为教师问卷》数据分析的结果得出，问卷筛选出的3名社交退缩幼儿与教师访谈所得结果一致。

表5-6 幼儿的年龄及性别人数分布

年龄	男	女	合计
中班	40	56	96

如表5-6所示，在本次问卷调查中，有40名男生和56名女生，共96名幼儿，且均来自中A班、中B班和中C班。问卷数据均由各班班主任老师填写，具有客观性、有效性。

[①] 周英：《气质对幼儿参与角色游戏的影响及指导建议》，《当代学前教育》2007年第4期，第11页。

表 5-7　　　　　　　个案幼儿社交退缩得分及 Z 分数

姓名	分数	退缩总分	主动退缩	沉默寡言	被动退缩
垚垚	原始分	39	15	13	11
	Z 分数	4.90	4.51	3.61	4.23
罗罗	原始分	40	16	12	12
	Z 分数	5.13	5.01	3.07	4.98
田田	原始分	38	13	16	9
	Z 分数	4.67	3.51	5.21	2.76

根据社会交往行为教师问卷得分，垚垚的得分最高，表现出的社交退缩行为最为严重，且主要属于主动退缩；其次得分最高的是罗罗，表现出的社交退缩行为较为严重，也主要属于主动退缩；最后得分略微低些的是田田，有中度的社交退缩行为，可以在老师的引导下渐渐地好转，主要表现为沉默寡言。这3名幼儿在问卷中所测量的结果与教师访谈中的结果一致。

由表5-7可知，垚垚的退缩总分为39分，根据叶平枝老师对社交退缩的定义，认为总分高于20分则为社交退缩幼儿，垚垚退缩总分远远高于20分，Z分数为4.90，得分高于4.90个标准差；被动退缩11分，Z分数为4.23，得分高于4.23个标准差；沉默寡言13分，Z分数为3.61，得分高于3.61个标准差；主动退缩15分，Z分数为4.51，得分高于4.51个标准差。根据得分情况可知，垚垚社交退缩得分较高。其中，主动退缩维度占15分，且Z分数远远高于3个标准差。因此，在量的标准上将垚垚主要确定为主动退缩型幼儿。同时，垚垚的被动退缩和沉默寡言得分也较高。可以判断，垚垚社交退缩主要表现为主动退缩，且伴随着其他两个退缩维度的发生。

罗罗退缩总分为40分，表现出的社交退缩最为严重，Z分数为5.13，得分高于5.13个标准差；被动退缩12分，Z分数为4.98，得分高于4.98个标准差；沉默寡言12分，Z分数为3.07，得分高于3.07个标准差；主动退缩16分，Z分数为5.01，得分高于5.01个标准差。根据得分情况可知，罗罗社交退缩得分最高，表现出的社交退缩行为最为严重。其中，主动退缩维度占16分，Z分数远远高出3个标准差。因此，在量的标准上将罗罗主要确定为主动退缩型幼儿。同时,罗罗的被动退缩和沉默寡言得分也很高。同理可知,罗罗社交退缩主要表现为主动退缩,同时也伴随着其他两个退缩维度的发生。

田田退缩总分为38分,高于20分,Z分数为4.67,得分高于4.67个标准差;被动退缩9分,Z分数为2.76,得分高于2.76个标准差;主动退缩13分,Z分数为3.51,得分高于3.51个标准差;沉默寡言16分,Z分数为5.21,得分高于5.21个标准差。同理,根据得分可知,田田沉默寡言维度占16分,且Z分数远远高于3个标准差。因此,在量的标准上将田田的社交退缩行为主要确定为沉默寡言。依据得分对比前两名幼儿,田田被动退缩得分较低,表明田田有基本的同伴交往能力。

二 教学的设计

(一) 课程干预目标的确定

表5-8　　　　　　　　　　绘本干预目标

阶段	时间	绘本干预目标
一	第5—6周	能识别情绪,并正确表达情绪。
二	第6—7周	学习与同伴交往的技能,培养正确的交往方式并遵守规则。
三	第7—9周	在集体活动中践行交往技能,合作与分享,提高规则意识。

(二) 教学干预内容的设计

表5-9　　　　　　　　　　游戏干预目标

阶段	时间	游戏干预目标
一	第5—6周	学习交往技能,鼓励幼儿表达。
二	第6—7周	提高交往积极性,践行交往技能,搭建友谊的桥梁。
三	第7—9周	提升社交技能,享受在集体活动中同伴互动的快乐。

1. 教学内容的设计

在教学内容的选择上,研究者强调避免主观色彩,尊重客观事实,尊重幼儿当前发展水平,侧重根据当前个案幼儿的气质水平而选择合适的干预绘本及游戏。目的在于通过有特征的、有教育价值的绘本及游戏引导抑制型气质幼儿认识自我、肯定自我,提高自我效能感,减少害羞及退缩的行为,愿意主动参与集体活动,与同伴合作,提高退缩幼儿社会交往能力的发展。

表 5-10　　　　　　　　干预内容的设计

干预时间		绘本干预		游戏干预	
		干预地点	绘本名称	干预地点	游戏名称
一	第 4 周	图书区	《西卡的心情》	绘画区	各种各样的脸
		图书区	《生气的亚瑟》	建构区	房子
		图书区	《小绿狼》	角色游戏区	小绿狼
二	第 5—6 周	图书区	《喂,小蚂蚁》	角色游戏区	意愿角色
		图书区	《请说"请"》	建构区	意愿建构
		图书区	《大卫上学去》	角色游戏区	幼儿园
		图书区	《图书馆狮子》	建构区	意愿建构
		图书区	《我不想生气》	角色游戏区	生气的样子
		图书区	《好朋友》	户外操场	丢沙包
三	第 7 周	图书区	《彩虹色的花》	角色游戏区	来客人啦
		图书区	《手不是用来打人的》	活动区	聪明的小手
		图书区	《我喜欢自己》	活动区	夸一夸自己

2. 课程教学案例

中班绘本教案:小绿狼

活动目标:

1. 明白小绿狼是怎么变得自信的,知道自信的重要性;
2. 尝试用语言描绘动物的动作及心理活动;
3. 学会遇到问题要自己解决,提高自信。

活动准备：

绘本、动物头饰。

活动过程：

一、谈话导入

教师：班里来了个动物朋友，请你们说说它是谁？它和小伙伴有什么不同呢？

二、教师讲述故事，引导幼儿理解故事

1. 看图构思

出示图二、图三，教师提问：小朋友们，森林里面有谁呢？他们在做什么呢？当小绿狼来到森林里，发现同伴们开心地玩耍时，它会做些什么呢？你们猜一猜灰狼们会带小绿狼一起玩吗？为什么呢？

教师再出示图四，提问：小朋友们你们发现小绿狼是怎样和灰狼打招呼的呢？灰狼又是什么反应？小绿狼心情是怎么样的呢？

教师引导幼儿：请你们想一想小绿狼与灰狼的对话，并模仿对话。

小结：小朋友们，我们发现小绿狼被拒绝和嘲笑后，它很难过、很伤心，那么你们觉得灰狼做得对吗？为什么是错的呢？在日常生活中小朋友们应该怎样与你的小伙伴相处呢？

2. 参与游戏，肯定自我

（1）教师引导幼儿自由选择角色

教师：小朋友们，你们想扮演谁呢？在游戏开始之前我们先来制定规则，规则一，不争不抢；规则二，互相分享；规则三，乐于助人；规则四，物品回归原位。

（2）自由选角色

（3）教师观察幼儿游戏，并及时干预，帮助幼儿继续游戏。

三、小结：我们要积极正确地与同伴相处，要互帮互助。

中班绘本教案：图书馆里的狮子

活动目标：

1. 理解故事内容，懂得规则的重要性；
2. 能够用语言描述狮子的形象及发生的事情；
3. 能够遵守规则，养成良好的行为习惯。

活动过程：

一、谈话导入

教师提问，引导幼儿说一说规则是什么？并举例。

二、吸引幼儿兴趣，讲述故事

教师提问：狮子进入图书馆后表现怎么样？为什么一开始麦小姐不管它？

幼：因为狮子刚进入图书馆的时候遵守规定。

教师提问：你们觉得狮子表现怎么样呢？你们猜一猜接下来狮子会不会还乖乖地遵守规则呢？

教师引导幼儿大胆说出自己的想法，大胆猜测故事情节。

教师继续提问：你们觉得它是一头什么样的狮子？

幼：乐于助人的、可爱的、威猛的、高大的。

教师提问：当图书馆的人们需要帮助的时候，狮子的表现如何？

幼：它可以帮助别人，它很善良。

教师提问：大家都觉得狮子特别善良，也很遵守规则，可是为什么最后狮子离开了图书馆？

幼：因为它大喊了，它违反了规则。

教师提问：小朋友们，狮子这样做对吗？我们在图书馆里应该怎么做呢？

教师引导幼儿积极发言，分别请罗罗、垚垚、田田这3名幼儿来说一说。

教师对3名幼儿的发言分别作出评价。

教师提问：狮子离开图书馆后，为什么又回来了呢？

幼：因为大家觉得它犯了错误，但是主要原因是它为了帮助小麦。

教师提问：你们觉得可以原谅狮子吗？为什么？

教师鼓励罗罗、垚垚、田田说说自己的观点，并作出及时的评价。

教师提问：小朋友们你们知道图书馆的规则有哪些吗？我们幼儿园中有哪些规则呢？你还知道哪些规则呢？

三、小结：原来在我们的生活中有这么多的规则，我们去图书馆，需要遵守规则保持安静，我们在幼儿园需要在游戏中遵守游戏规则，还需要遵守用餐规则等等，回家的时候我们需要遵守交通规则。我们的生活、学习、玩耍都离不开规则，规则是我们最好的朋友，我们要时时记得它，时时遵守规则。

三 教学的实施

研究者查阅大量相关文献发现，以往研究者对于退缩幼儿的行为的干预，主要以幼儿园为中心或者以教师及家长为中心，在干预方式上主要为单一的游戏干预，干预对象范围主要是团体或者某一个或几个退缩幼儿。本研究在前者研究的基础上提出以绘本干预为前提，再进行游戏。首先，研究者为幼儿挑选合适的绘本，通过绘本吸引幼儿兴趣，在研究者的阅读下引导幼儿感受自己、认识自己、肯定自己，为退缩幼儿与同伴交往做好铺垫。其次，研究者带领幼儿在不同的区角开展游戏活动，在游戏中促进幼儿身心发展。同时，侧重角色游戏的开展，让幼儿体验丰富的角色，体会不同角色的感情及情绪色彩，在游戏中丰富发展幼儿情绪，提升共情能力。在绘本及游戏递进的综合干预过程中，研究者作为教学干预活动的设计者和实施者，在整个教学干预活动中将着重关注3名退缩幼儿的行为水平及发展，以期在教学过程中及时发现幼儿退缩行为并采取干预措施，改善幼儿退缩行为，提高幼儿社会化发展。

为保证选择的干预内容的有效性及可行性。研究者制定了评分制的观察记录表用于在游戏中、活动中观察、记录个案幼儿行为，并对其行为进行评分。在第一次干预前，研究者在一次随机游戏活动中观察幼儿行为并做好评分记录，了解个案幼儿在未干预前在游戏中的行为水平。在第一阶段干预完成后，研究者需统计个案幼儿行为得分情况。同理，在第二次干预过程中，研究者也需要对幼儿行为表现进行评分，在干预结束后统计总分，分析个案幼儿得分情况。根据前三次个案幼儿的行为评分情况，研究者分别对3名幼儿得分情况进行分析，判断干预是否有效，是否需要及时调整干预手段或者调整干预策略以及在干预中需关注幼儿某个方面的发展。在第三阶段干预结束后，整理分析观察表获取数据，判断个案幼儿的退缩行为是否有所改善。

表 5-11　　　　　　　　　　观察记录表

幼儿姓名：	气质类型：
1. 主动参与游戏	3 分
2. 接受同伴邀请参与游戏	2 分
3. 独自游戏时接受他人请求一起游戏	1 分
4. 主动遵守游戏规则	3 分
5. 被动接受游戏规则	2 分
6. 始终参与游戏	3 分
7. 中途放弃后又参与游戏	2 分
8. 最终放弃游戏	1 分
9. 在游戏中能有愉快的游戏体验	3 分
10. 在游戏中有部分消极的游戏体验	2 分
11. 在游戏中出现消极体验	1 分
12. 游戏过程中发生矛盾能主动解决	3 分
13. 游戏过程中发生矛盾及时请求老师帮助	2 分
14. 游戏中能和同伴主动分享自己的玩具	3 分
15. 游戏中在同伴请求下被动分享玩具	2 分
（如不符合以上得分情况记为 0 分）	总分：

以上观察表中的评分内容涉及同伴分享、合作，关注幼儿游戏体验及幼儿的规则意识。其中题目 1、2、3 表示合作行为；4、5 表示规则意识；6、7、8 表示游戏意识和坚持性；9、10、11 表示游戏体验；12、13 表示解决问题的能力；15、16 表示分享行为。

（一）干预实施的过程

首先，在干预前的一次随机游戏活动中，研究者分别对垚垚、罗罗和田田在游戏中的行为表现进行了无介入的观察及评价。具体得分如表 5-12、表 5-13、表 5-14 所示。

表 5-12　　　　　　　　　　观察记录表

幼儿姓名：垚垚	气质类型：抑制型
1. 主动参与游戏	0 分
2. 接受同伴邀请参与游戏	0 分

续表

幼儿姓名：垚垚	气质类型：抑制型
3. 独自游戏时接受他人请求一起游戏	1分
4. 主动遵守游戏规则	0分
5. 被动接受游戏规则	0分
6. 始终参与游戏	0分
7. 中途放弃后又参与游戏	2分
8. 最终放弃游戏	1分
9. 在游戏中能有愉快的游戏体验	0分
10. 在游戏中情绪稳定	2分
11. 在游戏中出现消极体验	0分
12. 游戏过程中发生矛盾能主动解决	0分
13. 游戏过程中发生矛盾及时请求老师帮助	0分
14. 游戏中能和同伴主动分享自己的玩具	0分
15. 游戏中在同伴请求下被动分享玩具	2分
	总分：8分

从表5-12得分可以看出属于抑制型气质的垚垚在游戏中合作能力比较差，倾向于被动合作，只有当同伴请求和她一起玩时她才勉强参与合作；规则意识弱，被动接受遵守规则；同时可以看出垚垚是喜欢游戏的，只是坚持性低；在游戏中情绪较稳定；解决问题能力差，不能很好地处理与同伴间的矛盾，经常引起消极情绪；分享能力较差。

表5-13　　　　　　　　　　观察记录表

幼儿姓名：罗罗	气质类型：抑制型
1. 主动参与游戏	0分
2. 接受同伴邀请参与游戏	0分
3. 独自游戏时接受他人请求一起游戏	0分
4. 主动遵守游戏规则	0分
5. 被动接受游戏规则	0分
6. 始终参与游戏	3分
7. 中途放弃后又参与游戏	0分

续表

幼儿姓名：罗罗	气质类型：抑制型
8. 最终放弃游戏	0分
9. 在游戏中能有愉快的游戏体验	0分
10. 在游戏中情绪稳定	2分
11. 在游戏中出现消极体验	0分
12. 游戏过程中发生矛盾能主动解决	0分
13. 游戏过程中发生矛盾及时请求老师帮助	0分
14. 游戏中能和同伴主动分享自己的玩具	0分
15. 游戏中在同伴请求下被动分享玩具	0分
	总分：5分

从表5-13得分可以看出属于抑制型气质的罗罗在游戏中合作能力非常差；规则意识弱，被动接受遵守规则；喜欢游戏；在游戏中情绪稳定；解决问题能力差，不能很好地处理与同伴间的矛盾；分享能力也很差。

表5-14　　　　　　　　　　观察记录表

幼儿姓名：田田	气质类型：抑制型
1. 主动参与游戏	0分
2. 接受同伴邀请参与游戏	2分
3. 独自游戏时接受他人请求一起游戏	1分
4. 主动遵守游戏规则	0分
5、被动接受游戏规则	2分
6. 始终参与游戏	3分
7. 中途放弃后又参与游戏	0分
8. 最终放弃游戏	0分
9. 在游戏中能有愉快的游戏体验	0分
10. 在游戏中情绪稳定	2分
11. 在游戏中出现消极体验	0分
12. 游戏过程中发生矛盾能主动解决	0分
13. 游戏过程中发生矛盾及时请求老师帮助	0分
14. 游戏中能和同伴主动分享自己的玩具	0分
15. 游戏中在同伴请求下被动分享玩具	2分
	总分：12分

从表5-14得分可以看出属于抑制型气质的田田在游戏中倾向于被动合作，由于害羞，主动性低；规则意识较前两名幼儿较好；也喜欢游戏；在游戏中情绪稳定；解决问题能力差；分享水平较低。

根据3名幼儿的发展水平，研究者在教学干预中主要以循序渐进的方式干预幼儿社交退缩行为，将干预划分为三个阶段，每个阶段设有具体目标，上一阶段目标的实现推动下一阶段教学干预的展开及干预目标的实现，以此循序渐进地改善幼儿社交退缩行为，促进幼儿社会化发展。

1. 教学干预实施的第一阶段（第四周）

经过前三周的观察、访谈以及对问卷数据的分析，研究者确定并选择了其中较其他幼儿退缩行为凸显的3名幼儿——垚垚、罗罗和田田，且这3名幼儿均属于抑制型气质。第一次干预选在了第四周进行。干预过程分为两步：第一步集体绘本干预；第二步集体游戏干预。本次干预遵循幼儿园教学、游戏及一日生活常规设置，在不影响其他幼儿活动的情况下对退缩幼儿实施教学干预。

时间：星期一（9月28日）

在区域活动时间，研究者引导幼儿选择图书区并讲述绘本故事《西卡的心情》，该绘本围绕小猪西卡的心情变化展开。该绘本的整个故事过程都充满了丰富的感情色彩及情绪表现。在讲述故事过程中研究者问道："如果用糖块做成一只长颈鹿，感觉怎么样？"3名幼儿一开始没有任何情绪，研究者又重复了一遍，"你们觉得怎么样呢？是不是觉得很惊讶呢？谁可以给我们表现一下西卡的表情呢？"但这对于3名抑制型气质的幼儿来说比较困难，垚垚和罗罗表现出低反应，而田田则表现得非常害羞，只是偷偷地低下头又抬起头。在研究者的进一步鼓励下，田田非常害羞地做了一个惊讶的表情。研究者对田田的表现做了及时的、积极的评价。这对另外2名幼儿来说是非常大的动力。通过该绘本故事使3名幼儿初步认识了各种情绪表现，也鼓舞了他们识别和发展丰富的情绪色彩。在第二步集体绘画活动中，引导幼儿画出自己各种各样的脸，比如生气的、伤心的等等。活动开始时垚垚无目的地四处溜达，偶尔看一看其他幼儿的作品，罗罗则低头玩自己手里的玩具，只有田田看着其他小朋友的作品尝试创作。在研究者耐心地引导和鼓励下，垚垚和罗罗对活动产生了兴趣，他们回忆绘本里的西卡，最终勉强完成了创作。活动结束后，研究者对这3名幼儿的作品进行了正式评价及表扬。

在以上教学干预过程中，研究者尊重3名退缩幼儿的气质水平，因材施教，通过绘本教育引导幼儿认识情绪、理解情绪，并鼓励退缩幼儿表达自己的情绪以获得丰富的情绪体验。这有助于退缩幼儿在同伴交往中尝试理解他人情绪，正确地表达自己的情绪，进而对促进其社会化发展、改善社交退缩有积极的意义。

时间：星期三（10月12日）

经过前两次绘本《西卡的心情》和《生气的亚瑟》的教学干预，个案幼儿能够识别情绪、认识情绪并尝试着正确地表达某些情绪及正确地处理情绪。基本实现了第一阶段绘本教学干预的目标。在游戏中，个案幼儿能在研究者的鼓励引导下尝试融入集体，在第二次建构游戏中个案幼儿能参与游戏，但还需要鼓励后参与合作建构，尤其垚垚和罗罗。在游戏中多次不遵守规则，频繁推倒或拿走其他幼儿的建构材料，并易与其他幼儿发生矛盾。在这一过程中研究者尊重他们的气质，耐心地帮助他们参与集体合作游戏。

在第三次教学干预中，为改善幼儿社交退缩，研究者选择了绘本《小绿狼》，绘本中的小绿狼是一只与众不同的、自卑的、羞涩的小狼，它想尽办法让自己和同伴一样，可总被同伴嘲笑、拒绝，但最终它接受了自己，鼓起勇气去找同伴。小绿狼的情况与个案幼儿的现状十分贴近，他们退缩、害羞、缺乏自信，不能正确认识自己、肯定自己，在同伴交往中退缩。通过《小绿狼》研究者引导幼儿认识自己、肯定自己，勇敢地参与同伴互动，提升自信、提高自我效能感，这有利于促进幼儿的社会化发展。为进一步深化个案幼儿对《小绿狼》的理解，研究者组织幼儿根据此绘本进行角色游戏，游戏一共进行3次，角色由幼儿选择且不重复。在游戏过程中，个案幼儿选角被动，需要研究者引导帮助，但渐渐地个案幼儿能够融入集体游戏，参与合作并能够表现出愉悦的心情。

可见，幼儿园教师在选择绘本时要考虑本班幼儿的气质水平及发展水平，要尊重、关爱每一位幼儿，尊重他们的气质，理解、接纳他们的气质特征，理解他们的退缩行为，给予退缩幼儿更多的关注和认可，在潜移默化中提高幼儿信念感及自信心，鼓励幼儿积极参与同伴互动，促进退缩幼儿社会化发展。

2. 教学干预实施的第二阶段（第五周）

经过第一阶段的教学干预，个案幼儿学习了丰富的情绪色彩，对周围环境的刺激表现出更多的情绪反应，能认识并正确对待自身及其他幼儿的情绪表现。在游戏中能尝试克服害羞、退缩，参与集体互动活动，在活动中基本实现自我肯定，提高了自我效能感，增强了社交自信。在第二阶段的教学干预中，研究者注重提高幼儿共情能力及信念感，引导幼儿树立合理的信念并在同伴互动中换位思考，理解同伴感受及行为，同时，注重培养幼儿规则意识，保证个案幼儿能在活动中遵守规则，与同伴顺利开展合作活动。

时间：星期一（10月21日）

在区域活动时间，研究者引导幼儿选择图书区并讲述关于换位思考的绘本故事《喂，小蚂蚁》，故事围绕一名小男孩和一只小蚂蚁展开，在故事的最后作者留白，让幼儿去思考小蚂蚁应该被放走还是被踩扁？问题引人深省。这个故事在引导幼儿明白生命可贵的同时也告诉幼儿应学会思考、懂得怜悯，并站在不同立场看世界。抑制型气质幼儿思考能力差、信念感低，经常会在同伴交往中误解对方行为而产生不合理行为。比如个案幼儿罗罗不明白同伴想要分享玩具的请求而误解同伴的行为，与同伴发生矛盾。同为抑制气质的垚垚常常不能考虑同伴的感受，如她对同伴表现出友好时会紧紧抱住对方而使得对方产生身体不舒服的状况。针对罗罗和垚垚的行为表现，研究者选择了此绘本并在讲述过程中，有目的地引导他们考虑他人感受、感同身受。

在游戏活动中，研究者安排了角色游戏，并且由幼儿自愿选角。个案幼儿田田在同伴积极地邀请下扮演了餐厅服务员，罗罗和垚垚则有些不知所措，最终在研究者帮助下分别选择了餐厅服务员和妈妈。在游戏进行的过程中，研究者观察到垚垚很细心地照顾"宝宝"，帮"宝宝"盖被子及给"宝宝"做饭、喂饭等等，并且会低声地问道"睡觉了，好吗？吃饱了吗？烫不烫？"可见，垚垚能在研究者引导下愉快地参与游戏并愿意考虑他人的感受，懂得照顾比自己弱小的对象，具有同情心。研究者对垚垚的表现给予了及时的评价与表扬，利于垚垚树立自信心，提高自我效能感，强化并发展其共情能力。罗罗和田田同时扮演餐厅服务员，研究者观察到罗罗较被动，当"客人"到来时，罗罗开始表现出退缩、害羞，需要在研究者引导下进行"工作",当游戏进行一段时间后,研究者根据罗罗行为逐渐减少干预最后停止干预,而在停止干预后,研究者发现罗罗能够继续游戏,当"客人"到来时,他会及时欢迎并上前安排座位,询问"您需要什么菜呢?"通过观察,研究者发现罗罗能在游戏中渐渐树立自信,学习考虑"客人"的需求及感受并伴有愉快的情绪体验。在教学干预过程中,田田能够在旁边及时学习,并在研究者的鼓励下努力克服自己的害羞,主动"工作",对"客人"积极的反馈和夸赞表现出愉悦的心情。可见,在前几次及这次教学活动的实施中,通过研究者在教学活动中的教学干预,3名个案幼儿的退缩行为均有所改善,在后面的干预中,研究者将继续关注个案幼儿的行为表现,实现达到良好的干预效果。

时间:星期一(10月27日)

研究者基于退缩幼儿气质水平及退缩行为,选择绘本《图书馆的狮子》旨在培养幼儿的规则意识。首先,研究者组织幼儿来到图书区,引导幼儿保持安静,遵守教学规则,引导退缩幼儿初步感受规则。其次,研究者鼓励幼儿说一说规则是什么?我们应该怎么做?引导幼儿对规则产生兴趣。最后,讲述绘本故事《图书馆的狮子》,一头狮子闯入图书馆,开始它并没有违反图书馆规定,但在故事结束的时候,狮子因为故事结束而大叫,图书馆管理员给予了狮子警告,之后狮子乖乖遵守规则,不乱跑、不大叫,而且乐于助人,可有一天它为了帮助管理员而违反了规定,到最后大家谅解了它,狮子又回到了图书馆。通过这个故事不仅引导幼儿意识到了规则的重要性,同时也学到了乐于助人的品质。在讲述过程中,研究者主要以提问的方式引导幼儿提高规则意识。针对规则意识较差的退缩幼儿垚垚和罗罗,研究者提问"你们觉得图书馆的狮子是怎样的呢?"垚垚低声地回答"聪明的、听话的",罗罗进行了补充"善良的"。研究者对他们的回答给予了积极的评价。接着研究者又问道"垚垚说狮子是听话的,为什么呢?"集体幼儿回答"因为它遵守规则",研究者又向田田和罗罗问道"你们喜欢遵守规则的狮子吗?""喜欢"他们小声回答。故事结束后,研究者与幼儿一起总结故事内容,并引导幼儿分享自己关于遵守规则或乐于助人的经历。在这一过程中,研究者分别鼓励3名退缩幼儿分享自己的经历,田田先进行了分享,其次是垚垚,最后在研究者的肯定及鼓励下,罗罗也简单地分享了自己的经历。活动结束后,研究者对3名退缩幼儿的表现进行了积极的正式评价。

在游戏活动中，研究者选择了建构活动，由幼儿在建构区意愿建构。在活动开始前，研究者确保活动的顺利进行，制定了4条规则，要求幼儿要大胆建构、爱护玩具、相互合作、放回原位。活动刚开始，其他幼儿在选择完建构材料后自动分组寻找伙伴一起搭建，而3名幼儿有些不知所措，在研究者的引导下他们走进了建构区域。对于同伴的邀请，田田表现得有些害羞，但在几名同伴的热情邀请下参与了合作建构。而垚垚和罗罗则默默选择了独自游戏。为引导垚垚和罗罗也参与合作建构，研究者询问幼儿"哪组小朋友需要帮手呢？""我们需要"大家纷纷举手，"那下面我们让垚垚和罗罗小朋友自己选择加入吧"。在每个小组的热情邀请下，垚垚露出了开心的笑容（平时很少看到），并选择加入了田田所在组。罗罗在大家的邀请下也加入了小组，但罗罗还是有些退缩。在活动过程中，田田能积极地参与合作，垚垚和罗罗与同伴发生了一些矛盾，通过研究者干预能比较好地参与合作。活动结束后，皓皓说"大家要把材料放回去哦，要遵守规则"，对于皓皓的建议，教师给予及时回应"皓皓小朋友说得对，我们要遵守规则，要向图书馆里的狮子学习"。小朋友们纷纷将材料返回原处，垚垚、罗罗、田田在小朋友们的影响下也主动将材料送回原处。整理结束后，研究者对幼儿表现进行了正式评价，尤其强调对3名退缩幼儿的正式的积极评价。

此次教学干预，研究者旨在提高幼儿的规则意识及合作能力。通过研究者在教学活动中的及时干预，研究者发现3名幼儿基本能遵守活动规则，也能与同伴合作参与建构，基本实现了本次教学干预的目的。

3. 教学干预实施的第三阶段（第七周）

经过前两个阶段的教学干预，个案幼儿的社交退缩行为较干预前有了很大的改善。在最后一个阶段的教学干预中，研究者主要就幼儿还存在的退缩问题进行再干预以达到逐渐减少退缩行为，促进幼儿社会化积极发展。

时间：星期三（11月4日）

经过观察，研究者发现有几名幼儿在参与活动或在一日生活中时，存在一些攻击性行为，表现为动手打人，其中包括垚垚和罗罗。在研究前期的观察中，研究者就观察到垚垚和罗罗存在攻击行为，垚垚与其他幼儿发生矛盾后会使劲拽对方衣领,这个行为很危险,需要及时干预,同时,研究者发现垚垚在生气时也会对老师"挥手"。与垚垚情况相似的罗罗因更少与同伴互动,因此,他主要会对老师发生攻击行为,"拳打脚踢"。经过前两个阶段的教学干预,研究者发现此类情况虽有所减少,但也的确还存在着。在第三阶段干预中,研究者基于幼儿气质及行为表现,实施了以下干预,实现消除幼儿攻击行为。

　　研究者组织幼儿到图书区并选取绘本《手不是用来打人的》。绘本围绕手展开,作者告诉小朋友们,手可以用来打招呼、画画、写字、玩游戏、帮助别人、照顾自己等等,手可以让我们变得更好。这个故事可以引导幼儿用手来做正确的事情。在讲故事前,研究者提问幼儿"手可以做什么?说说你的小手做过什么呢?哪些让你觉得为它骄傲呢?"研究者鼓励幼儿们依次分享关于自己的手的故事。孩子们很喜欢这个分享的过程。轮到垚垚时,西西突然说"她用手使劲抱过我,我有点生气了",皓皓又说"她用手抓过我的衣领",垚垚听了低头不语,看着有些伤心,研究者上前鼓励垚垚并安慰其他幼儿"没关系,垚垚是因为喜欢你们,可能表达方式有些不对,垚垚以后会轻一点拥抱你的,你们和好握个手吧",西西主动上前和垚垚握了手,可以看到垚垚脸上露出了久违的笑容,"我也原谅她了"皓皓说,并上前和垚垚轻轻地拥抱。接下来轮到了罗罗,可是小朋友们纷纷说"罗罗上次用手拽老师了""对,我也看到了""不是一次,是好几次呢",罗罗听了撅着小嘴有些生气,研究者安慰罗罗后解释道"可能罗罗小朋友想让我看看他有多重呢?"凝重的气氛得到了缓解,研究者问道"罗罗你觉得用手拽人是对的吗?""不对"罗罗低声回答。最后一位分享者是田田,她有些害羞,在大家的鼓励下田田也分享了自己小手的故事。活动结束后,研究者引导幼儿讨论如果你生气了,小手会做什么呢?

　　通过以上绘本干预,研究者发现幼儿对手能做什么特别感兴趣,垚垚和罗罗也注意到了自己的手,垚垚会练习轻轻地拥抱同伴,罗罗也开始意识到自己行为的错误。为进一步强化幼儿正确用手,研究者组织幼儿来到绘画区进行创作《聪明的小手》。活动开始前,首先,为保证活动顺利有序地进行,研究者和幼儿一起制定了活动规则;其次,研究者带领幼儿回顾学习过的绘本故事《手不是用来打人的》,引导幼儿画出自己聪明的、能做很多事情的小手；最后，要求幼儿在活动结束后讲讲自己的小手在做什么。活动过程中，研究者观察到垚垚画了很多的小手，有握手的小手、拥抱的小手、吃饭的小手。可见，垚垚很享受这一活动。罗罗开始时未明白规则，但在研究者引导下逐渐适应活动，在研究者的帮助下创作了拿着玩具的小手。可见，罗罗在活动中也能遵守规则享受活动。田田在创作过程中能够主动与同伴交流，向同伴学习，她也顺利地完成了创作。活动结束后，研究者基于幼儿气质水平对 3 名幼儿的表现进行了具体的、针对性的评价，利于幼儿发展自我认同、增强自信，减少消极行为、改善退缩。

研究者通过以上三个阶段的教学干预，基本实现了绘本干预目标及游戏干预目标，3 名抑制型气质幼儿的退缩行为有了明显的改善。

（二）课程教学纪实及效果

图 5-2 垚垚-干预后活动图

在图 5-2 左（上）垚垚正在教师引导下做生气的表情，在教学过程中垚垚表现良好，理解能力有所提升，能够获得认知发展。图左（下）垚垚认真听教师讲故事，能够遵守教学活动规则，没有像干预前一样消极的、无目的地四处溜达。图右（上）垚垚积极参与单车活动，在活动开始前，能够遵守纪律，认真听教师讲解玩法及规则，并在活动过程中表现得很享受。图右（下）是中午吃饭后教师带幼儿们做活动，垚垚正在开心地和老师及同伴互动。可以看出通过研究者教学干预后，垚垚能够积极地参与集体教学活动，能够与同伴和老师进行良好互动，并伴随着愉快的活动体验，也能够遵守教学活动规则，配合老师工作，在教学活动中获得认知发展及社会发展。

图 5-3　罗罗-干预后活动图

在图 5-3 左（上）罗罗在单车活动开始前，认真听教师讲解规则及具体玩法，当活动开始后，罗罗表现得非常开心，在整个活动中罗罗始终参与，活动后，教师对罗罗的表现进行了表扬。图左（下）罗罗在活动中扮演"迎宾员"，能够和同伴一起完成任务，伴随着愉快的角色体验。图右（上）在科学活动中，罗罗能够遵守规则，积极地参与活动，在活动中他接受同伴的帮助。图右（下）在建构活动中，罗罗接受小伙伴的邀请一起搭建，并愿意在同伴请求下分享自己的搭建材料，在搭建过程中能够表达自己的想法。可以看出在研究者的教学干预下，罗罗遵守活动规则，规则意识得以提高，愿意接受同伴邀请积极参与活动，能够与同伴发生良好的互动，伴随着愉快的游戏体验。

图 5-4　田田-干预后活动图

在图 5-4 左（上）田田积极参与教学活动，遵守教学规则，认真听教师讲故事，并能够克服害羞，在教师鼓励下做出积极的肢体表达。图左（下）田田在舞蹈课上，正在认真观察教师动作示范，并能够及时学习。图右（上）田田正在参与角色扮演，能够主动遵守游戏规则，在活动中能够积极表现，并与同伴分享互换角色。图右（下）是教师带领幼儿们做室内活动，田田能够积极地与同伴和老师进行良好的互动，并在活动中伴随着愉快的体验。可以看出在研究者的教学干预下，田田的退缩、害羞明显减少，她能够积极主动地参与活动，并主动遵守活动规则，在活动中，能够与同伴积极互动，获得社会化发展。

第三节 教学干预实验结果与讨论

一 教学干预实验的结果

通过以上三个阶段的教学干预，研究者在干预结束后，随机选择一次活动进行自然观察，并采取评分制的观察记录表对个案幼儿在活动中的行为表现进行评分。

表 5-15　　　　　　　　　观察记录表

幼儿姓名：垚垚	气质类型：抑制型
1. 主动参与游戏	0 分
2. 接受同伴邀请参与游戏	2 分
3. 独自游戏时接受他人请求一起游戏	1 分
4. 主动遵守游戏规则	0 分
5. 被动接受游戏规则	2 分
6. 始终参与游戏	3 分
7. 中途放弃后又参与游戏	0 分
8. 最终放弃游戏	0 分
9. 在游戏中能有愉快的游戏体验	3 分
10. 在游戏中情绪稳定	2 分
11. 在游戏中出现消极体验	0 分
12. 游戏过程中发生矛盾能主动解决	0 分
13. 游戏过程中发生矛盾及时请求老师帮助	2 分
14. 游戏中能和同伴主动分享自己的玩具	3 分
15. 游戏中在同伴请求下被动分享玩具	0 分
	总分：18 分

从表 5-15 得分可以看出，属于抑制型气质的垚垚在游戏中的行为表现较干预前有很大的进步。干预前的垚垚不接受同伴邀请参与游戏、不愿意遵守游戏规则、不能及时处理与同伴之间的矛盾，并且在游戏途中经常

放弃游戏且游戏体验比较消极。而干预后的垚垚愿意接受同伴邀请参与游戏，能够在老师的引导下被动地遵守游戏规则并全程参与游戏，且伴有愉快的游戏体验，在与同伴发生矛盾后能及时地寻找老师的帮助，愿意主动与同伴分享玩具。

表5-16　　　　　　　　　　观察记录表

幼儿姓名：罗罗　气质类型：抑制型	
1. 主动参与游戏	0分
2. 接受同伴邀请参与游戏	2分
3. 独自游戏时接受他人请求一起游戏	1分
4. 主动遵守游戏规则	0分
5. 被动接受游戏规则	2分
6. 始终参与游戏	3分
7. 中途放弃后又参与游戏	0分
8. 最终放弃游戏	0分
9. 在游戏中能有愉快的游戏体验	3分
10. 在游戏中情绪稳定	2分
11. 在游戏中出现消极体验	0分
12. 游戏过程中发生矛盾能主动解决	0分
13. 游戏过程中发生矛盾及时请求老师帮助	2分
14. 游戏中能和同伴主动分享自己的玩具	0分
15. 游戏中在同伴请求下被动分享玩具	2分
	总分：17分

从表5-16得分可以看出，属于抑制型气质的罗罗在游戏中的行为表现较干预前也有很大的进步。干预前的罗罗经常独自游戏，不愿意与同伴一起玩耍、不遵守游戏规则、不能处理与同伴之间的矛盾、不愿意和同伴分享自己的玩具，在游戏中没有良好的愉快的游戏体验。而干预后罗罗愿意接受同伴邀请参与游戏，能够在教师及同伴帮助下遵守游戏规则，在游戏中能获得愉快的游戏体验，并能够在与同伴发生矛盾后寻求老师的帮助，也愿意与同伴分享玩具。

表 5-17　　　　　　　　　　　观察记录表

幼儿姓名：田田　气质类型：抑制型	
1. 主动参与游戏	3 分
2. 接受同伴邀请参与游戏	2 分
3. 独自游戏时接受他人请求一起游戏	1 分
4. 主动遵守游戏规则	3 分
5. 被动接受游戏规则	0 分
6. 始终参与游戏	3 分
7. 中途放弃后又参与游戏	0 分
8. 最终放弃游戏	0 分
9. 在游戏中能有愉快的游戏体验	3 分
10. 在游戏中情绪稳定	2 分
11. 在游戏中出现消极体验	0 分
12. 游戏过程中发生矛盾能主动解决	0 分
13. 游戏过程中发生矛盾及时请求老师帮助	2 分
14. 游戏中能和同伴主动分享自己的玩具	0 分
15. 游戏中在同伴请求下被动分享玩具	2 分
	总分：21 分

从表 5-17 得分可以看出，属于抑制型气质的田田在游戏中的行为表现较干预前同样有很大的进步。干预前的田田常常处于被动地接受同伴邀请一起游戏、被动地接受游戏规则、被动地与同伴分享自己的玩具，在游戏中情绪稳定不能获得愉快的游戏体验、不能很好地独自处理与同伴之间的矛盾。而干预后田田能够主动参与同伴互动合作、主动遵守游戏规则，并在游戏中能够获得愉快的游戏体验，也能够在与同伴发生矛盾后请求老师的帮助处理问题。

（一）垚垚的干预结果及分析

表 5-18　　　　　　　　　　垚垚的干预结果

	姓名	分数	退缩总分	主动退缩	沉默寡言	被动退缩
干预前	垚垚	原始分	39	15	13	11
		Z 分数	4.90	4.51	3.61	4.23

续表

	姓名	分数	退缩总分	主动退缩	沉默寡言	被动退缩
干预后	垚垚	原始分	21	8	8	5
		Z分数	2.18	1.84	1.72	0.42

由表5-18可知，干预前垚垚的退缩总分为39分，原始分数下降了18分，下降为21分。虽然总分仍高于20分为社交退缩幼儿，但退缩情况明显好转，说明三个阶段的干预是有效的。从表中的对比数据可以看出，干预前主动退缩15分，Z分数为4.51；沉默寡言13分，Z分数为3.61；被动退缩占11分，Z分数为4.23。而干预后的主动退缩、沉默寡言分别占8分，Z分数分别为1.84、1.72；被动退缩占5分，Z分数为0.42。可见，通过研究者历时4周，践行3个阶段的教学干预后，垚垚的退缩原始分数及Z分数都呈现出明显的下降趋势，尤其是主动退缩和被动退缩。在活动中研究者发现垚垚在语言表达方面取得了进步，能够积极与同伴交流并尝试表达自己的想法；在社交方面获得了基本的交往技能，并愿意在同伴邀请下积极参与合作、互动，与同伴较少发生矛盾，即使发生也能及时寻求教师帮助；在活动中也能够遵守规则。由此可知，在研究者的教学干预下，垚垚的退缩情况发生了很大的改善。

（二）罗罗的干预结果及分析

表5-19 罗罗的干预结果

	姓名	分数	退缩总分	主动退缩	沉默寡言	被动退缩
干预前	罗罗	原始分	40	16	12	12
		Z分数	5.13	5.01	3.07	4.98
干预后	罗罗	原始分	24	10	8	6
		Z分数	3.65	3.65	1.72	1.80

由表5-19可知，干预前罗罗的退缩总分为40分，在个案幼儿中退缩得分最高，退缩行为更加严峻，干预后退缩总分下降为24分，原始分数下降了16分。从表中的干预前后的对比数据可以看出，罗罗在干预前的主动退缩占16分，Z分数为5.01；沉默寡言占12分，Z分数为3.07；

被动退缩占 12 分，Z 分数为 4.98。而干预后的主动退缩占 10 分，Z 分数为 3.65；沉默寡言占 8 分，Z 分数为 1.72；被动退缩占 6 分，Z 分数为 1.80。干预后罗罗的退缩原始分数及 Z 分数都有明显的、不同程度的下降，其中主动退缩和被动退缩下降最明显。研究者发现罗罗对周围环境及认知活动的刺激能表现出适当的反应及回应，愿意尝试接受同伴的邀请并参与同伴互动，并能在互动中与同伴进行愉快的、简单的沟通交流；能在教师引导下遵守规则；能避免因误解同伴行为而与同伴发生矛盾，理解能力得到提升。可见，通过研究者历时 4 周、践行 3 个阶段的教学干预后，罗罗的退缩情况也发生了很大的改善。

（三）田田的干预结果及分析

表 5-20　　　　　　　　　　田田的干预结果

	姓名	分数	退缩总分	主动退缩	沉默寡言	被动退缩
干预前	田田	原始分	38	13	16	9
		Z 分数	4.67	3.51	5.21	2.76
干预后	田田	原始分	20	7	8	5
		Z 分数	1.69	0.94	1.72	0.42

在干预前，田田的退缩总分是个案幼儿中退缩总分较低的，田田的退缩行为也较垚垚和罗罗的好些。由表 5-20 可知，在干预后田田的退缩总分为 20 分，退缩总分下降了 18 分，叶平枝老师认为总分高于 20 分则为社交退缩幼儿，而干预后，田田退缩总分等于 20 分，可以排除为社交退缩幼儿。干预前田田主要表现为沉默寡言的社交退缩，沉默寡言原始分数占 16 分，Z 分数为 5.21，经过干预后，田田沉默寡言原始分占 8 分，Z 分数为 1.72。可见，干预后田田的退缩、害羞减少并愿意勇敢地尝试表达自己的观点，愿意积极地参与集体活动。由表可知，干预前田田的主动退缩原始分数为 13 分，Z 分数为 3.51，干预后主动退缩的原始分数为 7 分，Z 分数为 0.94；干预前的被动退缩原始分数占 9 分，Z 分数为 2.76，干预后的被动退缩原始分数占 5 分，Z 分数为 0.42。可见，干预后田田的主动退缩及被动退缩都有不同程度的改善。在活动中，研究者发现田田能够主动参与活动、主动遵守活动规则，并在活动中伴随着愉快的体验；能

够尝试与同伴共情，理解同伴行为，并帮助同伴。因此可知，在研究者的教学干预下，田田的退缩行为也发生了很大的改善。

二 促进幼儿社会性发展的策略

（一）尊重幼儿气质，促进幼儿个性化社会性发展

教育者及家长在教育中应根据不同气质类型幼儿采取不同的教育策略和方法，因材施教，着重关注抑制型气质幼儿，引导幼儿改善气质，促进幼儿个性化社会性发展。教学过程中，教师要了解幼儿的发展水平，及时关注幼儿在活动中的行为表现，并就幼儿的表现给予足够的耐心，了解幼儿消极行为背后的气质水平，尊重理解幼儿气质特点，鼓励幼儿克服退缩行为，促进幼儿获得良好的社会化发展。

（二）提高教师职业素养，促进幼儿全面发展

教师要注重自身业务水平的提高，终身学习，及时汲取理论知识，了解共情理论，掌握自我效能感，理解合理期望，做到自觉自发的"自然成长"。教育者自身成长的过程是至关重要的，即是教师日常教育教学行为、方式、手段、内在品质和习惯的养成。总之，教师在专业发展道路上要做到"经验＋反思＋学习（研究）＝成长"，只有教师成长了幼儿才能更好地获得全面发展。

本章小结

本章节主要阐述了气质水平概念、类型及特征，强调气质对社会性发展的影响，并提出对应措施。为探讨具体科学的有效措施，本章结合实际教学案例，探讨气质水平与社交退缩之间存在的因果关系，并基于幼儿气质水平对社交退缩幼儿的退缩行为进行科学干预，促进幼儿社会化发展。同时强调提高教师师德及教学素质，提高教师信念感及共情能力，鼓励教师站在幼儿的立场下思考问题，关注幼儿在社交活动中出现的社交退缩行为，并及时给予情感关怀及温情的引导以帮助幼儿重构心理磁场，提高幼儿的自我效能感及价值感，鼓励幼儿积极学习社交技能，提高社会交往能力，积极参与同伴互动，并在同伴交互中塑造个性，获得个体身心健康发展。本研究旨在集体教学中基于幼儿气质水平干预并改善幼儿退缩行为，

干预过程中强调教师坚持信念感、践行共情，为教育者在教育实施过程中干预幼儿的退缩行为提供可借鉴的措施。

结合章节中案例研究，具体得出以下结论：幼儿社交退缩行为与幼儿自身的气质水平存在较强的相关关系。抑制型气质幼儿在与同伴交往中表现出更多的低反应、害羞及退缩行为等，更易发展成为社交退缩幼儿。基于幼儿气质水平选择绘本，并结合游戏干预对改善幼儿社交退缩行为有积极的教育作用，幼儿园、教师及家长应该科学利用绘本及游戏改善幼儿社交退缩行为。教师的共情与积极关注对幼儿的社交退缩行为有积极的改善作用。教师的信念感对幼儿社交退缩有重要影响，教师积极的、正确的信念感有助于改善幼儿社交退缩行为。反之，消极的信念感不利于幼儿社交退缩行为的改善。在活动中，教师及时的、积极的正式评价有助于提高幼儿自我效能感，帮助幼儿树立自信心，提高个人价值感，促进幼儿社会化发展。

第 六 章

矫正社会性问题行为:运用自然后果法矫正幼儿"捣蛋行为"

"捣蛋行为"是指幼儿在幼儿园一日活动中表现出来的一系列让教师、家长以及其他幼儿"头疼"的行为,这类行为影响了他人正常活动的进行,不利于幼儿的社会性发展。本研究是对幼儿"捣蛋行为"进行矫正的实证研究,采用观察法、访谈法、个案法等教育研究方法,具体全面地展现出一名大班"捣蛋"幼儿的真实情况。幼儿的"捣蛋行为"不加以及时矫正会影响幼儿的社会性发展,为幼儿园教育教学和家庭教育带来不小的困难。而自然后果法可以让幼儿亲身体验并承担自己"捣蛋行为"造成的不良后果,从中接受教训,能更好地培养幼儿的反省能力和社会性发展能力,促进幼儿社会性更高层次的发展。

第一节 矫正捣蛋行为的研究基础

一 捣蛋行为

(一)捣蛋行为的表现

胡春光(2010)认为,小学生捣蛋行为的特点有:破坏公物,引以为荣、逾越规范,不满权威、师生对立,引发冲突。[1] 丁文(2020)认为,"捣蛋鬼"有以下特点:渴望得到别人的注意,想成为教室中的焦

---

[1] 胡春光:《他们为什么是"捣蛋"学生?——对三名"捣蛋"学生的教育社会学解读》,《教育学术月刊》2010年第9期,第27—30页。

点、破坏班级纪律，不利于正常教学活动的开展、既聪明有特色又捣蛋倔强懒惰，不仅阻碍了教学活动的稳定运行还使得师生关系得以破坏。[1] 谢敏娇（2015）认为，"捣蛋"的特征有：爱发脾气，精力旺盛、注意力不集中，自制力差。[2]

（二）捣蛋行为的原因

邱学青（2005）认为，幼儿行为问题的成因主要有，女性怀孕期间以及围产期的行为心理状况、母亲不支持行为提升了幼儿问题行为的概率、家庭及教养方式的影响、教师对幼儿问题行为反应过度或置之不理、幼儿在同伴群体中不能正确树立自己的地位。[3] 徐振宇（2014）认为，幼儿"捣蛋行为"想要博取聚焦关注，如果幼儿在家受到的关注较少，可能幼儿会通过"捣蛋"来获取关注。同样，如果幼儿在家受到的关注过多，当他处在一个自己不那么受关注的群体中，会想要通过一些行为来引起大家的注意，成为焦点。幼儿捣蛋的背后原因有：家庭教养方式较为严厉，寻求突破规则的"卡口"。在严厉的家庭环境下，父母很少倾听幼儿的想法，幼儿的内心是比较压抑的，一旦找到发泄的契机，就会释放出来。张娟娟、吴英（2020）认为，引发幼儿问题行为的因素主要包括：幼儿身心还处于发育阶段，所以幼儿自我控制能力不强，需要不断发展完善。家长对幼儿过于娇惯，缺乏正确的教育，孩子一旦哭闹家长立马就妥协，一定程度上会增加孩子产生问题行为的概率。此外，各个家庭成员的育儿观念不一致，即使孩子的父母会对其一些不良行为进行批评教育，但是幼儿的爷爷奶奶们还会反驳幼儿父母的教育方式，一味地维护孩子，由此幼儿会觉得有了靠山，更加不好管束。[4]

---

[1] 丁文：《班级中的"捣蛋鬼"》，硕士学位论文，华东师范大学，2020年。
[2] 谢敏娇：《幼儿教师如何正确看待幼儿的"调皮"》，《课程教育研究》2015年第5期，第30—31页。
[3] 邱学青：《行为问题儿童成因及教育路径选择》，《南京师大学报》（社会科学版）2005年第1期，第71—76页。
[4] 张娟娟、吴英：《幼儿任性行为的表现及教育建议》，《文学教育（下）》2020年第7期，第82—83页。

二 自然后果法

(一) 自然后果法的特点

裴静(2008)认为,"自然后果"法与幼儿的心理和行为发育特征相一致,与幼儿时期的学习思维较为匹配,学习是一种主观层面的意识活动,自然后果法是非人为的,幼儿的错误不应是被成人强加的,自然后果教育法是幼儿对自己的一系列不良行为造成的影响进行体验,并且在特定的条件下去进行体验。在体验过程中,幼儿能够充分认识到自身的错误行为,还能知道怎样的行为是正确的,从而进一步对自己的行为习惯做出调整,并且不会将错误行为转移到别的场合与环境中。[①] 刘德华等人(2017)认为,自然后果法是成人采取直观的方式来进行相关的幼儿教育工作,并让幼儿在体验错误带来的后果中形成一定的经验,这种方式符合幼儿认知发展,可以促进幼儿自觉改正自己的错误行为。[②] 卓佩(2021)认为,自然后果法就是当儿童出现不合规范行为时,成人在保证幼儿安全的情况下,让儿童在具体情境中体验自己行为带来的自然后果,感受不愉快的体验,而不是人为地对其行为进行纠正。[③]

(二) 自然后果法的价值

裴静(2008)认为,自然后果法能够将惩罚性教育的不利影响控制在较低范围内,能够促进幼儿的身心健康,提高幼儿明辨是非的能力、避免抽象型的理论灌输,让幼儿在体验过程中能够更加自然地进行学习并形成良好的行为习惯与自我控制能力。[④] 杜薇、李炳煌(2016)认为,自然后果法从本质上来说是根据幼儿所犯错误行为引发一系列不适的后果,让幼儿从不适的后果中体验到不愉快的气氛,从而实现惩罚与教养。自然后果法构建了一个相对具体的情境,使得幼儿能在情境中真正去体验,从而

[①] 裴静:《试论幼儿教育中的"自然后果"教育法》,《开封教育学院学报》2008年第1期,第90—92页。

[②] 刘德华、谭祥花:《"自然后果法"的当代教育价值及实施策略》,《教育导刊(下半月)》2017年第8期,第88—90页。

[③] 卓佩:《自然后果法在2—6岁幼儿家庭中的应用》,《齐齐哈尔师范高等专科学校学报》2021年第6期,第23—26页。

[④] 裴静:《试论幼儿教育中的"自然后果"教育法》,《开封教育学院学报》2008年第1期,第90—92页。

达到反思教育与自我管理的目标，不过当前成人对幼儿行为的干涉较多，外在价值观的评价束缚，让幼儿的自我管理与调整的机会不断减少。当前成人对幼儿主要实施干预型教育，过分的评价让幼儿的主观修正机会不断消失。采取自然后果法的模式，构建具体化、形象化的情境，让幼儿在情境活动中去进行体验，从而对自己的错误行为进行自我反思与调整，根本上实现了惩罚层面的教育目标。[①]

三　理论基础

（一）自然后果教育理论

自然后果教育理论是18世纪法国启蒙思想家、教育家卢梭提出的一种道德教育理论。卢梭提出年龄区间在2—12岁的孩子处于理智休眠期，教育过程中不能对其进行道德价值观的灌输，最佳的方式是让孩子遵守自然定律，并在体验过程中积累相应的经验。换而言之，让孩子在对不良行为导致的后果体验过程中，及时发现错误所在，并能够学会遵守自然规律。卢梭将其称为"自然后果的教育"。比如孩子摔碎了东西，无须责备与批评，让孩子充分感受到痛苦与不适，从而意识到自己的行为是错误的，并及时自主纠正。本研究中研究者根据自然后果理论，不对幼儿进行人为惩罚，让幼儿自己体会到自己"捣蛋"带来的不愉快体验，进而自我反省，发展认知，理解自己"捣蛋行为"不良体验的因果关系，进而改正。

（二）惩罚理论

赫尔巴特与马卡连柯二人认同惩罚教育模式。赫尔巴特认为，教育与管理二者之间拥有较为紧密的关系，假使只注重教育而不关注管理，很难获得较为理想的效果，从教育角度来说，管理是一种准则，教育工作者需要充分利用好这种准则，从受教育者的角度来说，向其落实具有惩罚性的措施具有一定的意义。马卡连柯觉得教育者需要控制好惩罚的力度，要以尊重人类的基本自尊为前提。他提出："假使学校中未建立惩罚制度，就必然会使一部分学生失去保障，解决这一难题的措施就是惩罚。"只要是有必要运用惩罚或者惩罚具有一定意义的时候，教师需要运用惩罚教育模

[①] 杜薇、李炳煌：《基于自然后果法的儿童问题行为矫正研究》，《当代教育理论与实践》2016年第7期，第23—25页。

式。针对必须运用惩罚的环境中，惩罚的必要性已经超过了其充分性。惩罚令幼儿产生一种有意义的痛苦性体验，使其从内心通过惩罚这件事而自觉反思与体悟，并促使自身主动地改正不良行为。有意义的痛苦是指通过外部影响引起幼儿内心的行为反思与思想斗争，是一种内在体验。此类痛苦的本质价值是在外部环境的作用下，幼儿对某件事进行主观层面的反省，进一步纠正并改善自己的行为方式。本研究利用幼儿"捣蛋"所产生的不良体验对幼儿进行"惩罚"，利用外部的痛苦性体验使个案"捣蛋行为"及时停止。

（三）霍妮基本焦虑说

霍妮认为，焦虑感本质上是由于一系列的外部敌意因素导致的。霍妮觉得孩子的家长是幼儿成长环境的关键要素。孩子出生后在相当一段时间内的各方面需求都需要依赖父母，假使父母支持了孩子的需求，就能让孩子获得满足感与安全感；假使未获得支持，就会出现一系列的恐惧与焦躁情绪。婴儿出生后就可以感受到自己能力存在较大限制，这就引发了无能感的产生。正是因为孩子的无能感、压迫感使得他们觉得不可以反对父母。不过，若父母对孩子的教育理念存在问题，则会导致孩子将敌意转移到所处的环境与其他个体身上。长此以往，儿童必然会产生焦虑情绪，因此霍妮称其为"基本焦虑"。这种焦虑导致幼儿对周围环境产生敌意，产生攻击性行为或者其他问题行为。个案"捣蛋"是因为得不到关注而内心焦虑，所以试图通过"捣蛋行为"得到关注，因此想要消除幼儿"捣蛋行为"，要消除幼儿内心的焦虑，教师要发掘幼儿内心焦虑的根源，仔细分析原因，从根源解决幼儿的焦虑。

（四）吉布森知觉学习理论

儿童以及所有个体处于某种环境下都能够主动去挖掘、收集并筛选出相应的信息。在不断的观察与游戏活动中，儿童获取的信息量会更加丰富，一系列行为活动与内外部环境的动态变化，在外部因素的作用下来筛选出有价值的信息去知觉世界。这些信息一定程度上能够体现出环境物体、活动形式、时空特性给人类活动创造的可知度。人类是具有主观能动性的知觉个体，他能主动地发现、收集、参与、筛选信息。儿童的知识很多是在主动活动中获得的。若不存在这一系列活动，儿童的知觉也将不存在。各种活动、主观目标、知觉的范围是不同的，知觉与人类活动动机存在本质的关系。本研究统合幼儿的感知觉,让幼儿既感觉到自己"捣蛋"带来的不愉快体验,又认知到这种不愉快体验是由自己"捣蛋"引起的,通过矫正计划让幼儿建立感觉和知觉的联结,主动获得经验和信息,认知到自己"捣蛋行为"与不愉快体验的关系,从而反省自己,主动改正。

第二节 研究被试的筛选与分析

一 幼儿的个案筛选与分析

(一)筛选的依据

该研究在山东省青岛市某幼儿园的大班展开,对幼儿的筛选分三步进行。

1. 教师推荐

研究者来到有着丰富教学经验的 L 老师和教研组长 J 老师所在的班级,向 L 老师和 J 老师了解情况后,通过访谈,将筛选范围缩小到两名幼儿,L 老师提名了柯柯(化名),J 老师提名了远远(化名)。

2. 同伴提名法

研究者选取了幼儿自由活动时间进行提问,提问时,幼儿逐个进入休息室,研究者向幼儿展示图片,并对幼儿提问题,如"请你仔细观察图片,你看到图片上的两位小朋友在做什么呢?"(图片上的小朋友正在队伍中打闹)"班里哪位小朋友的表现和图上的小朋友相类似?"请幼儿最多回答出两个小朋友的名字,研究者对被提名的幼儿进行计分,筛选出两名得分最高的幼儿:远远和豪豪。

图 6-1 向幼儿展示的图片

3. 研究者实地观察

研究者第一天早上进班前测体温时就注意到了远远,在别的小朋友排队等待老师测体温时,远远在队伍里晃来晃去,时不时蹲下,还用手抠墙上的装饰品。等待过程中远远试图跟别的小朋友打闹,别的小朋友不理他,他就扯别人的帽子,于是小朋友与他发生了争吵,指责远远不好好站队。保育老师发现后,提醒远远站好队,远远并不听,继续在队伍里转来转去。

表 6-1　　　　　　　　　　个案行为表现观察记录表

个案姓名:远远		年龄:6 岁	性别:男
班级:大一班		记录日期:2021 年 8 月 31 日	
具体表现	在座位上乱动、在凳子上爬来爬去	次数	3
	插队且推搡他人		2
	在区域活动时乱扔玩具		1
	在区域活动时抢夺他人物品		1
	户外活动集合时大喊大叫		2
	不按要求进行集体活动、破坏游戏纪律		2

研究者在午休维护纪律时首次注意到豪豪,豪豪在午睡躺下后,嘴里一直自言自语念叨着什么,一会起身坐起来,一会戳戳旁边的小朋友。午睡一共一个半小时,豪豪在前一个小时没有睡觉,其间上厕所四次,被主班老师批评后才躺下。

表 6-2　　　　　　　　　　个案行为表现观察记录表

个案姓名:豪豪		年龄:6 岁	性别:男
班级:大一班		记录日期:2021 年 9 月 2 日	
具体表现	上课时玩弄衣服或者手指	次数	2
	在区域活动时冲其他小朋友发脾气		1
	午睡时,乱动和频繁上厕所		4

研究者曾有机会去大二班进行观摩,第一次了解到了 L 老师提到的

柯柯。柯柯在户外活动时喜欢推搡其他小朋友，教师多次制止，柯柯依然不听。在户外活动结束后洗手时，柯柯把水龙头拧开，水流放到最大，把水溅得到处都是，教师批评柯柯浪费水，柯柯不以为然。

表6-3　　　　　　　　　　个案行为表现观察记录表

个案姓名：柯柯		年龄：6岁		性别：男
班级：大二班			记录日期：2021年9月3日	
具体表现	做操时推搡其他小朋友	次数		2
	洗手时玩水，溅得其他小朋友满身都是			1
	骂人			2
	在区域活动时抢夺他人物品			1

研究者通过一日的行为观察并记录以上三名幼儿的"捣蛋行为"表现及频率，发现远远发生"捣蛋行为"的频率更高，比柯柯和豪豪更显著具有"捣蛋行为"，因此选取远远作为研究对象。

4. 问卷调查

此次研究运用 Rutter 儿童行为量表的教师问卷和父母问卷，以对儿童在学校以及在家的行为展开全面系统的评定，为确保个案幼儿筛选的准确性和科学性，研究者在幼儿园大班两个班级展开了调研，对幼儿有了基本了解之后，向家长和教师分发了 Rutter 儿童行为量表的家长和教师问卷。

表6-4　　　　　　　　　　问卷回收情况

问卷发放数量	问卷回收数量	有效问卷数量	有效回收率
67	64	63	94.03%

该研究在9月进行前测，共发放问卷67份，共回收问卷64份，剔除一份作答缺失四题的问卷后，最终得到有效问卷共63份，有效回收率为94.03%。经研究者统计、分析与整理，最终通过问卷筛选出一名得分高于临界值的幼儿，这与教师访谈所得的结果相一致，个案幼儿选定为远远。远远父母问卷得分为16分，教师问卷得分为13分，均高于临界值，且A行为总分大于N行为。其主要行为是：难于静坐、多动、破坏自己

和别人的东西、经常不听管教、欺负别的孩子。

（二）筛选的结果

综合问卷结果及通过教师推荐、同伴提名和研究者的观察，远远最具有"捣蛋行为"特征。与其他幼儿相比远远的"捣蛋行为"最为显著，为教师和家长带来了不少困扰，选择远远为研究对象最为适合。

二 个案幼儿"捣蛋行为"表现

经过教师的访谈和研究者第一星期的观察，发现个案的"捣蛋行为"主要表现在以下几个方面：

（一）坐立不安分，注意力难以集中

个案在注意力不集中时就会产生"捣蛋行为"，坐立不安分，影响其他幼儿。注意是心理活动对一定现象的指向和集中，而注意的集中实质上是对外界干扰的抑制。注意的集中不仅取决于外部事物的特点，也取决于人的主观能动性。学龄前儿童以无意注意为主，引起幼儿无意注意的主要因素是幼儿感兴趣的刺激物。幼儿注意的时间与年龄成正比，正常情况下，六岁幼儿在不被打扰的情况下，注意力可以集中 15—20 分钟。而个案在枯燥单调任务的注意力集中时间不超过 4 分钟，在趣味任务（看动画片、户外游戏）的注意力集中时间大概可以维持 12 分钟，注意力保持时间差异较大，兴趣喜好是个案维持注意力的重要标准。

（二）不守规则，难于管教

幼儿园一日生活中处处都有规则，规则意识的建立，有助于幼儿形成良好的生活和学习习惯，促进幼儿社会性行为的发展。树立规则意识不仅有助于教学活动有序进行，更对幼儿社会性发展起着至关重要的作用。个案幼儿的"捣蛋行为"经常扰乱正常教学秩序，为教师和其他幼儿带来不少麻烦，他的"捣蛋行为"与教师建立的规则相悖。

（三）戏弄他人，侵犯他人

学前幼儿好动，且是非观念没有完全形成，所以分不清什么是玩耍，什么是戏弄他人。侵犯他人是幼儿攻击性行为的表现之一，若侵犯行为不及时予以纠正，很容易发展成攻击性行为，不利于幼儿良好人格的形成，对未来发展造成不利影响。个案在活动的时候，时有侵犯他人和戏弄他人的"捣蛋行为"，给别的小朋友造成了不愉快的体验。

(四) 破坏他人作品

幼儿破坏他人作品的行为影响了自己与同伴之间的正常交往活动，导致了幼儿人际关系差，影响了同伴、教师、家长对他的评价。这种行为可能是幼儿为了发泄心中情绪而表现出来的，也可能是认知不到位，未形成行为规范，不懂得爱护公物、爱护他人物品。

根据 Rutter 行为量表评测、教师访谈和观察者实地观察，总结出个案幼儿的"捣蛋行为"表现为：坐立不安分，多动、不守规则，难以管教、侵犯他人，戏弄他人、破坏他人的作品。

三 造成个案"捣蛋行为"的原因

通过观察和对个案家长以及个案幼儿的访谈，了解到了个案的家庭情况、家庭环境以及个案本身的行为特点等，综合资料，结合相关理论，分析出造成个案出现问题行为的原因。

(一) 家庭教养方式不当

1. 个案在家庭环境中心态失衡

家庭是幼儿发展的微观系统。通过与远远家长的访谈了解到，远远还有个比他小一岁的弟弟。因为家里两个孩子，所以玩具等都是弟弟和远远共享的，争夺玩具常有发生。远远的父母在某外企工作，上班早下班晚，照顾两个孩子格外辛苦，两个孩子争夺玩具或者吵架，父母耐心被耗尽，倍感心烦。平时在家里父母经常因为远远不谦让弟弟而批评甚至打他，并且远远父母表示，他们不懂怎么科学教育孩子，对远远的"捣蛋行为"能想到的教育方法就是责罚，但这个方法根本没有太大的效果，远远依然捣蛋。

2. 在家庭中个案儿童常被忽视

远远的母亲告诉研究者，因为工作忙，他们没有太多时间与孩子沟通，并且下班回家很累，特别想好好休息一下，有时候就会忘记看老师在微信布置的任务，更不用说问远远在幼儿园的情况了。并且远远的弟弟也在幼儿园，两个孩子顾不过来，远远弟弟小，所以就先顾远远的弟弟了。这就导致远远感觉到自己被忽视，心理不平衡，缺乏自我效能感，所以试图通过"捣蛋行为"来获取父母和老师的关注。

3. 隔代教育养成个案骄纵性格

远远的父母在远远三岁以前在外地务工，在远远三岁后才回来，远远三岁前一直是跟着爷爷奶奶生活。远远的爸爸说，远远的爷爷奶奶对于长孙格外骄纵，要什么就买什么，百依百顺，在爷爷奶奶家，远远想干什么就干什么，只要不哭闹就行。有时候他们休班回来看远远，发现他不听话想要批评他，远远的奶奶就会拦着，说孩子小，大了就懂事了，一来二去就养成了远远的"捣蛋"。远远在3岁之前一直跟着祖辈，主要教养人是爷爷奶奶，采用的是溺爱型教养方式。3岁后远远回到父母身边，主教养人变成了父母。虽然远远的父母会在他犯错后进行惩罚，但总体来看，远远父母和祖辈的教养方式是不一致的，一时放任一时严格，这让远远无所适从，没有得到有效、系统的教育，辨别不清对错，也不能认识到自己的行为问题，这便加剧了他"捣蛋行为"的产生。

（二）幼儿自身因素

1. 对个别活动不感兴趣

通过研究者观察发现，远远在听故事、练队形和单一区域活动时会产生较多"捣蛋行为"。研究者在远远听故事时问远远"你为什么不像其他小朋友们一样坐好呢？"远远回答说："太没意思了，我都听累了"。在观看喜欢的动画片、搭建区玩耍、动态游戏和每天报餐时会非常专注，坐得板板正正，比其他小朋友表现得还要好。在户外活动时，远远只喜欢玩自己喜欢的项目，与别的小朋友产生冲突时才会"捣蛋"。所以研究者在远远美工区"捣蛋"时，对远远进行了访谈，研究者问远远你为什么这样做时，远远说：我画画画了好几次了，水彩笔都没色了，我不想画了，没意思。远远在排练队形时，向小朋友扔石子，研究者问远远为什么这么做，远远说：我不想练。研究者问远远为什么不想练，远远说：没意思。可以发现，远远产生"捣蛋行为"一部分原因是注意力不集中，而注意力不集中的主要原因是对当前情境感到无趣。

2. 想要引起他人注意

在远远大喊大叫并拉拽小朋友帽子时，研究者对远远进行了访谈，问远远为何这么做，远远说："我想让他看看我，我跟他说话他不理我，我就拽一拽他，我没使劲。"当远远早上在饮水间大声喊小朋友，告诉小朋友爸爸给他买了新玩具时，研究者问远远为什么不遵守规矩先去测体温换衣服，远远说："我要赶快告诉他嘛，一会就会忘了"。吃水果远远啃完葡萄皮，大喊小朋友看看他的葡萄，我问远远为什么不像其他小朋友那样安安静静地吃，远远说："这样我是最不一样的，我要让他们看看，我就跟他们不一样。"在远远某次吓唬研究者时，研究者拉住远远，问他为什么吓唬老师，远远说："我跟你玩呢，你不如J老师跟我玩得久。"在远远破坏别人绘画作品时，研究者问远远为什么画在别人的画上，远远告诉研究者："我跟他说画错了，他不听我的，我给他改过来"。在远远推倒别人搭建区作品时，研究者问远远为什么推倒别人的作品，远远说："我跟他说话他总是不理我，我生气啊。"通过研究者与远远的谈话可以看出，远远想要靠自己的"捣蛋行为"取得老师和小朋友的关注。

3. 共情能力差，意识不到自己行为的后果

观看动画片时远远站起来挡住了后面的小朋友，教师命令远远坐下。看完动画片研究者问远远为什么看动画片的时候站起来，远远说："我看不见啊。"研究者又问远远，那你站起来后面的小朋友不也看不见了，远远低头想了一下说"那我就是看不见嘛。"在远远破坏别的小朋友作品抢雪花片后，研究者问远远为什么动手抢别人的东西，远远说："我的不够了，我这把枪还缺好几块呢。"研究者又问远远，那你拿了别人的雪花片，别的小朋友也不够了怎么办呀，远远不吭声了。通过远远的表现可以看出，由于远远已有的社会性经验不足，在日常交往中，对他人的情绪理解也不到位，个人的认知有偏差，考虑不到他人感受，共情能力差，就会导致一些"捣蛋行为"。

(三) 教师对"捣蛋行为"认识不足

1. 人为干预影响了客观自然后果的出现

研究者观察发现，在幼儿产生"捣蛋行为"后，教师往往火冒三丈训斥或体罚幼儿，极易带着情绪对幼儿进行教育，很少能做到客观公正地看待或者不干预儿童的"捣蛋行为"，使幼儿恐惧害怕。教师习惯性根据自己的生活经验来盘点幼儿"捣蛋行为"的破坏性，进而给出不同程度的惩罚。这种判断带有情感性和主观性，缺乏客观，对幼儿"捣蛋行为"的惩罚或轻或重。严厉的教师会对幼儿惩罚过重，而宽容的教师会对幼儿过于包容。这些人为的干预不能让幼儿切实直观地体会到自己的行为带来的后果，不利于幼儿"捣蛋行为"的矫正。

2. 教师未给幼儿自我修正的机会

研究者观察发现，在实际生活情境中，幼儿"捣蛋行为"产生后，教师往往会剥夺幼儿自我修正的机会，直接训斥或责罚幼儿。幼儿园阶段的幼儿身心发展不成熟，无法预判自己行为的后果，也无法理解成人施加惩罚的目的，更没有建立道德观念。这样教育结果就成了幼儿害怕斥责，而不是体会自己的行为带来的直接后果进行自我修正。

第三节 矫正方案的设计与实施

一 矫正方案的设计

（一）矫正方案设计的特点

1. 针对性强

在对个案的背景资料、家庭情况、行为表现做了一个全面的分析之后，研究者开始针对远远"捣蛋行为"形成的原因对远远进行教育矫正，主要以幼儿园矫正为主，利用三个月采取一定的措施和方法改善个案的"捣蛋行为"。

2. 可操作性强

主要运用自然后果法丰富幼儿经验，首先选择合适时机客观放大自然后果，人为后果法与自然后果法相结合，让幼儿认识到"捣蛋行为"与不良后果的因果关系。其次使幼儿明白之前的做法是错误的，并且明白什么是正确的做法，鼓励儿童改变行为，在幼儿行为改变后进行强化巩固，发展其社会性行为。

（二）具体矫正计划

表6-5　　　　　个案幼儿（远远）第一阶段矫正方案

矫正阶段	矫正目标	具体措施	矫正要点
阶段一—第1周	1. 与个案熟悉，观察其"捣蛋行为"的具体表现 2. 通过了解分析个案产生"捣蛋行为"的原因	1. 在一日生活中多与个案谈话沟通 2. 对个案的"捣蛋行为"进行观察记录 3. 与个案家长进行访谈	通过第一阶段矫正，找出幼儿"捣蛋行为"的具体表现及成因，对症下药，为下一阶段矫正计划做准备

表6-6　　　　　个案幼儿（远远）第二阶段矫正方案

矫正阶段	矫正目标	具体措施		矫正要点
阶段二 第2—4周	让个案体会到自己"捣蛋行为"产生的不良体验。	坐立不安分矫正方案	自然后果法 谈话引导	通过自然后果法，让个案幼儿真切体会到自己"捣蛋"造成的不愉快体验，丰富幼儿的经验
		不守规则矫正方案		
		侵犯他人、破坏他人的作品矫正方案		

表6-7　　　　　个案幼儿（远远）第三阶段矫正方案

矫正阶段	矫正目标	具体措施	矫正要点
阶段三 第5—8周	让幼儿认识到"捣蛋行为"与不良后果的因果关系。并使幼儿明白之前的做法是错误的，明白什么是正确的做法	坐立不安分矫正方案	自然后果法 谈话引导 人为营造情境 动画片：《小猪下棋》（第6周） 角色扮演：《小花公鸡》（第8周）	通过动画片以及角色扮演，让幼儿明白动画片中的小猪和角色游戏中的小花公鸡因为注意力不集中产生了什么结果。同时人为营造情境，创造更多机会让个案幼儿在情境中感受到注意力不集中产生的不愉快体验
		不守规则矫正方案	自然后果法 谈话引导 人为营造情境 榜样激励 游戏：《小猴捞月》（第6周） 活动：《我是小老师》（第7周）	运用游戏活动《小猴捞月》，进行秩序训练，让幼儿在感兴趣的活动中遵守规则进行游戏，并在违反秩序时感受到违反秩序的后果。通过当小老师活动，培养幼儿与老师的共情能力，让幼儿自然地懂得如何维护秩序和规则
		侵犯他人、破坏他人的作品矫正方案	自然后果法 谈话引导 多给幼儿表现的机会 活动： 《我是金牌小导游》（第5周） 《如果我是你》（第6周） 游戏：《相反》（第8周） 与家长沟通	运用教学活动《我是金牌小导游》让幼儿感受到被关注的满足。《如果我是你》活动通过与他人角色互换并相互模仿的方式，行为再现，让幼儿自然地体会到自己"捣蛋"为他人造成的不愉快体验，达到共情的效果。通过《相反》游戏，让幼儿自己主动思考与"捣蛋行为"相反的正确做法

表6-8　　　　　　　个案幼儿（远远）第四阶段矫正方案

矫正阶段	矫正目标	具体措施	矫正要点
阶段四 第9—12周	在幼儿行为改变后进行强化巩固，发展其社会性行为	教学活动：《好朋友》（第9周） 游戏：《我家的餐厅》（第10周）《我是哥哥姐姐》（第11周）《小小交警》（第12周）	在个案"捣蛋行为"有所改善后对其强化，通过《好朋友》活动教给幼儿与他人正确交往的方式。通过《我是哥哥姐姐》教给幼儿如何正确获得他人的钦佩。通过游戏《我家的餐厅》和《小小交警》让个案学会维护秩序

在矫正计划实施之前，研究者与个案幼儿的父母进行了交谈，告知研究的方式及方法，并把矫正计划给个案父母过目。个案父母表示可以进行此矫正研究，并对矫正计划表示支持。

二 矫正方案的实施

（一）第一阶段矫正方案的实施

1. 第一阶段矫正目的

第一阶段的矫正目的是与个案熟悉，观察其"捣蛋行为"的具体表现；了解分析个案产生"捣蛋行为"的原因。

2. 第一阶段矫正方法

第一阶段采用的矫正方法是在一日生活中多与个案谈话沟通、对个案的"捣蛋行为"进行观察记录、与个案家长进行访谈。

3. 第一阶段具体矫正过程

经过一周的观察以及对教师和家长的访谈（见上文），研究者发现个案远远"捣蛋行为"产生的原因主要有：在家庭环境中心态不平衡、在家庭中常被忽视、隔代教育养成个案骄纵性格和对个别活动不感兴趣。其"捣蛋行为"主要表现为：坐立不安分，注意力不集中、活泼好动，急于自我展现、扰乱秩序，缺乏规则意识、戏弄他人、侵犯他人。

4. 第一阶段矫正方案的评价与反思

通过访谈和观察，研究者找到个案幼儿"捣蛋行为"的具体表现及原因，为后续阶段矫正的进行奠定了基础。研究者初步认为，在实施矫正时，可以利用个案感兴趣的地方为切入点，利用个案渴望被关注的心理，运用自然后果法，对其"捣蛋行为"进行矫正。

(二) 第二阶段矫正方案的实施

1. 第二阶段矫正目标

第二阶段的矫正目标是让个案体会到自己"捣蛋行为"产生的不良体验，本阶段的矫正时间为第2—4周。

2. 第二阶段矫正方法

第二阶段的矫正是根据自然后果理论和惩罚理论，运用自然后果法先让个案幼儿体验到自己"捣蛋行为"带来的不愉悦体验，不对幼儿进行人为惩罚，利用幼儿自己"捣蛋行为"产生的后果，让幼儿自己体会到自己"捣蛋"带来的不愉快体验，令幼儿产生一种有意义的痛苦性体验，使其从内心通过自然后果的惩罚而自觉反思与体悟，并促使自身主动地改正不良行为，最后再对其辅以谈话，进行引导。

3. 第二阶段具体的矫正过程

(1) 坐立不安分矫正方案

案例十七：在户外活动练队形时，远远又出列了，后面的小朋友喊："远远，你出列了！"远远没有听，越走越远。后面的小朋友看不下去了，过去拉着远远进入队伍，并且说"你怎么老出列"。在左右分队走时，远远走错了队伍，导致后面的队伍全部乱了套，因为没有了老师的纠正，小朋友们找不到自己原来的位置了，又要重新走一遍，后面的小朋友们很不开心。于是有小朋友指出是从远远开始走错的，这时有个小朋友喊了起来"远远你总是走错，我们又要重新走了。"其他小朋友听到后，都对远远表示出来不满："远远都走错好几次了""老师别让远远在前面站队了""远远你别出来列队了"……这时远远有些窘迫，站在原地不吭声，用一只脚在草坪上摩擦。

这时研究者到远远身边，对远远说"远远，好好列队，不能再走错了哦，不然别的小朋友会生气的，赶快回队伍站好。"远远回到了队伍，研究者也为其他小朋友排好了队形，开始了第二次列队。

案例分析：个案在列队时不安分，乱动出列，平时都是教师把个案拉回队伍，防止后面的队伍乱套。而这次研究者没有把个案拉回队伍，而是任其出列乱走，这就使后面的队伍完全乱套，其他幼儿走不下去，队伍走

第六章 矫正社会性问题行为:运用自然后果法矫正幼儿"捣蛋行为" / 237

图 6-2 远远在队伍中出列

不下去的直接后果就是需要重新列队走队形,小朋友们就会有意见,开始指责个案站队出列乱动,这样个案幼儿直接感受到自己站队出列乱动带来的结果,就是为班级队伍造成破坏,被其他幼儿指责,带来不愉快的体验。

案例十八:在主班老师带领小朋友们进行音乐活动时,远远听了一会就开始乱动,一开始是趴在桌子上,后来盘着腿坐在小板凳上。在其他小朋友集体起立做动作时,远远趁机钻到了桌子底下,在桌子底下玩了起来。动作做完以后,主班老师问小朋友们有谁能把动作重复一遍,做得好的小朋友今天报餐。远远一听到报餐,立马举起了手。主班老师看到远远举手时,让远远做一遍动作,结果远远只做出了第一个动作,主班老师说:"远远,很遗憾,你做得并不好,今天中午的报餐机会不能给你。"远远听到后,有些懊恼,在座位旁站着看其他小朋友的动作。

研究者走过去,让远远先坐下,让远远看看其他小朋友是怎么做动作的,下次好好表现,争取到报餐机会。

案例分析:通过个案下座位乱动可以看出个案对音乐活动并不感兴趣,注意力不集中。但是在教师说把动作重复一遍的小朋友可以报餐时,个案举起了手,可见个案对报餐十分感兴趣。由于个案并没有听课,所以只能做出第一个动作,做不出整套动作,所以失去了报餐的机会,个案很懊恼,可以看出个案体会到了自己注意力不集中带来的不愉快体验。从这一点研究者得到启发,或许可以通过营造一个情境,让个案幼儿体会到自己注意力不集中而造成的错失,自己不能得到事物的遗憾感,从而记住教

图6-3 远远钻桌底

训，下次改正。

（2）不守规则矫正方案

案例十九：在饮水间喝水时，轮到远远接水了，远远又接了满满一大杯水，大声跟旁边小朋友炫耀"你看，你看我接得最多，你们就能喝那么一点儿。"旁边小朋友对远远说"远远你能喝完吗？"远远说："小意思"。这时主班老师说，"小朋友们接水接自己够喝的就行了，接多少水就要喝多少水哦，不允许浪费，喝不完水的小朋友不可以去站队。"旁边的小朋友只接了小半杯水，喝完后幸灾乐祸地对远远说"远远，你使劲喝吧。"远远没说话，端着水杯慢吞吞地喝。过了两分钟，小朋友们都喝完水了，只剩远远一个人了，远远有些着急，他接的水太多了，喝不完。远远想要倒掉水，我看到了，制止远远，告诉他"不可以浪费水，接多少就要喝多少，老师等着你一起，喝完我们再出去。"远远只好把水喝完。

喝完水后，研究者带远远下楼参加活动，在下楼时与远远谈话，告诉远远，不可以浪费水资源，喝多少接多少，如果想跟小朋友们说话那就喝完水再说，争取下次早早站队出来玩。

案例分析：喝水时个案大喊让别人看他，并故意多接水引起别人注意，想让别人佩服他。其实个案心里知道自己喝不完这么多水，但就是为了逞能，所以接一大杯水，在别的小朋友走后个案想要偷偷把水倒掉，但研究者制止了他，让他把水喝完，喝不完不可以出去玩。由此可以看出，个案想要引起他人的注意和钦佩，但是不会运用正确的方式，所以后期要教给幼儿如何正确引起他人的钦佩。

案例二十：在观看教育片时，远远看了一会又不自觉地站起来了，挡住了后面的小朋友的视线。一开始远远安安静静地站着，并没有乱动，后面的小朋友歪着头可以看到大屏幕，后来远远开始乱动，严重影响了后面小朋友的正常观看，坐在远远后面的小朋友有些生气，大喊"远远你坐下，你挡住我们了。"远远并没有听，还是一个劲晃，这时小朋友生气了，直接用力拽了远远一下，试图让远远坐下。远远当时正在晃来晃去，重心不稳，被小朋友一拽，直接从凳子上被拽到地上，我赶快在一旁护住远远的头。远远起来后很生气，问"你干嘛拽我。"小朋友说："你先挡着我的，你一直站着，我不是故意的。"远远起来后站了一会，搬着小板凳向前坐了一点。

观看教育片结束后，研究者检查了远远有没有摔伤，并与远远谈话，告诉远远在看教育片的时候不可以站起来，这样会挡住后面的小朋友，后面的小朋友会生气的。大家都坐好就不会挡住其他人了，小朋友也就不会来拽你让你坐下了。

案例分析：个案在观看教育片时较为专注，可以看出个案对教育片很感兴趣。但是个案为了自己看得更清楚便站了起来，没有考虑到会挡住后面幼儿的视线，共情能力差。在个案持续乱动后，后面的幼儿忍不住拉拽个案，让他坐下，但由于个案一直乱动，重心不稳，所以摔倒。起身后，个案与幼儿交谈得知自己挡住了别人，便又重新坐下，可以看出个案不是故意去遮挡他人，只是意识不到自己行为的后果，需要加强幼儿的共情能力。

案例二十一：午休前摆放鞋子，别的小朋友都在认真摆鞋子，摆放得整整齐齐，然而此时，远远正在四处溜达，别的小朋友都换好衣服准备上床了，远远才磨磨蹭蹭地脱鞋，脱完鞋子也没有像别的小朋友一样摆放整齐，把鞋子踢到一边就上床了。起床时间到了，远远还在赖床，别的小朋友迅速穿好衣服，去饮水间喝水。因为远远的鞋子放在过道中间，所以小朋友们不可避免地会踢到远远的鞋子，一人一脚，远远的鞋子被踢到了教师桌底下。远远起床后，找自己的鞋子，发现周围没有自己的鞋子，光着脚下床大叫"我的鞋子呢？我的鞋呢？我的鞋子没有了，谁拿我的鞋了?"我站在教师桌旁边,故意挡住远远的鞋子。看到远远开始着急了,便走到远远身边,问远远"远远,鞋子如果摆不好,别的小朋友起床后就会踢到你的鞋子,踢来踢去,鞋子就会找不到,找不到鞋子远远是不是很着急呢?"远远点点头,蹲在地上看床底。我告诉远远他的鞋子被踢到了教师桌的底下,远远赶快过去把鞋子拿了出来。

远远拿出鞋子后,研究者问远远"明天中午睡觉前应该怎么做呀?"远远低着头回答说:"摆好鞋。"

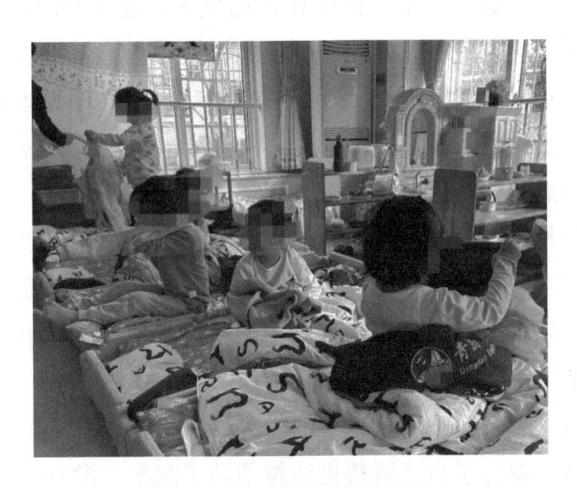

图 6-4 远远正在赖床发呆

案例分析:别人都在摆放鞋子时,个案幼儿到处乱逛,并且到了起床时间,个案赖床不起床,可以看出个案幼儿缺乏规则意识。其他幼儿上床后都摆好鞋子,个案却没有摆放,经过前段时间观察发现,由于幼儿是最后一个起床,所以地上只有一双鞋子,所以个案意识不到为什么要摆放鞋子,缺乏"丢失"鞋子的经历,所以个案的鞋子被踢到桌子底下后研究者并没有为他找出来,而是挡住鞋子,让个案深刻体会到找鞋子的难处,让他感受自己不摆鞋子带来的后果。

案例二十二:区域活动结束后,其他小朋友都开始收拾活动区玩具了,远远还在玩玩具。别的小朋友收拾好玩具去站好队了,远远看见了,把手里的玩具随手往桌子上一扔就要去站队。我拉住远远,跟远远说:"远远,刚刚老师说过了收拾好玩具的小朋友才能站队是吗?你是不是也听到了。"远远说："他们都要出去了。"我回答远远："出去的小朋友都把玩具收好了，你看看，是不是只有你一个人没有收玩具。"远远回头看了看，只有他一个人的玩具没有收起来。我又说："如果远远想要出去玩，那必须收拾好自己的玩具才可以，不然就不能出去玩，什么时候收拾好了，我们再出去玩。"远远想要跑出去，但见我堵在教室门口，只好折回去收拾好玩具。

户外游戏结束后，研究者问远远"今天玩得过瘾吗？"远远说："不过瘾，时间太短了。"研究者告诉远远，时间短是因为他收拾玩具太慢了，等他收拾好玩具再下楼时，别的小朋友都玩了十分钟了，如果明天想要玩得过瘾，那就早点收拾好玩具。

图6-5 远远独自一人收拾玩具

案例分析：个案听到户外活动就要去站队，直接把玩具扔在原地，是缺乏规则意识。所以研究者让个案按照规矩，先收拾好玩具再站队，于是个案只得去收拾玩具，但由于个案跟研究者谈话消耗了不少时间，在个案收拾完玩具后，户外活动已经进行了一段时间了，个案出去以后，其他幼儿已经选好了活动用具，个案不能自由选择，所以玩得"不过瘾"。

（3）侵犯他人、破坏他人作品矫正方案

案例二十三：户外活动玩游戏时，远远推搡其他小朋友，要求其他小朋友快一点为他让路，小朋友们都很不情愿，对远远颇有怨言。游戏中主班老师让小朋友两两搭档做游戏，其他小朋友都很快找到了搭档，只有远远没有搭档，远远去找了好几个小朋友，小朋友们都拒绝了他。远远不开心地站在一边，自己一个人踢起了小石子。研究者走过去，问远远，"你为什么一个人呀？"远远说："他们都不跟我玩。"研究者又问远远，"那你觉得大家为什么不跟你玩呢？"远远说："他们不喜欢我。"研究者对远远说，"那你想一想，是不是刚才做得哪里不对所以才让大家不喜欢你呢？"远远不说话了。

案例分析：个案幼儿推搡他人导致别的幼儿对他有怨言。之前搭档游戏中，教师为了游戏效果，都是指定成员搭档，而这次自由搭档游戏，个案就没了玩伴，个案体会到了自己因推搡他人而被其他幼儿拒绝的不快。

案例二十四：午休时，别的小朋友都换好衣服准备上床了，远远才磨磨蹭蹭地脱鞋脱衣服。上床后远远趴在床上，揪旁边小女生的头饰，扯她的小辫子。旁边的小女生很生气，把辫子压到后脑勺底下，背过身不理远远，远远见小女生背过身，把小女生放在枕头边的头饰藏在床底下。起床后，小女生找自己的头饰，发现枕头边没有，便哭着找保育老师说"老师，我的太阳花没有了。"老师告诉小女生，她看到远远给她把头饰藏到床底下了。小女生找到头饰后，走到远远旁边，跟远远说"远远，你太烦了。"第二天午休时，小女生找到主班老师说："老师，我不想在远远旁边睡觉了，他总是乱动，还动我的太阳花。"主班老师于是就问"有哪个小朋友想要换睡觉的位置呀？有没有小朋友愿意在远远旁边睡呢？"小朋友们纷纷表示不愿意，一个小朋友跟远远说"我们都不愿意跟你玩。"远远听到后很生气，说道："那我就自己睡！"

等别的小朋友都躺下后，研究者到远远旁边坐下，跟远远说"为什么别的小朋友都不想在远远旁边午睡呢？是不是因为远远有什么地方惹小朋友生气了呀？"远远有些委屈，研究者告诉远远，昨天他藏别人头饰，惹别人生气了，所以小朋友才不愿意在他旁边睡午觉，以后睡觉要安安静静的，不可以动别人的东西。

案例分析：前一天午休，个案揪其他幼儿的小辫子，试图与其他幼儿玩闹。其他幼儿想要午睡，不与个案玩闹，所以个案为了戏弄其他幼儿，把她的头饰藏了起来，导致该幼儿醒来后哭着找头饰。在老师告诉幼儿是个案把她的头饰藏起来后，该幼儿表达了对个案藏头饰的愤怒，并且在第二天提出不想跟个案幼儿一起睡觉,但其他幼儿也不想跟个案一起睡觉,个案体会到了因自己戏弄他人而被孤立的体验。

案例二十五:在区角活动时,远远使用雪糕棍拼栅栏,拼到一大半时,远远发现自己的雪糕棍不够了。这时,放雪糕棍的小篮子里已经没有多余的雪糕棍了,远远看了看小篮子,又看了看旁边小朋友拼的作品,伸手从旁边小朋友的作品上抓了三根雪糕棍。旁边小朋友立马大喊"你干嘛!那是我拼的,你用你自己的小棍!老师,远远搞破坏。"远远一听旁边小朋友喊老师,想要捂住小朋友的嘴,一边说"我就用用嘛。"旁边小朋友一把抢回了自己的三根雪糕棍,搬着凳子离远远更远了,并跟远远说"我不想跟你玩了,你总是动别人的作品。"远远见别的小朋友不肯给他雪糕棍,便重新开始搭新的作品了。

研究者对远远说:"远远,破坏别人作品是不对的,你要是还破坏别人的作品,别的小朋友就都不愿意跟你玩了,如果雪糕棍不够了,要有礼貌地问别人有没有多余的雪糕棍。"远远点了点头说:"知道了。"

案例分析:个案拼房子发现雪糕棍不够了就去拿别人的雪糕棍,个案没有意识到拿别人的雪糕棍会影响他人作品的完整度。被拿雪糕棍的小朋友大喊老师时,个案幼儿想要捂住小朋友的嘴,说明幼儿并不想受到老师的批评,知道自己的行为是错误的。但是幼儿对于拿别人雪糕棍后果的认识仅限于受到老师的批评,而不是意识到自己行为会为他人带来影响。所以若要让幼儿感受到自己"捣蛋"带来的结果,教师就要减少对幼儿"捣蛋行为"所产生后果的参与。

案例二十六:下午吃点心时,远远拿着点心在桌子上滚来滚去,嘴里大喊"进球啦",并用自己的点心碰其他小朋友的碗,别的小朋友看着远远用点心当足球玩的行为都笑他,远远看到别的小朋友笑他,没有生气,反而更开心了。玩了一会,远远把点心捡进碗里,用拳头砸,嘴里喊着"我要把小蛋糕砸成小饼干"。点心被远远捏碎,远远衣服上也蹭到了。远远捏着点心碎往嘴里塞,旁边小朋友端紧自己的碗,离远远更远了一些。远远见别的小朋友离他远了,端着碗让别的小朋友看他的"小饼干",旁边小朋友拒绝了他的"邀请",都离他更远了。

在旁边小朋友都远离远远后,研究者到远远身边,问远远:"为什么远远想让其他小朋友看,其他小朋友反而离你更远了呢?"然后又问旁边的小朋友"你们为什么离远远更远了呢?"旁边小朋友说:"他不卫生,太恶心了。"研究者看着远远说:"听到了别的小朋友怎么说了吗?"如果想要别的小朋友看到你厉害的地方,那你就好好吃加餐,做小组第一个吃完加餐的人。第一个吃完加餐的小朋友才是最棒的是不是呀?"小朋友们都说"是",远远也点了点头。

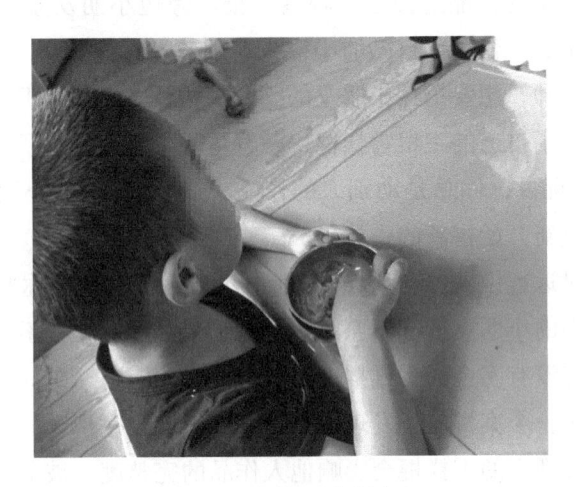

图6-6 远远正在捏点心

案例分析:个案幼儿把点心当球,可以看出个案幼儿想象力丰富,别的小朋友都笑他时,他并没有生气反而很开心,可以看出个案很享受被别人关注。然而幼儿误以为自己动作越大别人就会越关注他,认知上出现了偏差,所以后阶段矫正中要让幼儿认识到如何正确吸引其他人的注意力。

4. 第二阶段矫正方案推进的反思与评价

通过第二阶段的矫正,幼儿感受到了自己"捣蛋行为"带来的后果,产生了一种不愉快的体验。并通过研究者与个案幼儿的谈话,发现个案意识到了自己行为的不可取,本阶段矫正达到了预期效果。

然而本阶段的矫正发现,有些情境下,幼儿感受不到自己行为带来的恶果,未认识到"捣蛋行为"与不良后果的因果关系。因此需要人为地营造情境,让幼儿切身感受到自己"捣蛋行为"带来的不良体验。在幼儿"捣蛋"对其他小朋友造成不良影响时,应采取行为再现等方式,使幼儿感受到被影响人的感受,达到共情的目的。

(三) 第三阶段矫正方案的实施

1. 第三阶段矫正目的

本阶段的矫正目标是让幼儿认识到"捣蛋行为"与不良后果的因果关系，并使幼儿明白之前的做法是错误的，明白什么是正确的做法。与第二阶段矫正计划相比，本阶段计划中加入了人为营造的情境和教育活动，以期更好地矫正幼儿的"捣蛋行为"。

2. 第三阶段矫正方法

本阶段的矫正方法主要理论根据是霍妮基本焦虑说和吉布森知觉学习理论。由于父母不当的教养方式所造成的"基本敌意"会泛化和投射到周围的世界和所有的其他人身上，所以本阶段要消除幼儿心中因不被注意所引起的焦虑。吉布森知觉学习理论认为，儿童和成人都能在环境中主动地发现、探索、参与和抽取信息知觉，并和活动的目标直接地联系在一起，儿童在环境中得到何种信息，依赖于环境和他自身所指的目标，所以本阶段通过矫正计划让幼儿建立感觉和知觉的联结，主动获得经验和信息。

个案坐立不安分的主要原因是注意力不集中，通过幼儿感兴趣的动画片以及角色扮演，让幼儿明白动画片中的小猪和角色游戏中的小花公鸡因为注意力不集中产生了什么结果。同时人为营造情境，创造更多机会让个案幼儿在情境中感受到注意力不集中产生的不愉快体验。运用个案感兴趣的游戏活动《小猴捞月》，进行秩序训练，让幼儿在感兴趣的活动中遵守规则进行游戏，并在违反秩序时感受到违反秩序的后果。通过当小老师活动，培养幼儿与老师的共情能力，让幼儿自然地懂得如何维护秩序和规则。通过与个案交谈发现，个案破坏他人作品是想要引起他人关注，是一种正常的心理诉求。并且个案的共情能力偏差让个案意识不到自己的破坏行为会给他人带来不愉悦的体验。所以此阶段运用自然后果法让幼儿明白破坏别人的作品不是引起关注的正确方法，并及时与家长沟通。通过表扬其他小朋友，让个案幼儿知晓引起关注的正确方法，同时对个案给予充足的关注，运用教学活动《我是金牌小导游》让幼儿感受到被关注的满足。《如果我是你》活动通过与他人角色互换并相互模仿的方式，行为再现，让幼儿自然地体会到自己"捣蛋"为他人造成的不愉快体验，达到共情的效果。通过《相反》游戏，让幼儿自己主动思考与"捣蛋行为"相反的正确做法。

3. 第三阶段具体矫正过程

（1）坐立不安分矫正方案

案例二十七：在进行国庆节庆祝活动时，其他小朋友都站得笔直向前看，举着小国旗朗诵，只有远远在乱动，他一条腿搭在小椅子上，举着手乱晃小国旗，还歪着头看着我笑。朗诵第二遍时，我告诉小朋友们这一遍的朗诵要录像，录像完放到大屏幕上，小朋友们一起看看谁表现得好，谁表现得不好。其他小朋友一听，站得更好了，但远远不以为意。录完像后我把录像投屏，远远在前面扭来扭去的样子一览无余，小朋友们看到了，纷纷说远远站得不好。远远听了，立马说："我能站好。"马上在座位旁站得笔直。

图6-7　远远举小国旗

案例分析：个案幼儿对国庆朗诵节目并不感兴趣，所以注意力集中时间很短，一会就开始乱动。个案幼儿意识不到自己行为带来的后果，所以研究者决定把个案的行为录像，进行播放，让个案直观地看到自己乱动的行为对班级活动整齐度的影响，并且在观看时，允许小朋友们对远远不安分的行为进行点评。个案幼儿希望得到他人的认可和关注，所以听到幼儿批评他，他立马站好了。

案例二十八：上午爱国教育活动时远远一直不停地在椅子上和桌子上

爬上爬下，还盘着腿或者跷二郎腿，教育活动结束后我跟小朋友们说能回答出老师问题的小朋友可以获得小粘贴，然后让小朋友们举手回答刚刚介绍的是谁，远远一看有自己喜欢的小粘贴，立马站起来指着小粘贴喊"我要那个"，我说："那远远要回答问题，刚刚我们看到氢弹之父是谁呢？"远远说不出来，于是我告诉远远只有认真听讲的小朋友才能获得小粘贴，他不能获得小粘贴。提问结束后我说："刚刚有小朋友没有得到小粘贴，这是为什么呢？"有小朋友说"因为他们不认真听课"。我说："接下来老师会带领小朋友们看一个动画片，远远也要认真看哦。"远远一听看动画片，立马从桌子上下来，老老实实地坐好。我开始带领小朋友们观看动画片《小猪下棋》。看完后我问小朋友刚刚我们班里有没有像动画片里的小猪一样行为的小朋友，远远旁边的小女孩立马说："老师，远远"。我问远远"远远，动画片里的小猪为什么下棋输了呢？"远远先是笑嘻嘻，然后想了想说"因为他不学习，总是玩。"我又问"那远远上课的时候有没有像小猪这样呢？"远远说"有时候。"我又问远远"那你觉得小猪怎样才能赢棋呢？"远远说："听的时候好好听才能赢。"

观看完视频后，研究者告诉远远，刚才上课时，远远就像小猪一样，不专心听讲。小猪不专心听讲，所以后来下棋输了，远远没有专心听讲，所以后来提问的时候获得不了自己喜欢的小粘贴，以后上课的时候远远要认真听讲，这样才能获得自己喜欢的小粘贴。远远说："我明天就会认真听，我要那个海绵宝宝的小粘贴"。第二天上课远远一开始趴在桌子上，研究者见状说："今天我要看看哪个小朋友表现得好，表现好的小朋友才有机会获得小粘贴，可不要像昨天我们看到动画片里的小猪一样，因为不专心听讲输了棋，小朋友们可要专心哦。"说完研究者看了一下远远，远远果然坐得板板正正。讲完课后，研究者提问远远本节课讲的小实验是用什么做的，远远立马回答出来"气球"，研究者如约奖励了远远海绵宝宝贴纸。

案例分析：在进行教育活动时，远远又开始在凳子上爬上爬下"捣蛋"，对教授的内容完全听不进去，于是研究者决定营造一个情境，用个案幼儿最喜欢的奖品对回答问题好的小朋友进行奖励。个案幼儿一看奖品是自己最喜欢的小粘贴，立刻来了兴致。但是由于没认真听讲，个案答不上来提问的问题。看着自己喜欢的小粘贴分发给了别人，个案很懊恼，感受到了自己不认真听讲带来的后果。趁着个案懊恼的机会，研究者播放了动画片，个案很喜欢看动画片，又加上刚才没有得到小粘贴，所以这次看的格外认真。动画片里小猪上课不专心，边想吃碳烤大雁边流口水，对老师讲的下棋技巧一点也没学会，最后在对弈中输给了认真听讲的小猫。观看结束后，研究者与个案进行了谈话，个案做出了明天认真听讲的承诺，研究者也答应如果他明天能认真听讲就奖励他海绵宝宝的小粘贴。第二天上课时个案一开始依然趴在桌子上，经过提示后，个案认真坐好，并且认真听讲，回答出来问题，获得了小粘贴。由此可以看出，个案幼儿感受到了自己不专心带来的后果，但第二天仍需要教师稍微提醒一下才能坐好，总体来说本次矫正成果较为显著。

　　案例二十九：通过一段时间观察发现，远远很喜欢角色游戏。于是在进行角色游戏扮演时，我让远远来扮演小花公鸡。首先简述故事内容，故事讲述了一只淘气且不爱学习的小花公鸡，逃课去找红果子，竟误把辣椒当作果子吞食。最后，在鸡妈妈的帮助下，小花公鸡认清楚了自己的问题，痛改前非，努力学习。借用小公鸡之名，把远远上课不专心的问题以故事的形式呈现出来。远远听到我要让他当主角，非常开心，又蹦又跳戴上小公鸡头饰后就一个劲催我快点开始。角色扮演开始后，远远扮演小公鸡"捣蛋"表演得非常逼真，引得小朋友们都在笑，远远看到其他小朋友们很开心，表演得更起劲了。在表演到吃辣椒环节时，远远双臂向后展开，腰向前弯，原地蹦了起来，喊着"咯哒、咯哒，太辣啦，太辣啦！"因为角色游戏的活动区域在走廊，远远夸张的表演让主班老师和隔壁班的老师都闻声前来观看，老师们对远远的表演进行了表扬，远远听了极其开心，笑眯眯地看着老师们。表演结束后，我提问表演区的小朋友们，小公鸡的故事说明了什么？远远冲到我面前抢先回答道"不能跟小公鸡一样学到一半就出去玩。"我对远远的回答表示了赞同并问远远"那你以后上课能认认真真听完老师讲的内容再玩吗？"远远非常自信地跟我说："我没问题！"

　　第二天上课开始三分钟，远远又想乱动，我说："昨天角色表演小花公鸡时，远远小朋友表演得特别好，并且还告诉了老师，上课要认认真真听完老师讲的内容，今天老师要看一看哪个小朋友表现得最好。"远远一听我表扬他，立马来了精神，端正坐好，在我提问小朋友们"刚刚老师讲了，如果发生火灾第一件事应该干什么"时，远远第一个举手说"打119"。

图 6-8 远远正在扮演小公鸡

案例分析：当研究者告诉个案幼儿今天要让他去做角色游戏时，幼儿特别开心，说明本次矫正活动适合幼儿的兴趣需要，调动起了幼儿的兴趣。在表演过程中，个案幼儿表演得非常认真，惟妙惟肖，说明幼儿有一定的表演天赋，在后续活动中可以进行发扬。表演时幼儿的表现引得其他幼儿发笑，个案也很享受这种能给他人带来快乐的感觉，说明幼儿希望并喜欢得到他人的肯定，本次活动增强了幼儿的自我效能感。最后总结游戏时，幼儿也积极配合，并做出了承诺。第二天上课虽然一开始幼儿想要乱动，但是在研究者肯定他昨天的表现后，幼儿受到鼓舞，认真听完了课。由此可以看出，及时鼓励肯定幼儿的正确行为可以使幼儿受到鼓舞，从而继续保持下去，这样幼儿后续的"捣蛋行为"可以得到改善。

（2）不守规则矫正方案

案例三十：区域活动时，远远拉着小朋友的衣袖，问小朋友"你要搭什么？"小朋友说自己要搭房子，远远说"你怎么老搭房子"，小朋友没有理他，远远看了一会，对着小朋友耳朵大喊："你别搭了！"小朋友被远远地喊声震到，心里很不愉快，对远远说："你别对着我耳朵喊，我快聋了。"远远便坐好，开始搭自己的摩托车。搭好后，远远开始左顾右盼，试图引起别人的注意，他先晃晃凳子，看看别人的作品，然后开始跟旁边的小朋友搭话"我的已经拼好了。"这时我说:"老师看到了几位表现非常好的小朋友,老师要表扬一下他们,他们是我们小朋友的小榜样。"我开始表扬其他安静搭作品的小朋友,"晨晨后背挺得很直,也一直安安静静的,可太棒了。""恺恺搭作品时也一直没有讲话,搭得特别认真,也非常棒。""沐沐也一直专心搭作品,你们看,她搭的小树多好看呀"。小朋友们听到我要开始点名表扬,纷纷坐好,远远也不例外,他端正坐好,时不时地看看我。我并没有立即表扬他,而是等他保持了一会才表扬他,"远远也表现得很棒,今天远远搭摩托车搭得可快了,大家可以向远远学习怎么搭摩托车。"远远听了,低着头偷偷笑,心里应该很开心。

案例分析:个案试图通过大声说话来引起别人注意,显然这种做法是错误的。研究者发现个案的错误行为后,利用该个案想要被引起关注的心理,开始表扬其他表现好的幼儿,指出被表扬幼儿的优秀之处,让个案听清楚怎样的行为才会得到表扬,才会被引起关注,这样幼儿就会为了被表扬而模仿别人正确的行为。

案例三十一:上午吃加餐时,吃的是远远喜欢的水果,所以远远早早就吃完了。但远远并没有按照教师要求去放餐碟,而是离开座位学僵尸在教室各处游荡,一边伸直胳膊学僵尸走路一边在嘴里发出"插、插、插、插"的声音。吸引了不少小朋友的注意力,导致没吃完加餐的小朋友们更没心思吃加餐了。这时我想到一个办法,我告诉班级的小朋友"接下来老师要请远远扮演僵尸,僵尸要一步一步地走,不可以跑。吃完加餐的小朋友可以站起来当障碍拦住僵尸,但是站起来以后脚不可以移动,当障碍的小朋友要保护没吃完加餐的小朋友赶快吃完加餐。所以没吃完加餐的小朋友们要抓紧啦。老师要看看哪一组会胜利呢?"远远一听,立马笑了起来,扮演得更起劲了,小朋友们也与远远互动起来,甚至挑食的小朋友也大口吃起了水果。

案例分析:个案吃完加餐后觉得无聊,所以离开座位扮演僵尸,试图引起其他幼儿的注意。研究者决定因势利导,满足幼儿的心理需要,帮助个案获得关注。同时可以通过互动,让吃完水果的小朋友保护没吃完水果的小朋友,增强合作意识,没吃完水果的幼儿也抓紧时间吃了起来,幼儿挑食的问题也解决了。所以本次发现,个案"捣蛋"是有一定的需求,合理满足幼儿的心理需要可以把幼儿的"捣蛋"转化为促进班级发展的力量。

案例三十二：早上点名结束后，我告诉小朋友们，今天老师想要选一个小助手，当我们班的小老师。远远一听可以当老师，立马站起来大喊"我我我"。我说："既然远远这么积极，那么今天就由远远来当小老师吧，远远你可以做到吗？"远远问道："那你是不是就要下班了？"我说："我不下班，我会在旁边提醒你下一步要做什么，但你要好好回想老师每天都是怎么做的，争取做一个称职的小老师。"远远笑着给我比了个手势，意思是没问题。于是远远作为小老师的一天便开始了。

这一天，远远一直在我身边，非常尽心尽责。吃水果之前，远远告诉小朋友们"用餐之前要洗手，洗手要用小水流。"并且第一次安安静静地洗完了手。吃水果时，远远想要自己先拿，我在一旁提醒他"远远老师，小朋友们还没有拿水果呢，小老师是不是要等其他小朋友都拿完了再吃呢？"远远说："好，那我等一等"。吃水果过程中，有个别小朋友交头接耳，远远还主动过去提醒小朋友"食不言，寝不语"。户外活动站队时，远远跟我一起站在前面等小朋友们站好队，有的小朋友慢吞吞的，远远过去催他们快点，看到有小朋友站得不好，远远就过去提示他们站好。除了以上活动，午休、加餐、区域活动等环节，远远都很主动地去维持纪律，对乱扔玩具的小朋友提出了批评，并且小朋友收玩具收不完的时候，远远还过去主动帮忙。虽然远远中途会有偷懒，想要放弃，但是在老师的鼓励下，远远还是坚持了下来。

准备放学的时候，我让远远站在最前面，问小朋友们"小朋友们觉得今天远远老师的表现怎么样呀？"小朋友们都表示远远今天做得很棒。远远听了笑眯眯的，跟我说："老师，我要小粘贴"。我让远远挑了两个他喜欢的小粘贴，然后问远远今天累不累，远远说"有点累"。我又问："那你以后还想当小老师吗？"远远说："我看看吧"。

案例分析：通过当小老师，个案幼儿体会到了纠正他人"捣蛋行为"的辛苦，体会到了老师的不易。同时获得了他人的关注，满足了个案渴望得到关注的心理。在活动过程中，个案幼儿很尽职尽责，能够分辨出行为的对错，并且能对其他幼儿的"捣蛋行为"做出指正。虽然个案在中途想要放弃，但是在老师的鼓励下，最后坚持了下来，可以看出个案的行为

图6-9 远远作为小老师走在最前面

有了不少改变。

案例三十三：户外活动时，远远插队推搡其他小朋友，我见了说道："今天我们要做一个小游戏，游戏的名字叫小猴捞月，老师会邀请按规矩站好的小朋友先进行游戏，插队推搡的小朋友不可以进行游戏哦。"远远听了立刻回到自己的位置站好，站得特别直。我先点了其他六个小朋友，随后点了远远，待所有小朋友都站好后，我带领小朋友们进行游戏。我先讲解了游戏规则，告诉小朋友们接下来我将安排八个小朋友为一组，其中六个小朋友手拉手围成圆圈，一个小朋友站在圆圈中央当小月亮，还有一个小朋友在圆圈外面当小猴子，儿歌结束后小猴子入圈抓圆圈里的小月亮，小月亮要努力躲闪，不被小猴子抓到。同时我还强调被抓到的小月亮和破坏规则的小朋友要表演节目，不表演的小朋友不可以继续参加游戏。我把远远挑到了我所在的组，远远自告奋勇要当小猴子，我同意了。游戏开始，扮演小月亮的小朋友在圈里跑，儿歌还没结束，远远就试图在外面伸手抓。有小朋友发现了，大喊远远犯规，并拉住远远，不让他继续游戏。我见了，对远远说："远远，你破坏了规则，你要表演一个节目。"远远说："我不会表演节目。"我说："唱歌、跳舞、讲故事都可以。"远远说:"我都不会,我再玩一次嘛,我还想继续玩。"我对远远说:"不可以,如果你不想表演节目就要在这里看着别的小朋友玩,不能继续参与我们的游戏了。"远远说:"那我唱歌吧。"于是远远唱了《洗手歌》,唱完歌小朋友们都鼓起了掌,远远继续归队游戏了。唱完歌以后,远远再也没有犯规。

案例分析:通过《小猴捞月》游戏活动,个案明白了规则是要遵守的,不遵守规则是要被"惩罚"的,之前个案不守规则时,教师的惩罚没有让幼儿感受到自己行为的后果,只是单纯接受惩罚,幼儿不能把自己的行为与教师的惩罚建立因果关系。幼儿破坏了游戏规则,听说自己不能继续玩时,立刻就唱歌了,尽管个案不想唱,但想到不能继续玩游戏,只好勉强唱了一首。说明在儿童喜欢的活动上运用自然后果法是最有效的时机。

(3)侵犯他人、破坏他人作品矫正方案

案例三十四:为了让远远感受到被关注的满足感,我进行了教学活动《我是金牌小导游》,在教学活动刚开始,远远似乎并不感兴趣,在听到我说上台介绍家乡时,远远来了兴致,他立即站起来高高举起手,看见我示意坐下举好手时,远远立马坐下,规规矩矩地举好了手。我让远远到最前面介绍,远远笑眯眯地开始了,远远说:"我的家乡是LX,这里很漂亮。LX有月湖公园,夏天我跟爷爷去钓过鱼。还有人民广场,晚上好多人在那里滑滑板,我爸爸说等我长大了也可以去滑。还有,LX还有彩虹桥,爸爸妈妈经常在那里散步,那里有好多人遛狗。LX还有利群超市,里面有好多好吃的,爸爸经常带我和弟弟去买东西。"讲到这里,远远顿住了,有点讲不下去了,我提示远远"LX有什么特色的好吃的吗?"远远想了想说:"我奶奶做的饭最好吃。"大家听了都笑了,接着远远说:"我爸爸领我去一个酒楼吃过饭,就在彩虹桥那边,里面的饭就很好吃……"远远介绍完以后,我又请了五个小朋友上来介绍,远远听得很认真,在小朋友说错地方的时候,他还纠正了小朋友。在最后小朋友评选时,大家一致评选远远为金牌小导游。

案例分析:本次教学活动是根据个案幼儿喜欢报餐这一兴趣设计的,通过此次教学活动,个案感受到了被关注被佩服的满足感,个案在介绍家乡的过程中绘声绘色,导游范儿十足,最后被评为了金牌小导游,充分满足了幼儿希望被表扬被关注的渴望。

案例三十五：远远搭建城墙时破坏其他小朋友的作品，我见了，坐到远远旁边，跟远远说："我也来跟你一起搭。"也搭起了作品。搭了一会，我见积木不够了，从远远的城墙中拆了块积木，远远见了，立马大叫"我的城墙，我的城墙"并试图从我的手中抢回积木。我说"为什么你的积木不够了可以拿其他小朋友的积木，我的不够了就不可以拿你的呢，我看你这么做我才这么做的。"远远看了我一会，不好意思地笑着说："拿别人的积木是不对的。"

案例分析：个案幼儿知道拿别人积木是不对的，但意识不到自己行为为他人带来的后果，所以需要行为再现，把个案的行为作用于本身，研究者通过再现个案的行为，让个案切身感受到自己行为带来的不良体验。通过这次活动发现，行为再现的方式适用于个案幼儿。

案例三十六：远远在搭建区搭建时，又一次推倒他人作品，于是借此机会我展开了《如果我是你》活动。首先选取被远远推倒作品的小朋友南南扮演远远，远远扮演"受害者"。扮演远远的小朋友回忆远远平时的行为，模仿远远，把远远的行为再现，远远扮演的"受害者"回忆平时的做法做出相应的反应。其他小朋友两人一组，在教师给定情境下角色互换，表演相应情境下的反应及正确做法。

以下是远远组的表现：

首先我给出了情境"在搭建区搭高楼时"，南南立马冲到搭好的楼前，假装滑倒，一脚踢倒了大楼。南南起身后跟我说"远远平时就这样。"我点了点头，问远远"假如你是南南，你是怎么做的。"远远想了想，走到大楼旁边把散落一地的盒子推到墙角，然后就走到我的跟前。南南见了，对远远说："不对！你要学我平时的做法，你要跟我以前一样把盒子放到柜子里才行。"远远听了，说了句"那好吧"，再次去搭建区把盒子收了起来放进了柜子里。我又再次给出了情境"搭建区搭城墙"。远远立刻去拿出了盒子开始搭城墙，南南跟在远远后面，每当远远垒好一部分城墙，南南就从中抽走一块。远远见了立刻喊起来"你干什么！你抽走了，我的墙就塌了！"南南说："我们平时搭城墙的时候你也老捣乱。"远远听了，气鼓鼓的，但是又无法反驳，于是跟我说"老师我不玩了"。

我蹲下来问远远"刚才南南的行为是不是很让你生气？"远远说"他

就是故意的"。南南反驳他"我那是学你。"远远听了不说话。我跟远远说:"南南刚才的行为学的是你平时的做法,别人这么做你会觉得很生气,那你这么做别人会不会生气呢?"远远想了想说:"那我以后改一改。"

案例分析:通过一段时间矫正发现,个案幼儿共情能力弱,若想要个案理解自己"捣蛋行为"会为他人带来不便,只能让个案自己切身体会一下自己的行为。采用《如果我是你》活动,让幼儿回忆并思考别人是怎么做的,当别人再现个案的行为,把个案的行为带来的影响作用于个案身上时,个案的体会便是不愉快的。这个活动既让幼儿体会到自己"捣蛋行为"带来的不良体验,也让幼儿思考如何改正自己的"捣蛋行为"。

案例三十七:在户外游戏时,我告诉小朋友们今天我们要做一个游戏,游戏的名字叫《相反》。我为小朋友们介绍了游戏规则,在老师做出一个动作后,小朋友们要做出与老师动作相反的动作。小朋友们听了都很兴奋,远远也不例外,他冲到了第一排。第一个动作是向左跑,大家立马向右跑去。第二个动作是快走,我快步走着对小朋友说"我在快快地走",小朋友们立马慢慢地走。第三个动作我找了远远来配合我,我让小朋友们注意看,我伸出手轻轻推了远远一下,说:"我生气了,我要使劲推你。"有的小朋友见了,也轻轻推了旁边小朋友一下,远远想了想,大喊"不对!推人相反的动作不是这个。"我问远远,那么推人相反的动作应该是什么呢?远远想了想,过来紧紧抱住我,其他小朋友见了,也抱了抱旁边的小朋友。接下来我做了抢东西、大声喊叫、插队等动作,远远分别做出了对应的递东西、小声说话、排队等动作。

案例分析:通过本次活动,个案能思考与这些不当行为相反的动作,并能够做出与之相反的正确的动作,说明个案幼儿已经能够分清正确与错误做法,并且能够矫正错误做法。

本阶段研究者还与个案的父母进行了谈话,建议个案的父母在家多关注孩子,给个案足够的关注,告知个案的父母,个案"捣蛋"的一部分原因是为了引起关注,所以在家要满足个案寻求关注的心理。个案父母表示回家会注意,会给个案足够的关注,会多陪伴孩子。

4. 第三阶段矫正方案推进的反思与评价

通过第三阶段的矫正,幼儿认识到了自己"捣蛋行为"与不良后果的因果关系，懂得了自己感受到的不愉快体验是由自己"捣蛋"造成的。通过此阶段矫正，幼儿知道了什么做法是正确的，什么做法是错误的，本阶段矫正达到预期效果。

在本阶段的研究中发现，幼儿虽然可以认识到什么做法正确、什么做法错误，但在实际中，幼儿并不能完全改正错误行为，需要老师不断提醒。本阶段幼儿有想要与他人正确交往的意愿，但在交往技巧上有所欠缺，所以下一阶段要在幼儿行为改变后进行强化巩固，发展其社会性行为。

（四）第四阶段矫正方案的实施

1. 第四阶段矫正目的

本阶段的目的是在幼儿行为改变后进行强化巩固，发展其社会性行为。通过以上三个阶段矫正过程的实施，幼儿能够意识到自己"捣蛋行为"会给自己和他人带来不愉快的体验。所以本阶段将通过教学活动和游戏，强化巩固幼儿的社会性行为，教给幼儿正确的交往方式。

2. 第四阶段矫正方法

本阶段的理论依据为吉布森知觉学习理论，人类是一个主动的知觉者，他能主动地发现、探索、参与、抽取信息，儿童的知识很多是在主动活动中获得的，所以本阶段通过一系列教育活动，让个案幼儿在活动中主动知觉，在活动中学会正确的社会交往方式。

本阶段的矫正方法为：在个案"捣蛋行为"有所改善后对其强化，通过《好朋友》活动教给幼儿与他人正确交往的方式。通过《我是哥哥姐姐》教给幼儿如何正确获得弟弟妹妹的钦佩。通过游戏《我家的餐厅》和《小小交警》让个案学会维护秩序。

3. 第四阶段具体矫正过程：

（1）教学活动：《好朋友》

案例三十八： 教学活动开始之前，我偷偷地告诉远远："一会我要表扬坐得好的小朋友，你赶快坐好，我一会表扬你。"远远听了立即坐好，我也表扬了远远，远远看起来很高兴。看完课件，我提问"你们都有哪些好朋友呢？"远远立刻说："我知道！"我示意远远举手回答，远远一见我示意，立马举起了手。我点远远起来回答，远远答道："有小朋友还有小动物。"我请远远分享一下交朋友的经历，并找一个小朋友跟他一起示范一下如何交朋友。远远非常认真地示范了握手,并介绍名字、介绍住址。接下来我又提问了以下几个问题:你喜欢与好朋友在一起做什么事情?在你难过时,在你有困难时,好朋友会怎样做?和好朋友在一起时,会发生不开心的事情吗?我们最后还能做好朋友吗?在提问"和好朋友在一起时,会发生不开心的事情吗",远远说"会",我让远远想想跟好朋友一起玩的时候发生过什么不开心的事,远远说:"我跟晨晨抢玩具了。"我问远远"那你怎么解决的呢?"远远说:"晨晨哭了,J老师让我把玩具还给她,我就给她了。"我问远远:"那后来晨晨跟你和好了吗?"远远说:"没有。"我又问"那你愿意跟晨晨和好吗?"远远点点头。于是我让晨晨上来,晨晨上来后远远先是不好意思,然后拉了一下晨晨的手。我引导远远,问"你应该对晨晨说什么呀?"远远说:"我以后玩具先拿给你玩,我让着你。"

图6-10 远远正在和晨晨玩耍

案例分析:在教学活动中,个案能够反思自己的行为,主动和解,并且承诺以后让着小朋友,说明个案能够意识到自己行为的后果,并且知道如何改正,且有改正的趋向。

(2) 教学活动:《我是哥哥姐姐》

案例三十九:在《我是哥哥姐姐》教学活动中,远远表现得出奇的好。在带领小班的弟弟妹妹们做早操时,我安排远远作为领队走在队伍最前面。远远牵着小班小朋友的手,像极了一个贴心的大哥哥。在准备活动时,远远想要偷懒,我提醒远远"远远,我们要有大哥哥的样子哦,要给小班的小朋友们做个榜样。"远远立刻站好做起了准备活动。在活动的最后,大班的小朋友为小班小朋友画一幅画作为礼物。我悄悄告诉远远"小妹妹刚刚和老师说,她特别想要大班哥哥的画,她说回去会把你的画粘在墙上。"远远听了说:"好!那我要画好几个小人儿送给小妹妹。"绘画的时候,远远特地来问我:"老师,我画个什么样的小人呢?我不知道画什么。"我说:"那你就画一下大家一起玩的场景吧。"远远点点头,画了起来。

图6-11 远远的画作

案例分析:在本次教学活动中,个案表现得非常不错,这与个案在家当哥哥有关系。虽然在早操准备活动中个案想要松懈偷懒,但是一听老师说要做个榜样,立马就站好了。在听说小班幼儿想要他的画后,主动提出为小朋友画小人,还询问教师画什么样的小人,听完教师意见后没有左顾右盼,立马画了起来。

(3)教学活动:《我家的餐厅》

案例四十:讲解完就餐礼仪后,我带领小朋友们开始游戏,我让远远当餐厅老板。我故意派一个小朋友"不守规矩"去插队,远远看见了大喊:"不行不行!不准插队,你到后面去。"我见了,问远远:"老板,进店还需要规矩吗?"远远说:"那肯定啊。"我又问远远"那都有什么规矩呀?"远远想了想说;"进餐厅,排好队,要安静。坐端正,不吵闹。餐饮具，要放好。"第一轮游戏结束，轮到远远当顾客了，当厨师的小朋友动作有点慢，远远站在队伍里冲着厨师喊："做饭太慢啦，快一点，都快要饿死啦。"我在一旁问远远："厨师做饭这么慢，什么时候才能到我们啊，我们去插队吧。"远远听了赶快说："不可以，要遵守规矩，不守规矩就不能玩了。"并且在"吃完饭"后远远"拿"了一张纸，擦了擦嘴。端起餐盘，主动将餐盘放回餐盘回收处。

图6-12 远远正在右边等待厨师"做饭"

案例分析：个案在教学活动进行时听讲较为认真，能复述出餐厅的规矩。在活动期间提醒他人守规矩，在面对我"一起插队"的"劝说"下，仍然坚持秩序，说明个案基本学会了守秩序，并且可以劝说他人守秩序。

（4）游戏：《小小交警》

案例四十一：学习"停止、左转弯、直行"三个信号动作后，大家便开始了游戏，第一轮我先当警察，小朋友们分组饰演行人、司机。远远饰演的是司机，他兴致非常高，嘴里发出"嘀、嘀嘀"的声音。在进行直行和停止时，远远还能"礼让行人"，进行到"左转弯"时，远远嫌"行人"走得慢，抢了"行人"的路。我发现了。让远远出列，站在我旁边。远远很不服气，说道："他走太慢了啊，我又没碰到他。"我说："我们刚开始就说好了礼让行人，无论什么情况下小司机都要让着行人，既然你没有礼让行人，那你就要站在老师旁边，抓到下一个小朋友犯规你才可以归队继续玩游戏。"远远叹了一口气，便蹲在我旁边看别人做游戏。蹲了不一会就看到另一个小朋友转弯转错了，他立马跑到犯错小朋友身边，拉住小朋友，跟我说："老师，他错了，让他去抓人。"远远归队后继续当起了小司机，这一次远远看到行人，隔着老远就停下，生怕再次犯错被抓住。最后我评选远远为最佳小司机，远远非常开心。

图6-13　远远正在当小司机

案例分析：个案幼儿在《小小交警》游戏中虽然因为等不及犯了一次错，但其没有故意去破坏规则，并且能够抓住不守规则的小朋友，有了区分对错的意识。并且在游戏中与其他小朋友配合融洽，注意力很集中，后续没有再出错，可以看出近阶段的矫正对幼儿"捣蛋行为"的改善是很有效果的。

4. 第四阶段矫正方案推进的反思与评价

通过第四阶段的矫正，在个案行为改变后进行强化巩固，发展了社会性行为。在本阶段的研究中发现，幼儿发生"捣蛋行为"的次数显著减少，即便是发生了"捣蛋行为"，在教师的提醒下也能进行及时改正。在此阶段幼儿社会性显著增强，甚至还会帮助其他小朋友解决问题，懂得了维护秩序，此阶段效果显著。

三　结果与讨论

（一）矫正结果

十二周矫正结束后，远远取得了明显进步，上课注意力集中时间较以前而言有所延长，也学会在一日生活中遵守规则，侵犯他人、破坏他人作品的行为也得到了极大改善，"捣蛋行为"次数明显减少。

1. 教师评价

矫正计划结束后，研究者给主班J老师发放了Rutter儿童行为量表的教师问卷对个案幼儿近一周的在园情况进行了再次评定，本次评定教师问卷得分为2分，低于临界值。

为了解矫正结束后幼儿的发展状况以及后续的效果，研究者和远远的主班老师及家长一直保持着联系，并进行了访谈。根据远远的主班J老师的陈述，后期矫正效果较好。

2. 家长评价

矫正计划结束后，研究者给个案幼儿的家长发放了Rutter儿童行为量表的父母问卷，对个案幼儿近一周的在家情况进行了再次评定，量表由个案幼儿的母亲进行了填写反馈，本次父母问卷得分为3分，低于临界值。

研究者一直与远远的家长保持着联系。根据远远妈妈和奶奶的访谈反映，远远在家中也有了很大的进步，表现在以下几方面：第一，乐意听家长教导，能主动让着弟弟了；第二，更加体贴，愿意主动去做一些事情；第三，不乱发脾气了，遇事愿意协商；第四，不良生活习惯得到初步改善。

3. 同伴评价

在矫正结束的最后一周，研究者对班级内幼儿进行随机采访，问幼儿远远最近有没有"捣蛋"，有没有不守纪律，有没有欺负小朋友，现在喜不喜欢和远远一起玩等问题。幼儿的回答如下："远远不捣乱，不欺负小朋友了""我不讨厌远远""远远还把彩笔借给我，我喜欢远远""他不推小朋友了，我们现在是好朋友""我喜欢和远远一起玩，他跑得很快"等等。从班级其他幼儿的回答可以看出，其他幼儿对远远的态度也发生了转变，远远的人际关系得以改善。在远远不再"捣蛋"、学会正确交往技巧后，逐渐得到了班级中小朋友的接纳和认可，远远由被排斥变成了受欢迎。

研究者也对远远进行了采访，问远远最近觉得自己表现怎么样，跟刚开学相比有没有什么变化，最近有没有什么不愉快的事，跟小朋友们相处怎么样？远远的回答如下："我感觉还可以""我比开学的时候好多了，我现在比以前听话了，老师和爸爸都夸我了""我没有不愉快的事，J老师昨天还表扬我了，我每天都很开心""晨晨说以后做游戏都跟我一组，我可有魅力了"。由此可见，个案幼儿自己也认为自己的行为有所进步，对自己也更加肯定了。

4. 研究者评价

研究者在每个矫正阶段结束后，对个案幼儿"捣蛋行为"发生的频率做出了量化统计。

表6-9　　　　　第一周个案幼儿发生"捣蛋行为"频率

日期	周一	周二	周三	周四	周五
频率/（次）	9	7	8	6	6

表6-10　　　　　第五周个案幼儿发生"捣蛋行为"频率

日期	周一	周二	周三	周四	周五
频率/（次）	5	5	6	5	4

表6-11　　　　　第九周个案幼儿发生"捣蛋行为"频率

日期	周一	周二	周三	周四	周五
频率/（次）	3	2	1	2	1

表6-12　　　　　第十三周个案幼儿发生"捣蛋行为"频率

日期	周一	周二	周三	周四	周五
频率/（次）	1	0	0	1	0

从频率上看，个案"捣蛋行为"发生的频率减退，"捣蛋行为"发生减少。

在矫正过程中研究者观察发现，个案幼儿的"捣蛋行为"有了明显的改善，以下是个案幼儿在矫正过程中的表现片段。

案例四十二：在世界消防日这天，园里请来了消防员叔叔进行讲解示范。远远看到很兴奋，手舞足蹈地告诉我，"消防员叔叔太帅了！"在消防员叔叔讲解高压水枪用法时，远远在一旁安安静静地听消防员讲解，在消防员叔叔提问"如果幼儿园发生火灾首先应该怎么办"时，远远第一

第六章　矫正社会性问题行为：运用自然后果法矫正幼儿"捣蛋行为" / 263

个举起了手，远远回答道"应该听老师的"。在消防员讲解的过程中，远远始终认认真真地坐在座位上。消防员讲解完消防知识后，每个班级进行疏散演练，远远当男生小排头带领小朋友进行疏散，在下楼梯时，远远紧靠扶手规规矩矩地捂住口鼻，严格按照刚才消防员示范的方式进行疏散演练。疏散到场地后远远问我"消防员叔叔呢，消防员叔叔走了吗？"我告诉远远消防员叔叔一会就来，让他站好等一会，远远立马站得笔直。

图 6 – 14　消防演习

图 6 – 15　消防演习中远远正在下楼（前排右一）

案例分析：个案幼儿现在已经能够认真听讲，回答问题也很积极，先举手后回答。在疏散演练过程中，个案幼儿认真遵守规则挨着扶手下楼，说明个案已经有了规则意识并能够主动遵守。

以下是个案在矫正结束后的行为表现。

案例四十三：冷空气来袭，突然降温，在站队进行户外活动时，不少小朋友跺着脚嚷道"冻死啦"。远远也跟着跺脚嚷起来，我问远远"远远，是不是很冷呀？"远远说："快要冻死啦，我手都凉了。"我对小朋友们说："今天天气很冷，老师也很冷，但是我们要出来锻炼身体，只有身体健康才能不怕冷。老师要看看哪个小朋友在寒冷的冬天也能不怕冷站好队，做完操老师会给不怕冷的勇敢的小朋友发小粘贴。"远远听了立马站好说："我！老师我不怕！"其他小朋友见了，也纷纷站好。

图6-16 远远在队伍中（第三排左一）

案例分析：虽然个案在刚出门时也跺脚，没有站好队，但是在老师提醒后能够站好，并且告诉老师自己不怕冷，说明幼儿已经知道如何正确引起老师关注及表扬。

案例四十四：在区域活动时，我在一旁看着远远拼雪花片，自己没留意就打了个哈欠。远远看见了，问我："老师，你昨晚上没睡觉吗？"我一愣，回答道"睡了，可能睡得不够吧。"远远说："老师你要多睡会，睡觉睡不够不长个。"我问远远"多睡会是要睡多久呢？"远远想了想，伸出三根指头对我说："三天，"我又问："那谁帮我看着班里的小朋友呢?"远远说:"老师我帮你看着,你回家睡一会吧。"虽然远远的回答很不"合理",但是从这次对话可以看出远远会关心老师了。

案例分析:个案幼儿看到老师打哈欠主动询问老师,说明个案已经不抵触与老师沟通。在得知老师没睡够,个案让老师回去睡三天,并主动提出帮老师看班,虽然这个回答有些不合理,但是非常暖心,说明个案已经学会关心他人、帮助他人。

案例四十五:在丢沙包游戏中,朵朵因为没有人组队在一边哭,远远路过时,看到朵朵在哭,便去问朵朵"你怎么哭了?"朵朵说:"他们都不跟我玩。"远远说:"那你到我们队吧,我们还差一个人。"旁边小朋友听了对远远喊:"远远,快点,我们还差两个人,老师说要四个人一组。"远远喊道:"还有朵朵,我们带着她一起吧。"于是远远便拉着朵朵来到自己的队伍,远远还对朵朵说:"你别哭了。"

案例分析:个案幼儿看到小朋友在哭,便主动过去询问,在得知哭泣的小朋友没有找到小伙伴组队,个案便邀请小朋友去他的队伍,在去队伍的路上,个案还安慰小朋友别哭了,说明个案学会帮助他人、安慰他人,并且能够主动提供帮助。

除了远远以外,远远所在的班级还有几名幼儿问题行为问卷得分偏高(注:其他几名幼儿作为控制并没有进行专门的矫正,只在正常的集体游戏中进行,且这几名幼儿得分未高于临界值),经过矫正后,远远的"捣蛋行为"变化明显好于其他几名幼儿。为了验证矫正方案的有效性,矫正结束之后,研究者又在幼儿园进行了一周的观察。根据研究者的观察,远远"捣蛋行为"矫正效果显著:第一,远远产生"捣蛋行为"的频率减少;第二,在产生"捣蛋行为"后,经过教师提醒,远远可以自觉改正;第三,远远不仅能与他人正常交往,还会引导他人进行交往活动。当看到其他幼儿哭泣伤心时,远远会主动去询问,并表示自己愿意提供帮助。不仅如此,在同伴交往方面,远远也逐渐能学会帮助他人、关心他人,亲社会行为越来越多。在进行游戏时,愿意遵守规则,并在提示下能逐步遵守规则,即使自己不想玩,也不会像以前一样去干扰其他人。总的来说,不管在社会性还是规则意识等方面,远远都在朝着一个更加积极的方向发展。

（二）讨论

1. 对个案进行家庭背景分析有助于发现其"捣蛋行为"产生的原因

幼儿不是无缘无故"捣蛋"的，"捣蛋行为"的产生一定有其背后的原因，这些原因可能是由家庭因素、社会因素、幼儿自身因素导致。经过问卷调查，幼儿并无健康问题，随后通过研究者在幼儿园的观察发现，幼儿"捣蛋"不仅由自身因素造成，还与家庭教养方式有关。研究者与个案幼儿的父母谈话后发现，幼儿的家庭教养方式存在一定的问题，如：个案所处家庭环境不平衡、在家庭中个案儿童常被忽视、隔代教育养成个案骄纵性格，这些都是个案出现"捣蛋行为"的重要原因。经过家庭背景分析，研究者针对这些原因制定了有针对性的矫正计划。幼儿年龄尚小，无法准确说出自己的想法，但我们可以通过观察幼儿的生活背景，侧面分析幼儿产生"捣蛋行为"的原因，以便后期进行针对性的矫正计划，更高效地矫正幼儿的"捣蛋行为"。

2. 观察记录表便于记录个案出现"捣蛋行为"的频率及表现，有助于反思教育效果

观察记录表记录了幼儿在生活活动、集体教学活动、区域活动和户外活动方面的行为表现。利用观察记录表对个案行为进行记录，可以更好地统计出幼儿"捣蛋行为"的类型，从而分类进行矫正。在矫正过程中对幼儿进行观察记录，有助于分析幼儿的行为及心理变化，方便研究者根据幼儿的发展及时调整矫正计划。在评估矫正效果阶段进行观察记录，有助于对比幼儿前后期行为转变，根据个案出现"捣蛋行为"的频率和具体表现来判断矫正计划的效果，使结果更加客观科学、更有说服力。可以说，观察记录表在整个研究过程中详细而清楚地记录下了幼儿的每一次转变，有助于研究者更好地分析、制定、评估矫正计划。

3. 自然后果法矫正幼儿"捣蛋行为"时要客观自然，辅以引导对话并结合其他方法

自然后果法可以让幼儿客观地认识到自己行为的后果，产生不愉快的体验，直接感受到自己行为的恶果。在运用自然后果法矫正幼儿"捣蛋行为"时，要尽量减少人为干预，力求结果客观自然，让幼儿产生客观公正的不愉快体验。但是只有不愉快的体验是不够的，要通过对话引导幼儿知道自己"捣蛋行为"与这个不愉快的体验的因果关系，知道想要避

免这种体验就要减少"捣蛋行为"。除此之外，还要教给幼儿正确的交往方法。在幼儿认识到自己行为错误时，幼儿想要改正，但是幼儿不知道如何改正，所以教给幼儿正确的交往技巧也是矫正幼儿"捣蛋行为"中必不可少的环节。这些环节中需要辅以教学活动、谈话引导、人为营造情境等方法，需要教师发挥自己的教育智慧，抓住教育机遇，适当、适时地进行教育。

第四节 基于自然后果法幼儿"捣蛋行为"的矫正策略

一 运用自然后果法时要注意教育伦理，把握教育的"度"

（一）确保教育计划促进幼儿身心健康发展

在运用自然后果法矫正幼儿"捣蛋行为"时，首先要注意教育伦理，尊重幼儿的尊严，保障幼儿的基本权利。在制定矫正计划时，要遵循教育性原则，矫正计划要具有发展意义，不得损害幼儿权益及人格。教师作为矫正计划的实施主体，必须遵循科研伦理进行研究，在制定矫正方案时，教师要站在客观立场上，严格评估矫正计划的伦理可接受性。在矫正计划实施之前也要详细了解，学习每个流程、各环节当中的伦理要求，在问题出现之前做好措施，在矫正计划实施过程中，教师应时刻留意矫正效果，切实保障幼儿的安全。在矫正计划实施之前，先要征得家长的同意，如实把矫正计划展示给家长，向家长解释说明每个阶段的矫正目标及矫正措施，对可能出现的问题向家长说明。

（二）把握好教育的"度"

实施自然后果法也要求做到有的放矢，保障幼儿的身心安全。幼儿在"捣蛋"时，可以让其体会"捣蛋行为"产生的自然后果，但教师要把握好"度"，在面对一些可能危害幼儿安全的情况下不得使用自然后果法，如，幼儿不正确使用电器、幼儿在玩弄开关时、在水池边嬉戏时，成人要及时制止，不能任由后果发生，要保障幼儿的安全，不能任由幼儿的行为产生自然后果。自然后果法是以客观自然的方式来矫正幼儿的"捣蛋行为"，而不是任由幼儿"捣蛋"，并非所有的"捣蛋行为"后果幼儿都可以承受。在运用自然后果法时要恪守教育的伦理边界，既保障幼儿生命安全，又保障幼儿心理健康，自然后果法必须在生命安全和心理安全的界限内进行。自然后果法强调幼儿对自然后果的感悟，但并不是所有"捣蛋行为"的后果都是幼儿可以获得的直接经验，要注意每个幼儿的心理差异和气质类型，注意幼儿的个体差异性，因材施教。所以运用自然后果法务必考虑幼儿对自然后果的可接受度和结果的安全性，应该是在保证孩子安全的前提条件下，随时观察儿童对于自然后果的反应，谨慎、有选择性地使用并调整自然后果法。

二 根据幼儿"捣蛋"的具体原因，合理设计矫正计划

（一）加强家园沟通，找准引起幼儿"捣蛋"的具体原因

幼儿不会无缘无故"捣蛋"的，幼儿产生"捣蛋行为"时一定有其背后的原因。成人经常忽视幼儿"捣蛋"的具体原因，在幼儿"捣蛋"后，不分青红皂白教训儿童。然而，这没有从根源上解决问题，教训结束后，幼儿还会继续"捣蛋"。幼儿出现"捣蛋行为"时，教师要仔细分析幼儿产生"捣蛋行为"的动机，以及产生此行为的原因，要针对幼儿的动机及成因进行教育，不能盲目矫正。这也要求幼儿园要与家长建立良好的沟通，及时交流，深入了解幼儿产生"捣蛋行为"的原因，找到原因后，教师要为家长提出指导性建议，家园合作，协力矫正幼儿"捣蛋行为"。①

（二）合理设计矫正计划

在设计矫正计划时，要结合幼儿产生"捣蛋行为"的原因以及幼儿的兴趣，合理选择教学计划，先采用自然后果法丰富幼儿经验，选择合适时机客观放大自然后果，人为后果法与自然后果法相结合，让幼儿认识到"捣蛋行为"与不良后果的因果关系。其次使幼儿明白之前的做法是错误的，并且明白什么是正确的做法，鼓励幼儿改变行为，在幼儿行为改变后进行强化巩固，发展其社会性行为。幼儿教师以及家长可以巧妙运用自然后果法，让幼儿"捣蛋行为"问题本身更直接作用于幼儿身上，使幼儿感同身受，体会到自己行为带来的痛苦和不便利，为幼儿留出足够的空间

---

① 吕佳添：《基于自然后果法的幼儿"捣蛋行为"矫正研究》，《基础教育论坛》2021年第35期，第110—111页。

进行自我反思，进行自我领悟、自我修正，在促进幼儿矫正"捣蛋行为"的同时发展幼儿好的品质和性格，促进幼儿身心全面健康发展。

三 自然后果法实施时要客观自然，减少成人干预

（一）客观自然，丰富幼儿内在体验

幼儿处于身心发展的高峰期，活泼好动，有着很强的好奇心和求知欲，想要探索各种事物。但幼儿年龄尚小，没有建立起道德观念，自我控制力差，所以"捣蛋行为"不可避免。幼儿发生"捣蛋行为"时，应顺其自然地运用自然后果法，不以成年人的道德价值取向去要求幼儿，不必过多地加以斥责，更不能袒护或替他解决问题，要客观评判幼儿行为的后果，不过早矫正，给幼儿足够的时间去体会自己行为的恶果，丰富幼儿的内在体验，让幼儿自然地认识到自己的错误并加以改正。如，某幼儿多次欺负其他幼儿，抢夺他人玩具，破坏他人作品，教师可以顺其自然，不立即对他批评或参与调解，让该幼儿自行体验"干扰他人""欺负他人"后被其他小朋友孤立的内在感受，幼儿受到其他小朋友的无视、孤立便是幼儿行为的客观的直接后果，产生一种有意义的痛苦性体验，这对幼儿来说是一种直接有效的教育方式。

（二）减少成人干预，顺其自然

在幼儿发生"捣蛋行为"后，家长和教师过多的人为干预，可能会导致自然后果延迟出现，甚至让人为惩罚掩盖了幼儿"捣蛋行为"所造成的自然后果，成人进行干预时，运用的是外在权威的主观判断，这会导致惩罚主观化，缺乏客观性，使幼儿失去了自我反省、自我改正的机会。自然后果法应更注重幼儿在具体情境中的自然体验，让幼儿充分体会并理解自己"捣蛋行为"带来的不愉快体验，这种情况下，幼儿处于被迫接受自己行为后果的状态，而不是处于成人的人为惩罚中，是幼儿"捣蛋行为"直接作用于自身的结果，这种方式可以消除幼儿心里的抗拒和叛逆心理。减少人为干预可以使自然后果更加客观，这种非人为的惩罚，更加契合幼儿的认知发展水平，避免了幼儿与成人的直接冲突。学前儿童对事物的认知主要依赖于感知，非人为的自然后果可以让幼儿更加清楚地认识到自己行为带来的结果，有助于幼儿在自身错误中吸取经验教训，提炼经验，达到改正的效果，让幼儿在以后的学习和生活中避免相似错误再次

出现。

四 自然后果法要与引导对话结合，帮助幼儿深刻反省错误

（一）倾听幼儿想法，表达同情

幼儿"捣蛋行为"的矫正意味着要破坏以前旧的心理平衡，建立起一种新的、良好的行为习惯。在幼儿受到自然后果的惩罚后，教师和家长要与幼儿沟通交流，聆听幼儿的想法，了解幼儿对这个不良后果的感受，表示自己对幼儿的理解和同情。所以教师要关注幼儿的情绪波动，在幼儿有足够的内心体验后与幼儿对话交流，倾听幼儿的想法。如，在幼儿因欺负他人被孤立后，教师要及时与该幼儿对话让他明白自己被孤立是因为自己欺负他人、抢夺他人玩具、破坏别人作品这些行为造成的，表达对他的同情，引导他向被欺负、被干扰者道歉，从中引导幼儿改善关系，自然地矫正幼儿的"捣蛋行为"。幼儿只有既知道什么是行为习惯，又知道正确行为应该怎样做的时候，自然后果法才算是起了作用，幼儿才能自然自觉地形成正确的行为习惯。

（二）及时言语引导，促其改正

当幼儿体会到自己"捣蛋行为"的不良后果并对后果有所感受、有所反省时，教师要抓住机会及时对幼儿进行引导对话，通过谈话交流，引导幼儿找到引起这种不良感受的根源，让幼儿明白产生这种后果是由于自己的"捣蛋行为"造成的，同时要对幼儿正确的认识及时予以肯定、表扬、强化。在进行引导对话时，教师和家长要把握适当的时机，在幼儿行为出现后果后不要马上指出，这时的幼儿还没对行为后果有充足的体验，要等到后果完全凸显之后再进行对话引导。[①] 适时的对话引导有助于幼儿更好地理解规则，并懂得如何去遵守规则、改正错误，下次不再犯。值得注意的是，在自然后果法的运用过程中，教师和家长不是教给幼儿行为规则，而是促使幼儿自己主动发现行为规范。

[①] 吕佳添：《基于自然后果法的幼儿"捣蛋行为"矫正研究》，《基础教育论坛》2021年第35期，第110—111页。

五 自然后果法为主，辅以其他方法可以更好地矫正幼儿"捣蛋行为"

（一）人为营造情境或情境再现

自然后果法强调幼儿对自己行为后果的切身感受，因此，自然后果法建立在幼儿直接经验的基础之上。在自然后果法的进行过程中，自然后果对幼儿感官的刺激是最直接的，所以有些时候，幼儿对自己行为后果的认识仅仅局限于对自身体验的关注上。学前阶段儿童很难做到共情，难以感受到自己对别人造成的影响，所以在幼儿"捣蛋"对他人产生不良影响后，可以运用情境再现，教师自己或指派其他幼儿复演"捣蛋行为"，巧妙地将"捣蛋"幼儿产生的不良后果自然地施加到本人身上，让"捣蛋"幼儿切身感受到自己"捣蛋行为"带来的后果。再者，自然后果法在运用时也可以与人为营造的情境相结合，根据幼儿的个性心理特点进行，并且使用时要灵活且方法要因人而异，若自然情境下，幼儿感受不到自己行为的后果，教育情境相对缺乏时，教师和家长可以抓住时机，适时创造出一个"自然情境"。如，在家中，在幼儿把玩具扔得到处都是，准备跟别的小朋友一起出去玩的时候，家长可以提议让其他小朋友来参观幼儿前几天刚买的新玩具，孩子是很想跟其他小朋友展示自己新玩具的，但是跟其他小朋友约定的时间已经到了，地上乱糟糟的，一时收不起来，其他小朋友无法来参观，孩子的心理得不到满足，心中懊悔，意识到了"捣蛋"的后果。这种人为创造情境的方式也可以达到不错的效果，创造了更多的教育机会。所以在对儿童的教育中，应采取多种方法相结合，取长补短，从而实现最优化的教育效果。同时也要找到幼儿兴趣点，选择时机进行自然后果教育。

（二）根据幼儿兴趣设计教学活动

幼儿产生"捣蛋行为"很大一部分原因是对当前的活动不感兴趣，所以想要矫正幼儿的"捣蛋行为"，可以在幼儿感兴趣的活动中进行矫正。在设计教学活动前，教师要仔细观察，发现幼儿感兴趣的活动，利用幼儿感兴趣的活动进行矫正。如，教师通过一段时间的观察，发现幼儿对游戏活动、搭建活动、角色扮演、观看动画片等活动比较感兴趣，教师就可以在这些环节中，运用自然后果法对幼儿进行自然后果教育，也可根据幼儿的这些兴趣点设计教育教学活动，通过教学活动让幼儿习得行为规范。在幼儿感兴趣的活动中进行自然后果教育可以调动幼儿的积极性，使幼儿的注意力集中在矫正活动上。

（三）榜样激励

幼儿园阶段的孩子喜欢被表扬被关注，且模仿性很强，教师可以利用幼儿的这一特点，进行榜样激励，对表现好的幼儿进行表扬，与此同时也激励"捣蛋"幼儿向小榜样学习。同时在"捣蛋"幼儿有进步时也要及时表扬，善于发现"捣蛋"幼儿的闪光点，让"捣蛋"幼儿在某一方面成为班级其他小朋友的榜样，帮助幼儿增强自我效能感，正面引导，让幼儿产生自信心，乐于成为他人的榜样。

（四）给幼儿表现机会

教师要给幼儿"捣蛋"的机会，让幼儿表现自我。在幼儿"捣蛋"时，教师可以引导幼儿把"捣蛋行为"变成一个展示自我的机会，如幼儿不听管教、在教室乱走动时，教师可以借机让"捣蛋"幼儿当小怪兽，让小怪兽四处走动，"抓走"没有按要求进行活动的小朋友，让"捣蛋"幼儿既能展现自己，又能参与班级管理活动，用正面引导的方式化"捣蛋行为"为展现自我的机会。

六　教师在矫正时要及时反思，根据幼儿表现及时调整方法

（一）根据教育效果及时调整自然后果法

"反思"可以激发教师的主体意识，使其认识到自己行为存在的问题，并协助教师自我检查并调整自身的教育行为。[1] 自然后果法作为幼儿园的教育方法之一，也需要教师不断反思，进行改进和完善。教师要自觉反思自然后果法与惩罚、斥责的不同，反思运用自然后果法的情景、运用自然后果法的"度"，反思自然后果法是否会对幼儿情绪产生不良影响，怎样引导幼儿才能避免这种影响，最终矫正效果如何提升等一系列问题，那么，自然后果法就会是一种有效的教育手段。[2] 教师只有及时反思自然后果法的教育效果，才能更好地改进自然后果法，教师要审视自己要运用

---

[1] 刘媛媛：《基于教师惩罚的幼儿行为研究》，硕士学位论文，哈尔滨师范大学，2018年。
[2] 吕佳添：《基于自然后果法的幼儿"捣蛋行为"矫正研究》，《基础教育论坛》2021年第35期，第110—111页。

自然后果法时的心态、实施自然后果法的原因以及实施的过程，其次反思幼儿在接受自然后果法教育时的情绪和行为表现以及矫正后的变化。

（二）以辩证的态度运用自然后果法

对于不同的幼儿，教师要采取不同的方法，既一视同仁，又要区别对待。对于积极改正"捣蛋行为"的幼儿，教师要及时发现，对幼儿正确行为及时予以鼓励和表扬。教师只有通过不断地反思，才能调整自己的行为，更好地运用自然后果法。教师首先要正确地认识自然后果法的内涵、适用范围和使用方法，其次要充分地考虑孩子的身心发展特点及其个体差异性。教师应该持有辩证的态度去看待每一种教育方法，既不能盲目使用，也不能全盘否定。无论教师使用哪一种教育方法，其目的都要促进幼儿的身心健康发展。

本章小结

相比于其他运用自然后果法广泛解决幼儿不良行为的研究，本章是对显著具有"捣蛋行为"的幼儿进行的个案矫正研究，以自然后果理论为依托设计具有针对性的矫正方案，研究得更加深入具体、更具有实践性。

本研究丰富了幼儿社会性行为培养的相关理论，为教师处理幼儿的不良行为提供了理论指导。幼儿园教育不仅要关注幼儿的现实性，更要关注幼儿的发展性。通过分析幼儿的"捣蛋行为"，可以让我们辩证地看待幼儿"捣蛋"，多方位、多角度分析幼儿产生"捣蛋行为"的原因。本研究通过对幼儿"捣蛋行为"的研究，分析其成因，根据自然后果律选择合适的教育方法，让幼儿切身体验，进行自我反思、自我教育、自我修正，从而矫正幼儿的"捣蛋行为"，促进幼儿健康全面发展。另外，引导教师在幼儿园一日生活中，反思与幼儿的交流与管理方式，发现不足，不断完善，为教师处理"捣蛋行为"提供新的有效策略。

本研究运用自然后果法对"捣蛋"幼儿进行了矫正研究，运用自然后果法来改善幼儿坐立不安分、不守规则、侵犯他人、破坏他人作品等"捣蛋行为"。研究者以自然后果法为基础，结合教育教学案例为个案制定矫正计划，利用个案幼儿的兴趣点以及心理需要，调动个案参与活动的积极性，运用多种活动对幼儿"捣蛋行为"进行矫正，并提出了运用自然后果法时要注意教育伦理，把握教育的"度"；根据幼儿"捣蛋"的具体原因，合理设计矫正计划；自然后果法实施时要客观自然，减少成人干预；自然后果法要与引导对话结合，帮助幼儿深刻反省错误；自然后果法为主，辅以其他方法可以更好地矫正幼儿"捣蛋行为"；教师在矫正时要及时反思，根据幼儿表现及时调整方法等六条建议，以期有效矫正幼儿"捣蛋行为"，促进幼儿的社会性发展。

参考文献

一 著作

陈琦、刘儒德主编：《当代教育心理学》，北京师范大学出版社 2007 年版。

陈万柏、张耀灿主编：《思想政治教育学原理》，高等教育出版社 2007 年版。

但菲、刘彦华主编：《婴幼儿心理发展与教育》，人民出版社 2008 年版。

傅宏主编：《儿童心理咨询与治疗》，南京师范大学出版社 2007 年版。

顾明远、石中英主编：《国家中长期教育改革和发展规划纲要（2010—2020）解读》，北京师范大学出版社 2010 年版。

孔令智、汪新建、周晓虹：《社会心理学新编》，辽宁人民出版社 1987 年版。

孔维民：《情感心理学新论》，吉林人民出版社 2002 年版。

卢清主编：《幼儿园教育理论与实践》，西南交通大学出版社 2013 年版。

孟昭兰主编：《情绪心理学》，北京大学出版社 2005 年版。

莫秀锋、郭敏编著：《学前儿童发展心理学》，东南大学出版社 2016 年版。

彭怀祖、姜朝晖、成云雷：《榜样论》，人民出版社 2002 年版。

秦元东、陈芳等：《如何有效实施幼儿园主题性区域活动》，中国轻工业出版社 2013 年版。

王道俊、王汉澜主编：《教育学》，人民教育出版社 1989 年版。

姚玉清主编：《现代教育信息化管理》，同济大学出版社 2012 年版。

叶平枝：《幼儿社会退缩的特征及教育干预研究》，中国社会科学出版社2007年版。

中华人民共和国教育部制定：《3—6岁儿童学习与发展指南》，首都师范大学出版社2012年版。

中华人民共和国教育部制定：《幼儿园教育指导纲要（试行）》，北京师范大学出版社2001年版。

朱智贤主编：《心理学大辞典》，北京师范大学出版社1989年版。

邹晓燕主编：《学前儿童社会性发展与教育》，北京师范大学出版社2015年版。

［日］松居直：《我的图画书论》，王林选编，郭雯霞、徐小洁译，新疆青少年出版社2017年版。

［捷克］夸美纽斯：《夸美纽斯教育论著选》，任钟印选编，任宝祥、熊礼贵、鲍晓芬、杨守明、张华清、董泽芳等译，人民教育出版社1990年版。

［美］霍华德·加德纳：《多元智能》，沈致隆译，新华出版社1999年版。

［美］罗伯特·索尔索、金伯利·麦克林：《索尔索＆麦克林实验心理学》，张学民、周义斌、郑亚芹译，中国人民大学出版社2009年版。

Thomas, A. & Chess, S. Temperament and development. Oxford, England: Brunner/Mazel, 1977.

二　学位论文

段廷正：《课内外一体化篮球教学对提高一年级小学生动商（MQ）的实验研究》，硕士学位论文，山东师范大学，2018年。

朱浩：《体智能训练对小学生体质相关因素影响的实验研究》，硕士学位论文，北京体育大学，2017年。

蒋磊：《5—6岁幼儿动商测评量表的初步研制》，硕士学位论文，南京体育学院，2016年。

谢雅娜：《基于动商理论的校园篮球发展研究》，硕士学位论文，中北大学，2018年。

王新晓：《足球运动对5—6岁幼儿身心发展的影响研究》，硕士学位论文，河北师范大学，2019年。

蔡恒生：《足球游戏对5—6岁幼儿动商的影响与分析》，硕士学位论文，天津体育学院，2020年。

高铭键：《幼儿体智能课程现状调查研究》，硕士学位论文，内蒙古师范大学，2018年。

仲晓娇：《幼儿园体智能课程教学模式的优化研究》，硕士学位论文，河北师范大学，2020年。

张鑫：《体智能课教学对幼儿健康体适能的影响》，硕士学位论文，吉首大学，2018年。

刘君阳：《基于感觉统合理论的体智能课对幼儿感觉统合能力的影响研究》，硕士学位论文，四川师范大学，2017年。

裴建颖：《体智能课对幼儿身体素质影响的实验分析》，硕士学位论文，山西师范大学，2019年。

李淑升：《武术操对5—6岁幼儿身心发展影响的实验研究》，硕士学位论文，河北师范大学，2016年。

程静：《体智能课程在武汉地区幼儿园推广的可行性研究》，硕士学位论文，武汉体育学院，2017年。

王军朝：《动作发展视角下3—6岁幼儿体育教学模式的研究》，硕士学位论文，吉林体育学院，2017年。

李石鹏：《东莞市小学阶段篮球教学内容体系构建的研究》，硕士学位论文，武汉体育学院，2018年。

舒姣云：《幼儿园户外活动组织的研究》，硕士学位论文，华中师范大学，2014年。

栗怡：《"故事中心课程"促进幼儿责任心发展的研究》，硕士学位论文，西南大学，2012年。

刘小林：《农村幼儿园户外游戏活动研究》，硕士学位论文，山西师范大学，2014年。

张圣杰：《4—5岁幼儿责任心的发展状况及其教育策略研究》，硕士学位论文，哈尔滨师范大学，2012年。

蔡敏力：《幼儿责任心培养的主题活动设计》，硕士学位论文，中南大学，2011年。

杨洋：《户外体育游戏培养中班幼儿责任心的行动研究》，硕士学位论文，山东师范大学，2020年。

郭丹：《太原市小店区幼儿园体育活动开展情况的调查研究》，硕士学位论文，首都体育学院，2017年。

任晓：《绘本阅读对中班幼儿责任心培养的研究》，硕士学位论文，天津师范大学，2014年。

林南强：《幼儿园体育游戏活动开展的教师支持策略研究》，硕士学位论文，西华师范大学，2020年。

易波：《基于合作游戏培养大班幼儿亲社会行为的研究》，硕士学位论文，哈尔滨师范大学，2020年。

全海英：《体育活动发展3—6岁幼儿亲社会行为的理论与实践研究》，硕士学位论文，辽宁师范大学，2012年。

陈美：《体育游戏促进5—6岁幼儿社会化发展的观察研究》，硕士学位论文，湖南大学，2019年。

黄朋：《基于STEM的幼儿园科学领域活动设计与实施的行动研究》，硕士学位论文，西南大学，2019年。

薛玉凤：《运用亲子活动培养幼儿责任心的个案研究》，硕士学位论文，山东师范大学，2018年。

马会茹：《商丘市主城区幼儿园体育活动现状研究》，硕士学位论文，成都体育学院，2016年。

蔡敏力：《幼儿责任心培育的主题活动设计》，硕士学位论文，中南大学，2011年。

迟毓凯：《人格与情景启动对亲社会行为的影响》，硕士学位论文，华东师范大学，2005年。

吴敬雅：《通过角色扮演促进中班幼儿责任心发展的实验研究》，硕士学位论文，天津师范大学，2016年。

刘俊显：《天津市5—6岁幼儿责任心与其父母教养方式的关系研究》，硕士学位论文，天津师范大学，2017年。

肖华锋：《表演游戏促进大班幼儿情绪理解能力的行动研究》，硕士学位论文，河南大学，2012年。

罗宇宸：《幼儿园科学游戏选材与运用研究》，硕士学位论文，重庆师范大学，2016年。

徐娣:《农村幼儿园户外体育游戏的问题、成因及对策研究》,硕士学位论文,山东师范大学,2019年。

韦裔菊:《幼儿园户外体育游戏的教师支持研究》,硕士学位论文,广西师范大学,2019年。

杨洁:《示范幼儿园户外体育活动的问题及对策研究》,硕士学位论文,聊城大学,2018年。

孙倩:《沈阳市3—6岁流动儿童社会适应行为发展状况的调查》,硕士学位论文,沈阳师范大学,2011年。

刘娟:《4—6岁幼儿心理理论与社会性发展的关系研究》,硕士学位论文,徐州师范大学,2011年。

何姿:《戏剧教育对大班幼儿亲社会行为的影响研究》,硕士学位论文,温州大学,2019年。

王芳:《绘本教学对中班幼儿分享行为影响的实验研究》,硕士学位论文,河北师范大学,2017年。

曹义:《亲社会动画榜样对幼儿攻击性认知和攻击性行为的影响》,硕士学位论文,西南大学,2020年。

廖全明:《不同训练方法对小学生分享行为影响的实验研究》,硕士学位论文,云南师范大学,2004年。

路晨:《动画片对幼儿交往能力影响的研究》,硕士学位论文,西南大学,2006年。

滕婷婷:《动画片中的价值观及其与儿童亲社会倾向的关系研究》,硕士学位论文,华中师范大学,2014年。

苏中红:《利用动画片对幼儿四种典型亲社会行为的干预研究》,硕士学位论文,沈阳师范大学,2012年。

薛小凤:《动画片对幼儿亲社会行为的影响》,硕士学位论文,内蒙古师范大学,2012年。

特林夫:《动画对5—6岁儿童社会性发展研究》,硕士学位论文,齐齐哈尔大学,2018年。

韩文茜:《4—6岁不同气质类型幼儿在合作游戏中的行为观察研究》,硕士学位论文,天津师范大学,2014年。

杜水云:《社交行为对气质水平与行为问题的调节作用》,硕士学位论文,浙江大学，2019 年。

刘文：《3—9 岁儿童气质发展及其与个性相关因素关系的研究》，硕士学位论文，辽宁师范大学，2002 年。

梁楠：《基于气质评定的幼儿同伴关系培养的实验研究》，硕士学位论文，辽宁师范大学，2005 年。

朱淑湘：《儿童的社交退缩、情绪识别能力与父母共情能力的关系及社交退缩的干预》，硕士学位论文，湖南师范大学，2015 年。

张美美：《幼儿社交退缩行为的个案研究》，硕士学位论文，贵州师范大学，2016 年。

朱婷婷：《童年中期社交退缩及其与孤独感的关系》，硕士学位论文，华东师范大学，2006 年。

侯越：《家庭环境与幼儿社交退缩的关系研究》，硕士学位论文，山东师范大学，2019 年。

赵一锦：《幼儿社会退缩教育干预的多基线实验研究》，硕士学位论文，广州大学，2016 年。

王争艳：《儿童 2—4 岁的行为抑制的稳定性及其同伴交往特征的关系的研究》，硕士学位论文，北京师范大学，2000 年。

王亚礼：《中班幼儿攻击性行为早期干预的个案研究》，硕士学位论文，华中师范大学，2019 年。

刘冰：《幼儿行为"失范"情境下的教师应对策略研究》，硕士学位论文，东北师范大学，2006 年。

丁文：《班级中的"捣蛋鬼"》，硕士学位论文，华东师范大学，2020 年。

吴叶元：《卢梭自然主义教育方法对现代思想政治教育的启示》，硕士学位论文，山东师范大学，2015 年。

刘媛媛：《基于教师惩罚的幼儿行为研究》，硕士学位论文，哈尔滨师范大学，2018 年。

张帆：《幼儿园集体教学活动中教师对幼儿问题行为管理的研究》，硕士学位论文，河南大学，2018 年。

陈梦瑶：《教师应对中班幼儿违规行为的策略研究》，硕士学位论文，华中师范大学，2020 年。

闫社娟：《教师应对幼儿违规行为的策略研究》，硕士学位论文，四川师范大学，2020 年。

王妍君：《中班幼儿一日生活中违规行为的类型及影响因素研究》，硕士学位论文，沈阳师范大学，2019 年。

Allred P. A. An Investigation of the Predictive Possibilities of the Motor Quotient in Relation to Specific Motor Achievement of Junior High School Boys [D]. The University of Southern California, 1949: 45-46.

三 期刊论文

薄思雨：《儿童情绪调节述评及培养策略》，《中小学心理健康教育》2018 年第 36 期。

蔡佳佳：《绘本游戏阅读活动开展的意义及其指导策略》，《陕西学前师范学院学报》2018 年第 2 期。

车海燕：《在情境游戏中发展小班幼儿意志品质的实践研究》，《早期教育》（教科研版）2013 年第 6 期。

陈冠灵：《幼儿绘本阅读活动教学策略》，《福建基础教育研究》2016 年第 12 期。

陈会昌、孙铃、郑淑杰、单玲、陈欣银：《学前儿童社交退缩类型与气质》，《中国心理卫生杂志》2006 年第 5 期。

陈伙平、吴振东：《试论儿童电视美术片对幼儿心理发展的正向功能》，《福建师范大学学报》（哲学社会科学版）2003 年第 6 期。

陈丽娟：《如何组织幼儿园的游戏化教学活动》，《读与写》（教育教学刊）2016 年第 6 期。

陈梅芳：《幼儿教育中"自然后果"教育法》，《新课程》（小学）2014 年第 2 期。

陈庆国、马中林：《幼儿动商教育研究的有效实践——评〈幼儿园户外体育活动设计与组织〉》，《职业教育》（下旬刊）2019 年第 6 期。

陈旭：《情境讨论、榜样学习和角色扮演对儿童助人行为影响的实验研究》，《西南师范大学学报》（哲学社会科学版）1995 年第 1 期。

陈亚莉：《让儿童在自然中感悟真理—卢梭德育思想的现实意义》，《黔西南民族师专学报》1999 年第 3 期。

单姣：《动商的普适性及其发展脉络研究》，《南京理工大学学报》（社会科学版）2016年第5期。

但菲、徐颖聪、张擘：《基于幼儿情绪调节的对话式阅读提示策略的运用》，《幼儿教育》2019年第15期。

但菲、杨丽珠、冯璐：《在游戏中培养幼儿自我控制能力的实验研究》，《学前教育研究》2005年第11期。

邓威：《关于体智能课程对幼儿身体素质的影响》，《当代体育科技》2020年第21期。

翟敏如：《探究绘本融入情绪教育活动对幼儿情绪认知与调节能力之影响》，《国立台湾师范大学教育心理与辅导学系教育心理学报》2012年第44期。

丁晓梅：《浅谈幼儿责任心的培养》，《高等函授学报》（哲学社会科学版）2010年第1期。

董会芹：《3—5岁儿童同伴侵害的发生特点及与内化问题的关系》，《学前教育研究》2010年第8期。

董旭：《台湾幼儿体智能课程特色教学模式研究》，《体育成人教育学刊》2014年第1期。

杜薇、李炳煌：《基于自然后果法的儿童问题行为矫正研究》，《当代教育理论与实践》2016年第7期。

方晓义、王耘、白学军：《儿童合作与竞争行为发展研究综述》，《心理发展与教育》1992年第1期。

冯广智：《足球游戏促进幼儿"三商"发展的研究》，《当代体育科技》2019年第30期。

高玉燕：《"自然后果律"教育方法应用于幼儿教育谈》，《文教资料》2006年第27期。

韩磊、窦菲菲、朱帅帅、薛雯雯、高峰强：《羞怯与攻击的关系：受欺负和自我控制的中介作用》，《中国临床心理学杂志》2016年第1期。

郝馨瑶、朱晓红：《情绪主题绘本阅读活动促进幼儿情绪调节能力发展的研究》，《教育观察》2020年第24期。

侯莉芳：《一日生活中幼儿"失范"行为的研究——以X幼儿园为例》，《教育观察》2020年第12期。

侯瑞鹤、俞国良：《情绪调节理论：心理健康角度的考察》，《心理科学进展》2006 年第 3 期。

胡春光：《他们为什么是"捣蛋"学生？——对三名"捣蛋"学生的教育社会学解读》，《教育学术月刊》2010 年第 9 期。

胡巧妹：《小班体育活动中的友爱教育》，《启迪：教育教学版》2014 年第 11 期。

胡中天：《5 至 6 岁幼儿责任感培养的教育实验》，《学前教育研究》1995 年第 5 期。

黄敏儿、郭德俊：《情绪调节的实质》，《心理科学》2000 年第 1 期。

黄欣怡、张乾一、谭静、李林娟、李雪君：《3—5 岁幼儿气质类型与同伴交往的关系研究》，《教育观察》2021 年第 16 期。

惠雪莉、汪禹禹：《论幼儿教育中"自然后果惩罚"的合理性及其实施原则》，《白城师范学院学报》2017 年第 4 期。

吉执来、刘梦磊：《动画片对幼儿的不良影响与解决对策》，《科教文汇》（中旬刊）2017 年第 32 期。

贾海艳、方平：《青少年情绪调节策略和父母教养方式的关系》，《心理科学》2004 年第 5 期。

贾茹：《幼儿教育中的不良行为纠正策略探讨》，《才智》2019 年第 28 期。

姜羽飞：《论儿童舞蹈教育对儿童情绪管理的积极作用》，《上海教育》2015 年第 18 期。

蒋长好、石长地：《儿童情绪调节的发展及其影响因素》，《首都师范大学学报》（社会科学版）2009 年第 4 期。

焦现伟、林媛媛：《体智能课程引入幼儿教育的理论探究》，《体育科技文献通报》2020 年第 2 期。

康长运：《图画故事书与学前儿童的发展》，《北京师范大学学报》（人文社会科学版）2002 年第 4 期。

康长运：《想像力与幼儿图画故事书的阅读》，《学前教育研究》2002 年第 3 期。

孔德政：《关于农村初中课堂中"捣蛋学生"转化的策略》，《才智》2020 年第 36 期。

寇彧、唐玲玲：《心境对亲社会行为的影响》，《北京师范大学学报》（社会科学版）2004年第5期。

赖小林、宋欣欣、丁振源：《"做中学"科学教育对幼儿情绪能力发展的影响》，《心理科学》2005年第6期。

李春光：《试论"绘本"对幼儿发展的价值》，《当代教育理论与实践》2015年第8期。

李化侠、宋乃庆、辛涛：《从智商、情商到动商——刍议动商的内涵、价值及路径》，《课程·教材·教法》2017年第7期。

李欢、赵玉红：《学龄期儿童情绪能力的发展特点概述》，《黑龙江教育学院学报》2009年第1期。

李鹏：《品卢梭"自然后果法"教育理念，谈班级和谐管理》，《才智》2017年第28期。

李晓巍、杨青青、邹泓：《父母对幼儿消极情绪的反应方式与幼儿情绪调节能力的关系》，《心理发展与教育》2017年第4期。

李燕燕、桑标：《母亲教养方式与儿童心理理论发展的关系》，《中国心理卫生杂志》2006年第1期。

李英美：《体育游戏促进幼儿情绪管理能力发展的个案研究》，《教育导刊》（下半月）2020年第8期。

李幼穗、张丽玲、戴斌荣：《儿童合作策略水平发展的实验研究》，《心理科学》2000年第4期。

梁蔚萍：《"自然后果惩罚"在幼儿教育中的运用》，《教育实践与研究》（C）》2014年第7期。

林星英：《依托游戏 快乐阅读——小班绘本教学游戏化探究》，《科学咨询》（教育科研）2018年第3期。

凌芸：《有动有静有趣区域中火柴棒游戏初探》，《幼儿教学研究》2013年第10期。

刘德华、谭祥花：《"自然后果法"的当代教育价值及实施策略》，《教育导刊》（下半月）2017年第8期。

刘航、刘秀丽、郭莹莹：《家庭环境对儿童情绪调节的影响：因素、机制与启示》，《东北师大学报》（哲学社会科学版）2019年第3期。

刘江艳：《幼儿园绘本教学的价值与实施策略》，《学前教育研究》2015年第7期。

刘启刚：《情绪调节的研究方法与测量手段述评》，《心理研究》2008年第2期。

刘秋云、周莹：《幼儿教师积极惩罚行为及策略研究》，《河南科技学院学报》2020年第10期。

刘爽、张崇林、杜和平、涂春景：《学前儿童足球运动的动商测评体系构建研究》，《青少年体育》2019年第10期。

刘霞：《在"小鬼当家"的游戏中培养幼儿的责任感》，《广西教育》2010年第22期。

龙明慧：《电视动画对幼儿发展的影响》，《科技资讯》2011年第18期。

卢贤：《如何正确对待孩子"调皮捣蛋"》，《学生之友》（小学版）（下）2010年第11期。

陆芳、陈国鹏：《学龄前儿童情绪调节策略的发展研究》，《心理科学》2007年第5期。

陆芳、陈国鹏：《幼儿情绪调节策略与气质的相关研究》，《心理科学》2009年第2期。

吕佳添：《基于自然后果法的幼儿"捣蛋行为"矫正研究》，《基础教育论坛》2021年第35期。

马晓红：《"课程创生"视域下的绘本游戏及其指导策略》，《陕西学前师范学院学报》2019年第5期。

缪依呈：《生活"蛋"资源在小班户外区角游戏中的开发与利用》，《好家长》2019年第34期。

潘苗苗、苏彦捷：《幼儿情绪理解、情绪调节与其同伴接纳的关系》，《心理发展与教育》2007年第2期。

裴静：《试论幼儿教育中的"自然后果"教育法》，《开封教育学院学报》2008年第1期。

彭翔：《幼儿园绘本游戏化活动的组织策略》，《成都师范学院学报》2021年第8期。

平燕婷、徐振宁：《孩子"跟风捣蛋"究竟是为何》，《时尚育儿》2014年第10期。

蒲洪玲、杨丹：《"体智能"和"趣味田径"课程对幼儿身体素质影响的实验研究》，《沈阳体育学院学报》2017年第1期。

钱愿秋：《幼儿园户外游戏活动的价值、现状与组织策略》，《教育与教学研究》2012 年第 7 期。

秦莉：《体智能课程进幼儿园的现状分析与对策——以江油市为例》，《佳木斯职业学院学报》2017 年第 11 期。

商雪琴：《幼儿绘本阅读中的情感教育研究》，《才智》2016 年第 34 期。

佘美红：《浅谈课程游戏化背景下绘本与区域游戏的有效融合》，《名师在线》2020 年第 7 期。

孙铃、陈会昌、单玲：《儿童期社交退缩的亚类型及与社会适应的关系》，《心理科学进展》2004 年第 3 期。

孙永明、芦咏莉、董奇：《父、母教育行为的结构及其与小学儿童焦虑情绪的关系》，《心理发展与教育》1998 年第 3 期。

田笑：《"以人为本、全面发展，个性教学、师生和谐"——浅谈中职体育教学中学生调皮捣蛋问题的处理》，《科技信息》（学术研究）2008 年第 17 期。

田兴江、李传英、涂玲：《在绘本教学中促进幼儿深度学习的策略》，《学前教育研究》2021 年第 2 期。

万晶晶、周宗奎：《国外儿童同伴关系研究进展》，《心理发展与教育》2002 年第 3 期。

汪燕、李佐惠：《幼儿机构体智能课程教学模式研究》，《当代体育科技》2017 年第 7 期。

王蕾：《图画书与学前儿童语言教育》，《学前教育研究》2008 年第 7 期。

王蕾：《小学儿童向社会行为的发展》，《心理发展与教育》1994 年第 4 期。

王美芳：《学前儿童亲社会行为的发展特点与教育》，《山东师范大学学报》（社会科学版）2000 年第 4 期。

王娅：《卢梭"自然后果法"述评》，《新校园》（上旬刊）2017 年第 10 期。

王宗平、张红兵、张怡：《动商——献给南京青奥会的一份特殊礼物》，《南京体育学院学报》（社会科学版）2014 年第 4 期。

王宗平、张怡：《动商——人类全面发展的重要支脚》，《体育学刊》2014 年第 4 期。

魏敏：《用"自然后果"教育孩子》，《黑龙江教育》（小学）2015年第6期。

魏欣：《动商教育视域下生态化高校体育课程体系改革研究》，《运动》2018年第6期。

文彦茹、陈悦灵、王军利：《运用主题式绘本活动促进乡镇儿童情绪能力的发展》，《教育观察》2021年第36期。

翁苗红：《儿童情绪调节策略及其影响因素研究》，《中小学心理健康教育》2013年第2期。

巫文胜、郭斯萍、郭薇：《青少年发展过程中的情绪调节能力》，《江西教育科研》2007年第5期。

吴晓晖：《童言稚语乐动趣演——课程游戏化背景下绘本表演的萌发》，《读与写》（教育教学刊）2019年第11期。

吴燕萍：《幼儿园教学游戏化探析》，《教育观察》（下半月）2017年第3期。

吴志勤：《绘本对幼儿教育价值的实践探索》，《文学教育（中）》2014年第4期。

席居哲、周文颖、左志宏：《融合游戏与绘本　发展情绪社会性——游戏式绘本指导阅读促进幼儿情绪社会性发展的实证研究》，《首都师范大学学报》（社会科学版）2018年第4期。

谢敏娇：《幼儿教师如何正确看待幼儿的"调皮"》，《课程教育研究》2015年第5期。

徐唯：《谈谈幼儿阅读活动的游戏化策略》，《学周刊》2017年第7期。

徐西良：《儿童情绪调节能力的研究综述》，《社会心理科学》2012年第5期。

徐小燕、张进辅：《情绪智力理论的发展综述》，《西南师范大学学报》（人文社会科学版）2002年第6期。

许立帆、陈茜茜：《基于动商理念的体育消费拉动路径探析》，《南京理工大学学报》（社会科学版）2015年第4期。

闫世溶：《怎样对待"捣蛋"学生》，《考试周刊》2016年第93期。

杨斌、莫冰莉、唐吉平：《幼儿体质健康促进中幼师支持现状分析》，《城市学刊》2020年第1期。

杨春耀：《基于儿童发展的幼儿园课程游戏化探究》，《职业技术》2019年第7期。

杨慧慧、吴海龙：《幼儿社会退缩行为及其干预的个案研究》，《陕西学前师范学院学报》2021年第3期。

杨玲芳：《"自然后果"惩罚抑或"移情"教育——从两种经典德育方法视角看儿童德育》，《少年儿童研究》2009年第24期。

杨心德：《幼儿的社会戏剧性游戏与亲社会行为的发展》，《心理发展与教育》1998年第2期。

杨元花：《论户外游戏环境的创设》，《天津师范大学学报》（基础教育版）2005年第3期。

姚素慧：《对改善社会退缩幼儿行为的教育建议》，《幼儿教育》2012年第5期。

叶平枝：《幼儿社会退缩游戏干预的个案研究》，《学前教育研究》2006年第4期。

殷飞、李超伟、翟一飞：《脑科学发展对动商研究的启示》，《南京理工大学学报》（社会科学版）2018年第2期。

殷晓旺：《基本运动能力训练对幼儿心理发展的影响》，《北京体育大学学报》2004年第2期。

张春晓、刘文、邵姝姮：《幼儿情绪能力发展与母亲气质、教养方式的关系》，《学前教育研究》2015年第3期。

张红兵、李海燕、王宗平、张怡、张旭渝：《动商与其他智能商数学说的比较与辨析（一）——动商的常模建构探索分析》，《体育科技》2016年第5期。

张红兵、王宗平：《动商与其他智能商数学说的比较与辨析》，《南京理工大学学报》（社会科学版）2015年第2期。

张华玲、闻静：《绘本教学对幼儿情绪调节能力的影响》，《陕西学前师范学院学报》2018年第9期。

张欢、朱宗顺、蔡伟玲：《行为疗法与认知行为疗法干预幼儿多动行为的个案研究》，《幼儿教育》2011年第15期。

张佳：《儿童绘本阅读推广工作初探》，《图书馆工作与研究》2012年第8期。

张娟娟、吴英:《幼儿任性行为的表现及教育建议》,《文学教育》(下) 2020 年第 7 期。

张茹粉:《榜样教育的理性诉求》,《河南师范大学学报》(哲学社会科学版) 2008 年第 2 期。

张帅、周平:《亚太体智能课程特色及其对幼儿园体育教学的启示》,《幼儿教育》2017 年第 1 期。

张新萍、王宗平:《建构智商、情商、动商三商一体的全人发展理论体系》,《南京理工大学学报》(社会科学版) 2015 年第 5 期。

张雪梅:《关于角色游戏在培养幼儿亲社会行为中的价值思考》,《佳木斯教育学院学报》2001 年第 3 期。

张钰:《浅谈自然后果法在家庭教育中的运用》,《教育教学论坛》2013 年第 37 期。

张兆锦:《论国产儿童动画片对儿童的负面影响》,《亚太教育》2016 年第 1 期。

赵凤娟:《如何正确对待"小捣蛋"》,《学前教育研究》2000 年第 5 期。

赵鑫、张冰人、张鹏、潘亮、周仁来:《斯坦福情绪调节量表在我国中学生中的信、效度检验》,《中国临床心理学杂志》2015 年第 1 期。

赵炎朋:《基于认知图式理论的早期阅读教育》,《陕西学前师范学院学报》2016 年第 7 期。

赵云菲:《学前儿童绘本阅读指导策略浅析》,《新课程研究》(下旬刊) 2017 年第 10 期。

赵忠心:《正确运用"自然后果的惩罚"教育法》,《中华家教》2003 年第 9 期。

郑淑杰、陈会昌、陈欣银:《儿童社会退缩行为影响因素的追踪研究》,《心理科学》2005 年第 4 期。

郑淑杰:《观察学习理论及其在儿童发展过程中的应用》,《教书育人》2012 年第 36 期。

钟文华:《卢梭的"自然后果法"思想在幼儿教育中的运用》,《学园》2017 年第 9 期。

种聪:《绘本阅读辅导课程对幼儿情绪能力影响的实验研究》,《中外企业家》2014 年第 3 期。

周英:《气质对幼儿参与角色游戏的影响及指导建议》,《当代学前教育》2007年第4期。

朱立明、宋乃庆、罗琳、邹晓东:《新时代教育评价改革的思考》,《中国考试》2020年第9期。

朱希:《幼儿园绘本教学的指导策略之研究》,《贵州教育》2015年第24期。

Cole K. N., Harris S. R. Instability of the intelligence quotient-motor quotient relationship [J]. Developmental Medicine & Child Neurology, 1992, 34 (7): 633 – 641.

McCloy G. H. The measurement of general motor capacity and general motor ability [J]. Physical Education and Recreation, 1934 (5): 46 – 61.

Capute A. J., Shapiro B. K. The motor quotient—A method for the early detection of motor dela [J]. American Journal of Diseases of Children, 1985, 139 (5): 940 – 942.

Leitschuh C. A., Dunn J. M. Prediction of the Gross Motor Development Quotient in Young Children Prenatally Exposed to Cocain/Polydrugs [J]. Adapted Physical Activity Quarterly, 2001.

Barhour A. C. Physical competence and peer relations in 2nd graders: qualitative case studies case studies from recess play [J]. Journal of Research in Childhood Education, 1996, 27 (3): 71 – 75.

Davies, M. M. (1996). Outdoors: An important context for young children's development [J]. Early Child Development and Care, 115: 37 – 49.

Hartle, L. (1996). Effects of additional materials on preschool children's outdoor play behaviors [J]. Journal of Research in Childhood Education, 11: 68 – 81.

Henniger M. L. Enriching the outdoor play experience [J]. Childhood Edueati. 1993. 70 (2): 87 – 91.

Schlenker B. R., Britt T. W., Pennington J., Mutphy R., Doherty K. The triangle model of responsibility [J]. Psychological Review, 1994.

S. Rachaman, Dana S. Thordarson, Roz Shafran, Sheila R. Woody. Perceived responsibility: Structure and Significance. Behave [J]. Res. Ther, 1995.

Harris, B. Developmental differences in the attribution of responsibility [J].

Developmental Psychology, 1977.

Jon Sutton, Michelle Reeves & Edmund Keogh. Disruptive Behavior, Avoidance of Responsibility and Theory of Mind [J]. British Journal of Developmental Psychology, 2000.

Andrew J. Fuligni, Vivian Tseng and May Lam. Attitude toward Family Obligation among American Adolescents with Asian, Latin American, and European Backgrounds [J]. Child Development, 1999.

Alice Sterling Honig. Social Behavior Updated: A Review of Eisenberg and Mussen's "The Roots of Prosocial Behavior in Children" [J]. Merrill-Palmer Quarterly (1982 -), 1990, 36 (4).

L. Michelle Bowe, David Winship Taylor. Early Cretaceous Archaefructus eoflora sp. nov. with Bisexual Flowers from Beipiao, Western Liaoning, China [J]. Acta Geologica Sinica (English Edition), 2004 (04): 883 - 896.

Henrich, J., Henrich, N., Culture, Evolution and the Puzzle of Human Cooperation [J]. Cognitive Systems Research, Vol. 7, No. 2 - 3, 2006: 220 - 245.

Birch L., Billman J. Preschool children's food sharing with friends and acquaintances [J]. Child Development, 1986, 57: 387 - 395.

Daniel Bar-Tal, Alona Raviv, and Marta Goldberg. Helping Behavior among Preschool Children: An Ohservational Study [J]. Child Development, 1982, 53: 396 - 402.

Habib, K. and Soliman, T. (2015) Cartoons' Effect in Changing Children Mental Response and Behavior. Open Journal of Social Sciences, 3, 248 - 264.

Rizzolatti, G., Fadiga, L., Gallese, V., & Fogassi, L. (1996). Premotor cortex and the recognition of motor actions. Cognitive Brain Research, 3 (2): 131 - 141.

Fox, N. A. Henderson, H. A. & Marshall P. J. (2001). The biology of temperament: An integrative approach. In. C. A. Nelson & M. Luciana (Eds.), The Handbook of Developmental Cognitive Neuroscience (pp. 631 - 645). Cambridge, MA: Springer.

George, Daryl B. Greenfield. Examination of a structured problem-solving flexibility task for assessing approaches to learning in young children: Relation to teacher ratings and children's achievement [J]. Applied Developmental Psychology, 2005, 26, 69 – 84.

Kagan. J., Reznick, J. S., Clarke, C, Snidman, N., & Garcia-Coll, C. (1984). Behavioral Inhibition to the Unfamiliar [J]. Child Development, 55 (6), 2212 – 2225.

Fox, N. A., Henderson, H. A. & Marshall, P. J. (2001). The biology of temperament: An integrative approach [J]. In C. A. Nelson & M. Luciana (Eds.), The Handbook of Developmental Cognitive Neuroscience (pp. 631 – 645). Cambridge, MA: Springer.

Asendoipf, J. B. (1991). Development of inhibited children's coping with unfamiliarity [J]. Child Development, 62 (6), 1460 – 1474.

Kagan, J. & Snidam, N. (1991). Infant predictors of inhibited and uninhibited profiles [J]. Psychological Science, 2, 40 – 44.

Hart, C. H. Olsen, S. Robinson, C. C. & Mandleco, B. L. (1997). The development of social and communicative competence in childhood: Review and model of personal, familial, and extra familial processes [J]. In B. R. Burleson & A. W. Kunkel (Eds.), Communication Yearbook 20 (pp. 305 – 373).

Kagan, Snidman N. Temperamental factors in human development [J]. American Psycholog. 1991, 46: 856 – 862.

Rubin K. H., Hastings P. D., Stewart, S. L. etal. The consistency and concomitants of inhibition: some of the childhood of the time [J]. Childhood, 1997, 68 (3): 467 – 483.

Gottman J. M., Conso J., Rasmussen B. Social competence, Social interaction, and friendship in children [J]. Children Development, 1975 (46): 709 – 718.

Eisenberg N., Shepard S. A., Fables R. A., ed. Shyness and children's emotionality, regulation, and coping: Contemporaneous, longitudinal, and across-context relations [J]. Child Development, 1988, 69: 767 – 790.